Die Lügen der Lebensmittelindustrie

Was uns alles schmeckt!

Ratgeber Lebensmittel

von Thomas Biehlig

Der Autor

Thomas Biehlig, Jahrgang 1969, lebt und arbeitet in der Nähe von Hamburg. Als technischer Zeichner und Dipl. Betriebswirt arbeitete er viele Jahre im Einkauf für internationale Konzerne. Im Laufe der Jahre wuchs das Interesse am Hobby „Kochen" und eine Webseite über Gewürze (www.Gewürzgalerie.de) mit angegliedertem Shop für Gewürze entstand. Darauf aufbauend ist dieses Buch entstanden.

Weitere Bücher :

Parallel dazu können Sie auch meinen Wissenschaftsthriller „ Die Nanolithografie" kaufen.

Kurzbeschreibung

Die Nanolithografie skizziert auf 560 Seiten eine beängstigende, fast reale Verschwörung im Rahmen des weltweiten Cyber- War. Ein Szenario das schon morgen Realität werden könnte. Detailliert und brutal beschreibt der Autor wie die Supermächte versuchen die Welt 2.0 zu kontrollieren und zu beherrschen.

Mord und Intrigen in der Welt der Chip-Technologien!

Eben noch hat Marc Jansen an seinem Schreibtisch in Hamburg eine Marktanalyse für Netzwerkchips erstellt, jetzt findet sich der Spezialist für Halbleitertechnologie plötzlich in einem undurchsichtigen Strudel aus Mord, Korruption und Intrigen wieder. Nach dem mysteriösen Tod eines renommierten amerikanischen Quanteninformatikers in Thailand sollen er und seine Partnerin Lana de Vries im Auftrag eines internationalen Konsortiums herausfinden, was es mit einer neuen Generation von Chips auf sich hat – der ermordete Wissenschaftler arbeitete angeblich an deren Herstellung. Noch ahnt Jansen nicht, auf was er sich da eingelassen hat.

ISBN-13: 978-3-9817310-9-5

© by Thomas Biehlig
November 2015

Cover by Caroline Klett

Herstellung und Verlag: BoD – Books on Demand, Norderstedt

Weitere Editionen
Die Lügen der Lebensmittelindustrie Premium Print 35,99 €
ISBN-13: 978-3-9817310-0-2 exklusiv bei Amazon
Die Lügen der Lebensmittelindustrie Format mobi-für Kindle 2,99 €
ISBN-13: 978-3-9817310-0-6 exklusiv bei Amazon
Die Lügen der Lebensmittelindustrie Format epub fürTolino 2,99 €
ISBN-13: 978-3-9817310-4-0 überall im Internet

Inhaltsverzeichnis

Die Wahrheit über unsere Lebensmittel

Wissen wir heute wirklich noch, was uns die Lebensmittelindustrie auftischt? Ist es möglich nachzuvollziehen, wie unsere Nahrungsmittel hergestellt werden? Können wir wirklich die gesamte Kette kontrollieren und rechtzeitig eingreifen, wenn es zu Problemen kommt? Immer neue Skandale um Gammelfleisch, Käfighühner, Turbomast bei Gänsen, Schweinepest, Geflügelgrippe, gen-manipuliertes Gemüse oder Dioxine in Futtermitteln verderben uns das Essen.

Dabei ist die gesamte Kette der Lebensmittelproduktion straff durchorganisiert und automatisiert. Das fängt bei der Regelungswut der Bürokraten an (Stichwort Krümmungsmaß der EU-Banane) und endet bei asiatischen Aquakulturen, die wenig bis gar nicht kontrolliert, auf höchst unappetitliche Weise Shrimps für den internationalen Markt züchten. Wer weiß heutzutage schon genau, was auf die Felder gespritzt wird, um das Wachstum von genmanipuliertem Mais zu beschleunigen. Wie viel ist an Medikamenten, Impfungen und Nahrungsergänzungen nötig, bevor ein Ferkel in nur sechs Monaten reif zur Schlachtung ist? Die moderne Lebensmittelindustrie gibt sich natürlich alle erdenkliche Mühe dem Verbraucher zu erklären, wie und wo die Rohstoffe für ihre Produkte herkommen und wie diese hergestellt werden. Natürlich will der Verbraucher lieber romantische Bauernhöfe und glückliche Kühe auf der Weide sehen. Wer will schon dunkle Mastschweineställe und durchautomatisierte Fabriken für die Wurstherstellung sehen. Wer möchte schon wissen, dass die Weltmeere weitestgehend leergefischt sind und jeden Tag hektarweise Regenwald der Brandrodung zum Opfer fallen, um Platz zu schaffen für Ackerbau und Viehzucht. Im Grunde versucht die Industrie nur, die Bedürfnisse der Verbraucher zu decken.

Da es z. B. nicht genügend natürliche gewachsene billige Vanille gibt, wird eben künstliches Vanillin zur Aromatisierung genommen. Die Nachfrage der Verbraucher nach internationalem Essen, exotischem Geschmack, preiswerten und einfach zu zubereitenden Mahlzeiten und nicht zuletzt nach einem immer gleichen Geschmackserlebnis gibt dem ganzen noch nachhaltigen Auftrieb. Eine süß- saure asiatische Suppe soll dabei natürlich dem europäischen Gaumen entsprechen. Rindersteak aus Argentinien ist natürlich besser als einheimisches Fleisch. Wer isst schon Forelle aus regionaler ökologischer Zucht, wenn er Victoriabarsch oder Thunfisch bekommen kann, selbstverständlich für weniger Geld. Selbst wenn es ein genügendes regionales und saisonales Angebot an Nahrungsmitteln geben würde, kein Verbraucher würde freiwillig bereit sein auf die Errungenschaften und Produkte der modernen Lebensmittelindustrie zu verzichten. Sei es aus Bequemlichkeit, aus Kostengründen, aus Unwissenheit oder einfach nur aus Desinteresse für die gesamte Problematik. Sicherlich gibt es schon eine Vielzahl von Gütesiegeln für unsere Nahrungsmittel die bestimmte Produkteigenschaften definieren und bestätigen, aber nach wie vor sind es oftmals nur einzelne Initiativen und Aktivisten, die auf die bestehenden Probleme hinweisen. Es gibt den Trend nur noch „Bio" zu essen. Fast jedes Restaurant bietet vegetarisches Essen an. Regierungen fördern die ökologische Landwirtschaft, es werden Quoten für den Fischfang festgelegt oder die Landwirtschaft beglückt den Verbraucher mit Eiern aus Freilandhaltung. Eltern greifen verstärkt zum Kochlöffel um ihre Kinder wenigstens vor den Segnungen der modernen Lebensmittelindustrie zu beschützen. Doch entscheiden kann nur der einzelne Verbraucher, was letztendlich im Kochtopf landet. Allein in Deutschland werden jährlich über 15.000 Tonnen Aromen, davon 5100 Tonnen an süßen Aromen und 5500 Tonnen an fruchtigen, verkauft. Das reicht für 15 Millionen Tonnen Lebensmittel. Jeder Bundesbürger, vom Säugling bis zum Greis nimmt pro Tag 500 g industriell aromatisierte Lebensmittel zu sich. Es ist fraglich ob deren Herkunft und Verarbeitung im Sinne einer nachhaltigen Wirtschaft ist.

Lebensmittelzusatzstoffe, Industrieproduktion und Geschmacksverstärker

Die besten Zutaten, schonende Zubereitung, eine passende Gewürzmischung und trotzdem will sich einfach nicht der richtige Geschmack oder die richtige Konsistenz einstellen? Warum schmeckt das teuer und aufwendig zubereitete Gericht einfach nur langweilig? Wieso schmecken und riechen Fertiggerichte häufig sehr intensiv? Warum riecht unsere mühsam zubereitete Suppe völlig nichtssagend, während die gleiche Tütensuppe unwiderstehlich duftet? Wie schaffen es die Küchenchefs in den Restaurants, dass selbst aufwendigste Kreationen völlig mühelos und schnell gelingen. Die Antworten auf diesen Fragen sind natürlich nicht universell. Aber wer die Tricks und Kniffe der Industrie und der Küchenchefs kennt, wird verstehen, warum manch ambitionierter Hobbykoch zum Scheitern verurteilt ist.

Alleine die Lektüre der Inhaltsstoffe von Fertigprodukten im Handel gibt schon Rätsel auf. Die Rede ist von den sogenannten Lebensmittelzusatzstoffen. Natürlich benutzen Köche in der gehobenen Gastronomie möglichst keine Fertigprodukte, hier steht vielmehr die Auswahl der „Rohstoffe", die Kunst der Zubereitung und der Komposition im Vordergrund. Aber in vielen Großküchen und Restaurants wird oft und gerne auf Fertiges bzw. Vorbereitetes zurückgegriffen. Auch privat landet oft die Tiefkühlpizza, die Tütensuppe, fertig mariniertes Grillfleisch oder eine Tiefkühltorte im Einkaufswagen. Es ist es kein Wunder, dass die Ernährungsindustrie mit ca. 155 Mrd. Euro Umsatz und über 530.000 Beschäftigten in 5.800 Betrieben der fünftgrößte Industriezweig Deutschlands ist. Die Branche ist durch kleine und mittelständische Unternehmen geprägt, 75 % des Umsatzes werden von Unternehmen mit weniger als 100 Mitarbeitern erwirtschaftet. Ferner gibt es in Deutschland ca. 38.000 Betriebe mit einem Gesamtumsatz von 33 Mrd. Euro und 510.000 Beschäftigten, die dem Ernährungshandwerk zuzurechnen sind. Im Lebensmitteleinzelhandel ist die Konzentration sehr weit fortgeschritten. Mehr als 72 % des erwirtschafteten Umsatzes entfallen auf die fünf größten Unternehmen im Markt. 2008 erzielte der Lebensmitteleinzelhandel mit seinen über 700.000 Beschäftigten einen Gesamtumsatz von 158,4 Mrd. Euro. Allein die Anzahl der beteiligten Unternehmen entlang der Lebensmittel-Wertschöpfungskette zeigt auf, dass die Informationen sehr breit gefächert sind. Ein Handwerksbetrieb setzt andere Schwerpunkte im Verbraucherservice als ein Vollsortimenter oder industrieller Lebensmittelhersteller.

Wissenswertes rund um Zusatzstoffe und Lebensmittelproduktion

Lebensmittelzusatzstoffe werden benutzt um Eigenschaften wie die Haltbarkeit, Verarbeitbarkeit, Geschmack oder Aussehen von Lebensmitteln bedarfsgerecht den Anforderungen von Konsumenten und den Lebensmittelproduzenten anzupassen. Lebensmittelzusatzstoffe müssen für den Verbraucher in der Zutatenliste angegeben werden. Entweder mit dem Wissenschaftlichen bzw. Trivialnamen oder mit der E-Nummer. Das deutsche Lebensmittelrecht definiert Zusatzstoffe als Stoffe, die aus fertigungstechnischen Gründen zugesetzt werden.

Zusatzstoffe sind in der Regel kein alleiniges Lebensmittel und keine charakteristische Zutat. Davon ausgenommen sind Stoffe, die überwiegend aufgrund des Nährwerts, Geruchs oder Geschmacks eingesetzt werden. Eine Positivliste erlaubter Stoffe enthält die Verordnung über die Zulassung von Zusatzstoffen zu Lebensmitteln zu technologischen Zwecken Zusatzstoff-Zulassungsverordnung - (ZZulV). Die ZZulV regelt entsprechend die Verwendung dieser Stoffe beim gewerbsmäßigen Herstellen und Behandeln von Lebensmitteln zu angegebenen technologischen Zwecken. Pflanzenschutzmittel, Aromastoffe und gesundheitlich unbedenkliche Rückstände von Verarbeitungshilfsstoffen werden dabei nicht als Zusatzstoffe deklariert. Mineralstoffe und die Vitamine A und D sind den Zusatzstoffen wiederum gleichgesetzt. Für Lebensmittelzusatzstoffe gilt die Regel: „Verbot mit Erlaubnisvorbehalt". Alle Stoffe sind automatisch verboten, solange sie nicht ausdrücklich erlaubt sind. In Deutschland wird dies durch das LFGB (Lebensmittel-Bedarfsgegenstände und Futtermittel- Gesetzbuch) geregelt. Die meisten Zusatzstoffe sind nur für bestimmte Lebensmittel und nur in begrenzter Menge zulässig. Als technologische Eigenschaften gelten z. B. Erhalt oder Verbesserung der Backfähigkeit (z. B. Backpulver), Riesel-fähigkeit (z. B. Rieselhilfen), Maschinen-tauglichkeit (z. B. modifizierte Stärken) oder Konservierungsmittel zur Hemmung mikrobiellen Wachs-tums (Verderb) oder der Oxidation von Stoffen (z. B. Ranzigkeit bei Fetten). Aber auch dann ist der Zusatz dieser Stoffe nur erlaubt, wenn sie technisch notwendig sind, den Verbraucher nicht täuschen und gesundheitlich unbedenklich sind.

Als Ordnungshilfe für die verschiedenen Zusatzstoffe in der heutigen Europäischen Union wurden die E-Nummern eingeführt. Diese gelten in allen Ländern der Europäischen Union. Das „E" steht hierbei für „Euro-pa" aber auch für „edible" = engl. für essbar. Mithilfe der E-Nummer können Zusatzstoffe sprachlich unabhängig bestimmt werden. Die Zu-lassung von Stoffen erfolgt, sobald der Nachfrager bei der europäi-schen Behörde für Lebensmittelsicherheit wissenschaftliche Dokumen-te vorlegen, die die Unbedenklichkeit bestätigen. Dabei darf die erlaub-te Tagesdosis (ADI=acceptable daily intake) nicht überschritten werden. Wenn diese Dokumente nachweisen, dass der Stoff die Gesundheit nicht gefährdet und als sicher eingestuft werden kann, wird eine Zulas-sung erteilt und eine E-Nummer vergeben. Insgesamt gibt es zurzeit in der EU 305 zugelassene Zusatzstoffe. Bei der FAO (Food and Agriculture Organization) und der Landwirtschaftsorganisation der Vereinten Na-tionen werden die Nummern als INS - Nummern bezeichnet.

Die FAO und der Codex Alimentaruis

Die FAO ist die Ernährungs- und Landwirtschaftsorganisation der Vereinten Nationen (engl. Food and Agriculture Organization of the United Nations-FAO mit Sitz in Rom. Aufgabe der FAO ist es, die Produktion und die Verteilung von landwirtschaftlichen Produkten im Allgemeinen und Nahrungsmitteln im Besonderen weltweit zu verbessern. Ziel ist die Sicherstellung der Ernährung und die Verbesserung des Lebensstandards. Zu diesem Zweck hat sie1963 den Codex Alimentarius (lat. für Lebensmittelkodex) entwickelt. Dieser definiert internationale gültige Standards für die Lebensmittelsicherheit definiert und wird als eine Sammlung von Normen für die Lebensmittelsicherheit und -Produktqualität, herausgegeben. Weltweit wird er als de facto bindend betrachtet und insbesondere von der FAO und WHO, aber auch von vielen anderen Stellen bemüht.

Geregelt werden im Codex Alimentarius u.a.:

- Lebensmittelkennzeichnung (insbesondere für Bio- und Genfood)
- Hilfsstoffe
- Grenzwerte für Giftstoffe und Nahrungsergänzungsmittel
- Nahrungsergänzungsmittel (Vitamine, Mineralstoffe, usw.)
- Rückstände aus Land- und Viehwirtschaft
- Methoden zur Risikoanalyse von biotechnischen Produkten
- Nahrungsmittelhygiene einschließlich HACCP*
- Analysemethoden und Probenentnahme
- Futtermittelzusätze und Lagerung

---

* **Hazard Analysis and Critical Control Points**-Konzept (oder Gefahrenanalyse und kritische Lenkungspunkte) ist ein vorbeugendes System, das die Sicherheit von Lebensmitteln und Verbrauchern gewährleisten soll.

Die Kennzeichnung von Lebensmitteln

Auf jedem fertig verpackten Lebensmittel innerhalb der EU muss eine Liste der Zutaten stehen. Aufgrund der geringen Menge der Zusatzstoffe sind sie meistens am Ende der Liste zu finden. Dabei bleibt es dem Hersteller überlassen, ob er auf der Verpackung den Zusatzstoff namentlich nennt, oder die E-Nummer. Da E-Nummern inzwischen ein schlechtes Image haben, wird stattdessen häufig lieber der Name des Zusatzstoffes genannt, z. B. Zuckerkulör statt E 150 oder Citronensäure statt E330. Das ist auch im europäischen Ausland üblich. Bei loser Ware besteht auch eine Kennzeichnungspflicht. Durch Aushang, ein Schild oder am Computerdisplay müssen die verwendeten Zusatzstoffe angegeben werden. Allerdings reicht hier die Klassenbezeichnung (z. B. mit Farbstoff) oder nur die Art der Behandlung, wie z. B. "geschwefelt" zu deklarieren. An Frischetheken (Fleisch, Käse, Wurst, Salat usw.) wird in der Praxis häufig eine Übersichtsmappe angeboten. Dort werden für jedes Lebensmittel die genauen Zutaten angegeben. Der Verkäufer ist verpflichtet, eine solche Liste zu führen. Zusatzstoffe müssen nicht auf sehr kleinen Verpackungsformaten oder, dort wo es aus technischen Gründen nicht möglich ist, angegeben werden. Auch Enzyme und technische Hilfsstoffe, die im Endprodukt keine unmittelbare Wirkung haben, müssen nicht in der Zutatenliste deklariert werden.

Zusatzstoffe für bestimmte technologische Zwecke

Konservierungsmittel und Verfahren

Konservierungsmittel verlängern die Haltbarkeit von Lebensmittel. Sie hemmen das Wachstum von schädlichen Mikroorganismen wie Bakterien, Schimmelpilzen oder Hefen. Außerdem wird damit gleichzeitig eine hygienisch nachlässigere Verarbeitungsmöglichkeit erreicht.
 Konservierungsstoffe finden sich in nahezu allen Lebensmitteln. Der Einsatz von Konservierungsstoffen ist auch abhängig von der Konservierungsmethode. Es gibt vier gängige, grundlegende Techniken. Diese sind auch kombinierbar um den biologischen Zerfall und das Wachstum von Schadorganismen bestmöglich zu kontrollieren.

- *Eine Kontaminierung wird beseitigt und eine Erneute wird verhindert durch Räuchern, Abkochen, Einkochen, Pasteurisieren, Erhitzen mit Mikrowellen, Bestrahlen mit Radioaktivität, Begasen oder Lackieren.*
- *Entzug der Lebensgrundlage durch Trocknung, Einsalzen, Kühlen, Einfrieren, Schutzgasatmosphäre und Vakuumieren.*
- *Durch Destillation oder Raffinierung wird ein Inhaltstoff so hoch konzentriert, dass die Entwicklung von Schadorganismen verhindert wird.*
- *Durch Zusatz von Konservierungsmittel wie beim Pökeln mit Salz und Nitritsalz, Einlegen in Öl, Essig, Alkohol oder Zuckersirup wird die Entwicklung von Schadorganismen verhindert.*

Der Zusatz von Mikroorganismen bei eiweißreichen oder kohlenhydratreichen Ausgangsstoffen (Gärverfahren oder Fermentation) hingegen ist kein Konservierungsverfahren. Diese „Veredlung" führt zu neuen Produkten, wie z. B. Milch zu Käse, Soja zu Sojasoße. Konservierungsstoffe müssen durch Gattungsbezeichnung, Namen und die E-Nummer (200 bis 299) in der Zutatenliste aufgeführt werden.

Konservierungsmittel

E200-E203 Sorbinsäure und Sorbate

E 210 bis E 213 Benzoesäure und Benzoate

E 214 bis E 219 PHB-Ester und Verbindungen

E 220 bis E 227 Schwefeldioxid und Verbindungen

E 230 Biphenyl

E 231 Orthophenylphenol

E 232 Natriumorthophenylphenolat

E 233 Thiabendazol

E 236 bis E 238 Ameisensäure und Formiate

E 249 Kaliumnitrit

E 250 Natriumnitrit

E 251 Natriumnitrat

E 252 Kaliumnitrat

Antioxidantien

Antioxidantien oder Oxidationshemmer werden eingesetzt, um die Oxidation empfindlicher Moleküle zu verhindern, also die Reaktion mit dem Luftsauerstoff oder anderen oxidierenden Chemikalien. Durch das Hinauszögern des „chemischen Verderbs", wie z. B. dem ranzig werden von Fetten, erhöht sich die Haltbarkeit. Dadurch ergänzen Antioxidantien die Wirkung von Konservierungsmitteln, die den mikrobiellen Verfall unterdrücken. Antioxidativ wirksame Substanzen wirken häufig wie Radikalenfänger und kommen auch natürlicherweise in der Nahrung und im menschlichen Organismus vor.

Antioxidantien sind z. B. in Knoblauch, Kohl, Brokkoli, Tee, Kaffee, Petersilie, Zwiebel, Zitrusfrüchten, Vollreis, Tomaten, Traubenkernöl, Rosmarin, Gurke, Spargel und Kakao enthalten und werden in der Lebensmitteltechnik als Lebensmittelzusatzstoffe eingesetzt. Antioxidantien sind auch ein wichtiger Bestandteil der menschlichen Muttermilch, sie wirken im Organismus des Babys als Radikalenfänger und helfen u. a. bei der Infektionsabwehr.

Antioxidantien befinden sich in vielen Lebensmitteln, z. B. in Trockensuppen, Pulversoßen, Kartoffelerzeugnisse, Kaugummi, Margarine, Öle, Backwaren, Eis, Marzipanmasse usw.

E270 Milchsäure

E300 Ascorbinsäure(VitaminC)

E301 Natrium-L-Ascorbat

E302 Calcium-L-Ascorbat

E3046 Palmitoyl-L-Ascorbinsäure

E306 VitaminE

E307 Alpha-Tocopherol

E308 Gamma-Tocopherol

E309 Delta-Tocopherol

E310 Prophylgallat

E311 Octylgallat

E312 Dodecylgallat

E320 Butylhydroxyanisol(BHA)

E321 Butylhydroxitoluol(BHT)

E322 Lecithin

E325 Natriumlactat

E326 Kaliumlactat

E330 Citronensäure

E331a Natriumcitrat

E331b Dinatriumcitrat

E331c Trinatriumcitrat

E332a Kaliumcitrat

E332b Trikaliumcitrat

E333 Mono-,Di-undTri-Calciumcitrat

E334 Weinsäure

Stabilisatoren

Unter Stabilisatoren wird die Gruppe der Zusatzstoffe zusammengefasst, die das Entmischen und das Absetzen von Stoffen verhindern, bzw. um die Konsistenz, das Aroma oder andere Parameter von Lebensmitteln in definierter Weise zu erhalten. Ein solcher Stabilisator kann eine Einzige, aber auch mehrere Funktionen haben. Dazu zählen: Emulgatoren, Verdickungsmittel, Geliermittel, Feuchthaltemittel, Säureregulatoren, Schaumverhüter, Füllstoffe, Farbstabilisatoren, Verklumpungshemmer, Überzugsmittel und Phosphate. Modifizierte Stärke hingegen ist eine chemisch veränderte Stärke, die meist wie Verdickungsmittel eingesetzt wird. Verdickungsmittel müssen in der Regel nicht namentlich gekennzeichnet werden. Auch die Angabe der E-Nummer ist nicht erforderlich. Meist genügt die Bezeichnung "Verdickungsmittel" oder "Stabilisator". Einige Verdickungsmittel gelten juristisch nicht als Zusatzstoff, andere wiederum dürfen nicht als "Verdickungsmittel" gekennzeichnet werden. Eine Erkennung des tatsächlich eingesetzten Verdickungsmittels ist für den Verbraucher kaum möglich.

Dabei erhöhen Verdickungsmittel die Viskosität eines Lebensmittels, indem sie sich mit Wasser vollsaugen und aufquellen. Verdickungsmittel werden häufig bei Diät- oder Lightprodukten eingesetzt, weil sie Fettigkeit imitieren, und um kalorienarme Leichtprodukte reicher erscheinen zu lassen. In der Lebensmittelindustrie werden solche Mittel zum „Strukturieren" von Lebensmitteln benutzt. Damit ist die präzise Einstellung eines bestimmten „Mundgefühls" oder der Textur bzw. „Kaueindrucks" beim Essen möglich. „Stabilisatoren" sind Stoffe, die es ermöglichen, den physikalisch-chemischen Zustand eines Lebensmittels aufrechtzuerhalten.

Tiefkühltorte mit Sahnecreme vs. selbstgeschlagener Sahne

Perfekt tiefgekühlte Sahnecremetupfen

Die Sahnecreme ist auch im aufgetauten Zustand stabil dank Stabilisatoren.

Selbstgeschlagene Sahne hingegen hat eine deutlich andere Konsistenz.

Füllstoffe

Füllstoffe, auch Bulking Agents genannt, erhöhen das Volumen eines Lebensmittels, ohne dessen Brennwert zu erhöhen. Sie sind häufig das chemische Rückgrat kalorienreduzierter Light Produkte. Häufig werden sie vor allem als Ersatz für Fette eingesetzt. Damit wird der tatsächliche Energiegehalt pro Volumen oder pro Masse der Lebensmittel verringert und/oder das Volumen eines Lebensmittels zu vergrößern (z. B. Kaugummi). Manche wirken zusätzlich als Ballaststoffe. Zu den wichtigsten Füllstoffen zählen vor allem Wasser und Luft, sowie:

E460 Cellulose
Cellulose wird aus Holz, Sonnen-blumenstängeln oder Baumwollabfällen gewonnen. Als mikrokristalline Cellulose erhöht sie z. B. die Schmelzbeständigkeit von Speiseeis oder dient als Fettersatzstoff. Aus Cellulose wird durch verschiedene chemische Verfahren außerdem noch eine ganze Anzahl von anderen Derivaten hergestellt. Der Zusatzstoff E466 Carboxymethylcellulose durch Reaktion mit Monochloressigsäure oder die Zusatzstoffe E464 Hydroxypropyl-methylcellulose, E 461 Methylcellulose bzw. E465 und Methylethylcellulose durch Umsetzung mit Methylchlorid, Äthylchlorid bzw. Propylenoxid.

E1200 Polydextrose
Weitgehend geschmackloser Füllstoff, der vor allem in Kombination mit Süßstoffen als Zuckerersatz verwendet wird. Die Herstellung erfolgt durch Verschmelzen von Sorbit (E420) und Zitronensäure (E330) mit Glucose im Vakuum. Dabei bildet sich ein unverdaulicher Kunststoff, der sich technologisch wie Zucker verhält. Einsatz für kalorien- und zuckerreduzierte Produkte.

Essen aus Kellerwänden

Der Füllstoff Pullulan (E1204) wird aus dem stark quellenden Schleimstoff von dem Pilz Aureobasidium pullulans aus Stärkehydrolysaten erzeugt. Der Pilz ist weit verbreitet und findet sich z.B. in Erde, Getreide, Tapeten oder Kellerwänden. Pullulan ist zugelassen für Nahrungsergänzungsmittel und "sehr kleine Süßwaren". Daneben hilft Pullulan die Gashaltung von Erfrischungsgetränken zu regulieren und bildet gasdichte Überzüge für Nüsse und Trockenobst.

Feuchthaltemittel

Feuchthaltemittel werden vor allem in der industriellen Massenfertigung von Lebensmitteln eingesetzt. Bei selbst gemachten Köstlichkeiten oder beim Konditor um die Ecke sollten solche Zusatzstoffe nicht verwendet werden. Feuchthaltemittel werden in Back-, Süß- und Fleischwaren eingesetzt und verhindern das Austrocknen und das Auskristallisieren von Zucker indem sie Wasser binden. Bekanntes Feuchthaltemittel ist z.B. Glycerin (E422)

Geliermittel

Geliermittel geben den Lebensmitteln durch Gelbildung eine festere Form. Sie werden ähnlich verwendet wie Verdickungsmittel. Geliermittel werden aus Vielfachzuckern oder pflanzlichen wie tierischen Eiweißstoffen hergestellt und wirken in Emulsionen stabilisierend. Sie bilden eine gallertartige Masse und geben Suppen, Saucen oder Pudding eine sämige bis feste Konsistenz.

E401 Natriumalginat

E402 Kaliumalginat

E403 Ammoniumalginat

E404 Calciumalginat

E405 Prphylenglykolalginat

E406 Agar-Agar wird aus Rotalgen gewonnen

E407 Carrageen wird aus Rotalgen gewonnen

E412 Guarkernmehl ist aus dem Samen der Guarpflanze

E413 Traganth sind getrocknete Gummiabsonderungen asiatischer Sterculiaceae-Arten

E414 Gummiarabicum besteht aus getrockneten Gummiabsonderungen von Akazien

E415 Xanthan wird durch Fermentation von Kohlenhydraten mit einer Reinkultur des Bakteriums Xantomanas campestris gewonnen

E440a Pektin wird aus den Preßrückständen der Apfelsaft- oder Apfelwein-herstellung oder aus Orangenschalen gewonnen

E440b Amidiertes Pektin wird durch wässrige Extraktion geeigneten pflanzlichen Materials (Äpfel oder Zitrusfrüchte) und Behandlung mit Ammoniak hergestellt

E461 Methylcellulose wird synthetisch aus Cellulose, die teilweise mit Methylgruppen verestert ist

E466 Carboxymethylcellulose wird aus Cellulose hergestellt

E1414 Acetyliertes Distär-kephosphat ist eine synthetische Stärkeverbindung

E1420 Stärkehydrat verestert mit Essigsäureanhydrid ist ebenfalls eine synthetische Stärkeverbindung

E1422 Acetyliertes Distärkeadipat ist auch eine synthetische Stärkeverbindung

Emulgatoren

Emulgatoren sind Stoffe, die Wasser mit Öl - ursprünglich nicht miteinander mischbare Flüssigkeiten - mischbar machen (z.B. zur Margarine-Herstellung) oder Luft mit Eiweiß. Sie erhöhen die maschinelle Belastbarkeit von Rohstoffen und erlauben als Konsistenzbildner die Einstellung geschmacklicher Eigenschaften wie Sämigkeit, Schaumigkeit oder Cremigkeit. Als Deklaration genügt die Angabe "Emulgator" oder "Stabilisator" ohne Nennung des tatsächlich verwendeten Stoffes.

E470 Natrium-, Kalium und Calciumsalze der Stearinsäure und verwandter Speisefettsäuren

E472a Mono- und Diglyceride von Speisefettsäuren, verestert mit Essigsäure

E472b Mono- und Diglyceride von Speisefettsäuren, verestert mit Milchsäure

E472c Mono- und Diglyceride von Speisefettsäuren, verestert mit Zitronensäure

E472d Mono- und Diglyceride von Speisefettsäuren, verestert mit Weinsäure

E472e Mono- und Diglyceride von Speisefettsäuren, verestert mit Monoacetyl-Diacetylweinsäure

E472f Mono- und Diglyceride von Speisefettsäuren, verestert mit Essigsäure und Weinsäure

E475 Polglycerinster von Speisefettsäuren

Farbstoffe

Farbstoffe werden zum Färben von Lebensmittel oder deren Oberfläche eingesetzt. Durch den Herstellungsprozess verlieren Lebensmittel meist einen Großteil ihrer natürlichen Farbe, die durch den Zusatz von Farbstoffen wieder gewonnen wird. Sie sollen für ein "appetitanregendes" und somit verkaufsförderndes Aussehen sorgen. Sie können z. B. bei Süßwaren den Eindruck "Frucht" suggerieren. Farbstoffe dürfen nur in verarbeiteten Lebensmitteln, nie Frischprodukten zugesetzt werden.

E100 Kurkumin orange-gelb

E101 Riboflavin; Laktoflavin gelb; orange-gelb

E101a Riboflavin 5-phosphat gelb

E102 Tartrazin zitronengelb

E104 Chinolingelb gelb

110 Gelborange S gelb-orange

E120 Echtes Karmin (Cochenille) rot

E122 Azorubin rot

E123 Amaranth rot

E124 Cochenillerot A rot

E127 Erythrosin rosa

E131 Patentblau blau

E132 Indigotin blau

E140 Chlorophyll grün

E141 Kupferkomplexe der Chlorophylle grün

E142 Brillantsäuregrün grün bis blau

E150 Zuckerkulör braun-schwarz

E151 Brillantschwarz schwarz

E153 Kohlenschwarz schwarz

E160 a Carotin und Derivate orange bis gelb

E160 b Bixin orange

E161 Xanthophylle orange bis gelb

E162 Betanin rot

E163 Anthocyane rot bis blau

Geschmacksverstärker

An oberster Stelle steht hier das Natriumglutamat, besser bekannt als Lebensmittelzusatzstoff E621. Natriumglutamat ist das Natriumsalz der Glutaminsäure (E 620), einer Aminosäure. Als echte Geschmacksverstärker werden nur Stoffe mit den E-Nummern E 6xx bezeichnet. Natriumglutamat entsteht auch im menschlichen Körper im normalen Stoffwechsel. Einige natürliche Lebensmittel wie Pilze, reife Tomaten oder Parmesan, die wegen ihres besonderen Aromas verwendet werden, enthalten große Konzentrationen an freiem (nicht an Eiweiß gebundenem) natürlichem Glutamat (ca. 0,1 bis 1 % des Gewichts). Ferner gibt es eine Alge (Laminaria japonica), die die asiatischen Köche schon vor 1500 Jahren wegen ihrer geschmacksverstärkenden Wirkung in ihren Speisen benutzten; auch sie ist eine Quelle von Natriumglutamat. Käuflich erhältliches Mononatriumglutamat wird durch Fermentation aus Melasse, Getreide, Kartoffeln oder anderen stärkehaltigen Ausgangsprodukten hergestellt. Natriumglutamat dient als Geschmacksverstärker, der bereits in geringen Mengen wirkt und den Eigengeschmack von Fleisch-, Fisch- und Pilzgerichten verstärkt. Es wird oft bei der Herstellung von Fertigprodukten eingesetzt, die im Verlauf der Produktion an Eigengeschmack verloren haben. Insbesondere Fertigwürzmittel und sehr würzige Nahrungsmittel, wie Kartoffelchips und Fertigsuppen, enthalten meist viel Natriumglutamat. Die regelmäßige Verwendung von Natriumglutamat kann unter anderem dazu führen, dass der natürliche Geschmack von Produkten – vor allem derer ohne Geschmacksverstärker – als fade empfunden wird. Natriumglutamat bewirkt die Geschmacksrichtung Umami (japanisch für „Wohlgeschmack"). Umami signalisiert dem Körper, dass das Nahrungsmittel Eiweiße enthält und erinnert in etwa an Fleischgeschmack. Glutaminsäure und deren Salze, wie das Mononatriumglutamat, stehen im Verdacht, epileptische Reaktionen sowie Exzytotoxizität auszulösen. Bislang konnte dies aber nicht nachgewiesen werden. Außerdem ist eine Leberbelastung und evtl. Leberschädigung nicht auszuschließen. Die Studienergebnisse zu Glutamat sind uneinheitlich. Es wird vermutet, dass es bei einer Überempfindlichkeit gegen Glutamat zum China-Restaurant-Syndrom kommen kann.

E620 Glutaminsäure
E621 Mononatriumglutamat
E622 Kaliumglutamat
E623 Calciumglutamat
E624 Monoammoniumglutamat
E625 Magnesiumdiglutamat

Komplexbildner

Komplexbildner machen Schwermetallspuren in Lebensmitteln unwirksam.

Treib- und Packgase

Packgase werden bei der Verpackung des Lebensmittels mit diesem abgefüllt. Sie verhindern nicht erwünschte Veränderungen des Lebensmittels durch Oxidation, mikrobiologische oder andere unerwünschte Veränderungen. Treibgase dienen dazu, das Lebensmittel aus seinem Behältnis herauszupressen, zum Beispiel Sahne aus der Sprühdose. Propangas wird z.B. sowohl als Treibgas in Spraydosen als auch in Heißluftballons zum Erzeugen von heißer Luft benutzt.

E938 Argon
E939 Helium
E941 Stickstoff
E942 Lachgas
E943a Butan

E943b Isobutan
E944 Propan
E948 Sauerstoff
E949 Wasserstoff

Säuerungsmittel und Säureregulatoren

Säuerungsmittel oder Säureregulatoren sollen Lebensmitteln nicht nur einen angenehmen sauren Geschmack verleihen, sie dienen auch als Konservierungsstoffe. Manche Säuerungsmittel wirken als Stabilisatoren oder als Backtriebmittel, andere als Geliermittel, wieder andere als Wirkungsverstärker von Antioxidantien oder gar als Emulgatoren. Außerdem unterstützen sie die Wirkung vieler Aromastoffe. Säuerungsmittel erlauben es, den Säuregehalt eines Lebensmittels auf einen exakten Wert einzustellen. Hierzu zählen vor allem sog. Puffersubstanzen (Phosphate, Citrate), aber auch Basen und Säuren. Sie werden aus technischen Gründen eingesetzt und unterstützen die Wirkung von Konservierungsmittel.

E296 Apfelsäure
E297 Fumarsäure
E325 Natriumlactat
E326 Kaliumlactat
E327 Calciumlactat
E328 Ammoniumlactat
E329 Magnesiumlactat
E330 Zitronensäure
E331 Natriumcitrat
E332 Kaliumcitrat
E333 Calciumcitrat
E334 Weinsäure
E335 Natriumtartrat

E336 Kaliumtartrat
E337 Kalium-Natrium-Tartrat
E338 Orthophosphorsäure
E339 Natriumorthophosphat
E340 Kaliumorthophosphat
E341 Calciumphosphat
E341a Monocalciumortho-
phosphat
E350 Natriummalat
E351 Kaliummalat
E352 Calciummalat
E353 Metaweinsäure

Schmelzsalze

Schmelzsalze werden bei der Herstellung von Schmelzkäse eingesetzt und verhindern die Absonderung von Fett und Molke.

Trägerstoffe einschließlich Trägerlösungsmittel

sind Stoffe, die verwendet werden, um einen Lebensmittelzusatzstoff oder ein Aroma zu lösen, zu verdünnen, zu dispergieren oder auf andere Weise physikalisch zu modifizieren, ohne seine Funktion zu verändern (und ohne selbst eine technologische Wirkung auszuüben), um dessen Handhabung, Einsatz oder Verwendung zu erleichtern. Sie werden vor allem dann verwendet, wenn eine Zutat nur in niedriger Konzentration im Lebensmittel verwendet wird.

E1505 Triethylcitrat
E1517 Diacetin
E1518 Triacetin
E1520 Propylenglykol (1,2-Propandiol)

Trenn-und Überzugsmittel

Trennmittel werden eingesetzt, um das Verkleben und Verklumpen von Lebensmitteln zu verhindern. Außerdem werden Trennmittel dazu verwendet, um bei Abformprozessen ein Verkleben der Form mit dem Teil zu verhindern oder bleibend Lebensmittel trennbar zu halten. Das Aufbringen der Trennmittel nennt man „Eintrennen". Trennmittel sind oft wachs- oder fetthaltig. Beispiele sind Margarine auf dem Kuchenblech, Maisstärke, Bienenwachs oder Carnaubawachs auf Gummibärchen. Auch Rieselhilfen in Speisesalz oder Kalziumphosphat (E 341) in manchen pulverförmigen Nahrungsmitteln wie z. B. Kaffeeweißer um ein Verklumpen des Pulvers zu verhindern, gelten als Trennmittel. Überzugsmittel verleihen dem Lebensmittel ein glänzendes Aussehen.

Sie verhindern das Austrocknen eines Lebensmittels, weil sie die Wasserabgabe verlangsamen. Zusätzlich verhindern sie mikrobiologischen Verderb und schützen vor den negativen Auswirkungen des Luftsauerstoffs. Überzugsmittel sind Lebensmittelzusatzstoffe, die Lebensmittel vor Geruchs-, Geschmacks- und Feuchtigkeitsverlusten schützen, den Glanz fördern, die Frische verlängern oder auch als Trennmittel fungieren.

E901 Bienenwachs
E902 Candelillawachs
E903 Carnaubawachs
E570 Mono- und Diglyceride von Speisefettsäuren
E466 Carboxymethylcellulose
E463 Hydroxypropylcellulose
E464 Hydroxypropylmethylcellulose
E461 Methylzellulose

E465 Methylethylcellulose
E1202 Polyvinylpolypyrrolidon
E1201 Polyvinylpyrrolidon
E904 Schellack
E354 Calciumtartrat
E355 Adipinsäure
E356 Natriumadipat
E357 Kaliumadipat
E363 Bernsteinsäure
E380 Triammoniumcitrat

Funktionale Additive

Da die Diskussion um Zusatzstoffe in vielen Ländern die Verbraucher mehr und mehr verunsichert, versucht die Lebensmittelindustrie den Konsumenten Alternativen anzubieten, um E-Nummern-freie, "saubere Etiketten" (Clean Label) präsentieren zu können. Dabei werden die Möglichkeiten die Zusatzstoffe bieten gezielt durch Lebensmittelbestandteile substituiert. Dann ist es möglich, in der Zutatenliste scheinbar "natürliche Lebensmittel" auszuweisen. Diese gezielt eingesetzten Stoffe übernehmen dann die Funktion der eigentlichen Zusatzstoffe, da sie diesen gleichzusetzen sind.

Glukosesirup

Glukosesirup ist auch bekannt als Glykosesirup, Stärkesirup, Bonbonsirup, Isoglukose, Corn Sirup oder Maissirup. In der USA hat Maissirup inzwischen auch als High Fructose Corn Syrup (HFCS) verarbeitete Variante eine hohe wirtschaftliche und gesundheitliche Bedeutung. Es wird dort für die überwältigende Mehrheit aller Softdrinks als kalorisches Süßungsmittel eingesetzt. Auch Maiszucker ist, ähnlich dem Invertzucker, eine aus Mais-, Kartoffel- oder Weizenstärke durch enzymatische Aufspaltung gewonnene eingedickte Lösung, die aus Glukose (Traubenzucker) und aus Fruktose (Fruchtzucker) besteht. Stärkeabschnitte mit vier oder fünf Traubenzuckern ergeben Maltodextrine; trennt man den Traubenzucker paarweise ab, erhält man Malzzucker und komplett zerlegt, erhält man reinen Traubenzucker. Diese werden vorwiegend in der industriellen Lebensmittelproduktion zum Süßen von Speisen und Getränken verwendet und ermöglichen, dass der normale Zucker, der aus Zuckerrohr und Zuckerrüben gewonnen wird, durch diese Sirupe ökonomisch günstiger ersetzt werden können.

Aufgrund unterschiedlicher technologischer und geschmacklicher Eigenschaften können Glukosesirupe speziell für den Einsatzzweck hergestellt werden. Im Gegensatz zu Fruktose und Zucker ist bei Glukose die Süßkraft deutlich niedriger. Aus ökonomischen Gründen werden überwiegend die fruktosehaltigen Sirupe in der Nahrungsmittelindustrie verwendet. Glukosesirupe werden u.a. dafür eingesetzt den Gefrierpunkt zu manipulieren, die Textur zu verändern (z. B. die gefühlte Cremigkeit von Soßen auf Eis), als Bindemittel für Bonbons oder z. B. um im Schwarzbrot für eine saftige Farbe zu sorgen. Außerdem verhindern Glukose-sirupe das kristallisieren von Zucker, um z. B. Bonbons herstellbar, bzw. lagerfähig zu machen.

Hefeextrakt
Echter Hefeextrakt ist ein Würzmittel mit dem typischen Hefegeschmack. Inzwischen werden auch Hefeextrakte und Hefeautolysate angeboten, die frei von einer Hefenote sind und als reine Geschmacksverstärker wirken. Durch Manipulation in der Herstellung lassen sich neue Geschmacksrichtungen "einbauen". Durch Aromatisierung mit hefefremden sensorischen Eindrücken kann der Verbraucher wählen zwischen "Rindersuppe", "Brathuhn" oder "Gemüsebrühe", obwohl die Produkte nie mit dem namensgebenden Rohstoff in Berührung gekommen sind. Die Anzucht der Hefe erfolgt in einem Bioreaktor meist auf Melasse unter Zugabe von diversen Zusatzstoffen. Nach der Ernte wird die Hefe chemisch mit Säure oder mit Ultraschall behandelt, damit sie abstirbt und sich selbst auflöst (Autolyse). Die hefeeigenen Enzyme bauen das Eiweiß und die Nukleinsäuren in den Zellen ab, wodurch reichlich Glutamat, aber auch geschmacksverstärkende Ribonukleotide freigesetzt werden. Durch den Zusatz von Enzymen zum Hefebrei tritt der Zellsaft aus den Zellen aus und kann als Extrakt gewonnen werden. Sind die Zellwände noch im fertigen Produkt enthalten, spricht man von einem Hefeautolysat oder Hefeextrakt. Dabei ist selbst die typische

Hefenote nicht mehr enthalten. Streudosen mit Hefeflocken enthalten solche inaktivierte Hefe, die einen relativ hohen Nährwert und vor allem einen hohen Gehalt an Vitamin B hat. Verkauft werden Nährhefeflocken in Biosuper-märkten als Zutat der vegetarischen und veganen Küche oder als Käseersatz um ein Gericht cremiger zu machen. Da es sich lebensmittelrechtlich nicht um einen "E-Stoff" handelt, werden Produkte mit Hefeextrakt gerne mit dem Hinweis "ohne den Zusatzstoff Glutamat" beworben. Hefeextrakte finden sich z. B. in Maggi-Würze.

Lactose

Lactose (Milchzucker, Sandzucker oder Laktose) wird vielen Produkten zugesetzt. Lactose, abgeleitet vom lat. lac, lactis für Milch und der Endungose für Zucker, ist ein in Milch und Milchprodukten in Mengen von 1,5–8 % enthaltener Zucker. Lactose gehört zur Gruppe der Disaccharide (Zweifachzucker). Lactose kommt natürlich in der Milch der Säugetiere sowie in Milchprodukten vor, wo Milchzucker fast den kompletten Anteil der Kohlenhydrate stellt. Lactose ist eine kristalline, farblose Substanz mit süßlichem Geschmack. Die Süßkraft liegt je nach Konzentration zwischen 25 und 60 % der von Saccharose (Rohr- oder Rübenzucker).Lactose kann aus Süß- oder Sauermolke gewonnen werden. Kuhmilch enthält bis zu 47 g/Lactose. Die Molke wird durch Erhitzen, Ultrafiltration und Ionenaustausch von Fett, Proteinen und Mineralstoffen befreit, im Vakuum eingeengt und die Lactose kristallisiert. Lactose ist als Inhaltsstoff von Muttermilch bei der Ernährung junger Säugetiere wichtig. Um Lactose verwerten zu können, muss sie bei der Verdauung in beide Einfachzucker D-Galactose und D-Glucose gespalten werden. Hierzu ist das körpereigene Enzym Lactase notwendig, das im Erwachsenenalter nur noch in geringerer Menge gebildet wird. Kann Lactose aufgrund eines Mangels an Lactase nicht verdaut (und somit auch nicht aufgenommen) werden, so spricht man von Lactoseunverträglichkeit oder -intoleranz. Insbesondere bei Völkern, die keine Milchviehwirtschaft kennen, ist es eine genetische Veranlagung. Milchzucker wird vielen Produkten zugesetzt. In Tief-kühlprodukten verbessert Milchzucker die Textur, Gemüse im Glas bleibt knackiger. In Schinken maskiert Lactose den bitteren Geschmack des Phosphatzusatzes, in Trockengemüse wirkt sie als Farb-stabilisator. In Soßenpulver oder Salat-dressings dient Milchzucker als billiger Füllstoff und in Würzzubereitungen wirkt er als Geschmacksverstärker.

Milcheiweiß

Milch ist ein Rohstoff wie Erdöl, aus dem sich Kunststoffe, ja sogar Elfenbein- oder Perlmuttimitate herstellen lassen. Zunächst wird pasteurisierte Magermilch mit Salzsäure, Schwefelsäure oder Milchsäure versetzt, um die Caseine auszufällen, also jene Eiweiße, aus denen traditionell Käse oder Quark hergestellt wurden. Ein Zusatz von Natronlauge oder Kalziumhydroxid macht das geronnene Casein wieder löslich.

Entfernt man anschließend das Kalzium mittels Ionenaustauscher, so erhält man einen vorzüglichen Emulgator. In Mayonnaise und Eis sorgt er für einen cremigen Mix, in Wurst verhindern bestimmte Milchpräparate die Bildung eines unschönen Fettfilms. Ihre bindenden Eigenschaften erlauben es, den Wassergehalt von Formfleisch und Wurst zu erhöhen.

Je nach Weiterbehandlung gibt es immer wieder andere funktionale Additive. Auf diesem Wege lässt sich unter Umgehung der traditionellen Käserei sogar "Käse" für Pizzaauflagen imitieren. Joghurt wird durch funktionale Milcheiweiße stichfest. Bei entsprechender Bearbeitung bilden Caseine und Molkeneiweiße ähnlich gute Schäume wie Eiklar ("Eischnee") und ersetzen in Desserts Hühnerei. In Surimi verbessern sie als Gelbildner die Textur, bei Snacks die Formbarkeit bei der Extrusion. Auf dem Etikett heißen diese Zusatzstoff-Imitate schlicht "Milchprodukt" oder auch "Milcheiweißerzeugnis".

Rosmarinextrakt

Dabei handelt es sich um ein Antioxidans mit dem Wirkstoff Carnosolsäure. Mit Rosmarin hat dieser Zusatzstoff allerdings nichts gemein. Carnosolsäure erhöht lediglich die Haltbarkeit von fetthaltigen Lebensmitteln, schmeckt nach nichts und ist ein Beispiel dafür, wie die toxikologischen Anforderungen, die an Zusatzstoffe gestellt werden, mit dem Hinweis auf "Natürlichkeit" umgangen werden können.

RTK

Rektifiziertes Traubenmostkonzentrat (RTK) ist das Geheimnis der Winzer wie Wein "ohne Zuckerzusatz" hergestellt werden kann. Viele Betriebe verzichten auf den traditionell zugesetzten Rübenzucker (Chaptalisierung). Stattdessen greifen sie zum RTK, meist italienischer Herkunft, um den Alkoholgehalt ihres Getränkes zu erhöhen. Es handelt sich um einen hellgelben Zuckersirup, gewonnen aus Traubensaft. Dazu werden Säuren und Phenole mit Kalk und Casein abgetrennt, die Mineralstoffe im Saft durch Ionenaustauscher entfernt. Vor der Rektifizierung muss er stummgeschwefelt werden. Der Schwefel reagiert während der Verarbeitung jedoch weiter zu Sulfaten. Das Endprodukt ist empfindlich und verändert sich während der Lagerung. RTK wird auch für Ökowein verwendet. Durch die Zulassung will die EU die Überschüsse an Weintrauben entsorgen. Eine Deklaration findet nicht statt.

E 426 Sojabohnen-Polyose

Ein funktionales Additiv, das erfreulicherweise eine E-Nummer trägt und einer Zulassung unterworfen wurde. Es handelt sich um ein raffiniertes Polysaccharid, das aus Sojaschalen (ein Abfallprodukt der Futtermittelindustrie) extrahiert und anschließend raffiniert wurde.

E 426 hat viele Funktionen. In Joghurtdrinks stabilisiert es das Milchei-
weiß gegenüber der Säure, verbessert die Emulgierung und sorgt für
ein cremigeres Mundgefühl. Als wichtiger Gefrier-Tau-Stabilisator (vor
allem für Backwaren) erlaubt E426 die Herstellung von mikrowellenge-
eigneter Tiefkühlware. Bei Instantnudeln sind kürzere "Koch"-Zeiten
möglich. Als Trennmittel verhindert es die Klebrigkeit von Reis und
Nudeln. Das verlängert in der Großküche die Warmhaltung und verbessert die sensorischen Eigenschaften von Schnellkochprodukten.

Surimi

Surimi ist das japanische Wort für ein Imitat aus Fischfleisch. Hergestellt wird es aus grätenfreiem, gespültem, ausgepresstem und gegar-
tem Fischmus. Dieses wird mit Forstschutzmitteln wie Phosphat oder
Milchzucker stabilisiert, sodass die Masse noch an Bord der Fangschiffe
tiefgefroren werden kann. Die Verarbeitung erfolgt dann später an
Land.
Heute wird Surimi vorwiegend aus Alaskapollock hergestellt. Versetzt
mit Farbstoffen, Verdickungsmitteln und Aromen lassen sich täuschend
echte, teure Krustentiere wie Shrimps oder Langusten imitieren.

WPC

Whey Protein Concentrate ist ein Spezialprodukt der Molkereiwirt-
schaft, das gern als "Milcheiweißerzeugnis" deklariert wird. Hintergrund sind gewaltige Mengen an Molke, die in den Käsereien anfallen
und die früher an Schweine verfüttert wurden. Auf der Suche nach
lukrativerer Nutzung wurde die Molke in neuartige Zusatzstoffe umge-
arbeitet.
Durch Membrantrennverfahren ist es möglich einzelne Eiweißbestand-
teile -je nach Molekülgröße - aus der Molke herauszufischen, um diese
anschließend zu modifizieren. Je nach Methode erhält man Spezialei-
weiße, die in Eiscreme für Gefrier-Tau-Stabilität und Formbeständigkeit

sorgen, bei Low-Fat-Produkten wie Emulgatoren wirken, oder Gele bilden und damit in Desserts die Gelatine ersetzen.

Würze, Speisewürze

100 Jahre lang wurde Eiweiß nach dem Verfahren von Julius Maggi mit Salzsäure (E 507) hydrolysiert und anschließend mit Natronlauge (E 524) bzw. Natriumbicarbonat (E 500) neutralisiert. Dabei entstand als Nebenprodukt aus dem Natrium der Lauge mit dem Chlorid der Salzsäure Kochsalz. Inzwischen setzen sich biotechnologische Verfahren durch: Statt Säure verwenden die Hersteller Enzyme (Proteasen) aus Mikroorganismen, die das Eiweiß ebenfalls in kleine Bruchstücke zerlegen. Für "gekörnte Brühe" wird das Hydrolysat gefiltert, mit Aktivkohle (E 153) entfärbt und getrocknet. Für "Flüssigwürze" wird es mit Zuckercouleur (E 150) dunkelbraun eingefärbt, für "Brühwürfel" mit Fett verklebt. Ihren typischen Geruch und Geschmack nach Fleischbrühe verdanken sie nicht einem Zusatz an Liebstöckel ("Maggikraut"). Vielmehr sind dafür die bei der Zersetzung von Eiweiß entstandenen Peptide, Aminosäuren und weitere Abbauprodukte verantwortlich. Besonders interessant für den Hersteller: Würze enthält bis zu 25 Prozent Glutamat sowie Guanylate und Inosinate (E 626 - 635), ihres Zeichens ebenfalls Geschmacksverstärker. Deklaration: "Würze" oder "Aroma". Geschmacks-neutrale Hydrolysate dienen zum Verfälschen von Wurst und Schinken, um den Wassergehalt zu erhöhen.

Zusätze zur Nahrungsergänzung

Bisher enthielten Produkte, die mit einem besonderen gesundheitlichen Nutzen beworben wurden, gewöhnlich nur Zusatzstoffe wie Süßstoffe, Vitamine und Mineralien. Doch die Palette der angeblichen Gesund- und Fitmacher weitet sich aus. Nicht selten werden sie in die Nähe von Vitaminen gerückt. Was zunächst als Nahrungsergänzungsmittel auf den Markt kommt, dürfte über kurz oder lang auch in "normalen" Lebensmitteln auftauchen.

Dabei stört viele Käufer nicht, dass manch ein Wundermittel gentechnisch hergestellt wurde. Die Werbung spricht dann von einer "natürlichen" Gewinnung. Auch dass die Verwendung bisher darauf beschränkt war, als Zwischenprodukt bei der Synthese von Arzneimitteln oder der Anzucht von Parasiten zu dienen. Gewöhnliche Zusatzstoffe sind in aller Regel besser auf ihre Risiken überprüft als manch ein Nahrungsergänzungsmittel.

Kalzium

Das Mineral wird vor allem Frauen empfohlen, um der Abnahme der Knochendichte im Alter entgegenzuwirken. Das soll der Osteoporose vorbeugen. Häufig wird Kalziumkarbonat eingenommen, das auch als Zusatzstoff E 170 zur Färbung von Lebensmitteln zugelassen ist. Inzwischen hat sich gezeigt, dass sich das Kalzium aus den Präparaten offensichtlich nicht seiner werblichen Pflichten bewusst ist: Statt die Knochen zu festigen, lagert es sich in den Arterien ab. Dadurch erhöht sich das Herzinfarktrisiko.

Carnitin

Sein ursprünglicher Name "Mehlwurmfaktor" weist auf die eigentliche Bestimmung des Stoffes hin: Er ist unentbehrlich zur Zucht von Mehlwürmern und Fruchtfliegen. In geringer Menge natürlicher Bestandteil tierischer Lebensmittel. Leber und Nieren stellen ausreichende Mengen her. Carnitin verbessert entgegen dem Werbeversprechen beim Gesunden weder die Fettverbrennung, noch sorgt es für Schlankheit oder Sportlichkeit. Auch bei Zufuhr hoher Dosen wird kein Fett abgebaut. Im Gegenteil: Bei Mastvieh stimuliert Carnitin die Fresslust und führt zu Gewichtszunahme.

Chitosan

Wird gewöhnlich aus Krabbenschalen gewonnen und hilft damit, ein Abfall- und Umweltproblem der Shrimps verarbeitenden Industrie zu lösen. Es eignet sich beispielsweise zum Klären von Getränken, ist aber bisher als Zusatzstoff nicht zugelassen.

Chitosan wird als "Fettbinder" in erheblichen Mengen an Abnehmwillige verkauft. Das Produkt ist in dieser Hinsicht wirkungslos.

Kreatin

Kreatin ist von Natur aus im Muskelfleisch mit bis zu fünf Gramm pro Kilo vertreten. Über die Nahrung nehmen wir im Schnitt etwa ein Gramm am Tag auf, die restlichen ein bis zwei Gramm, die unser Körper darüber hinaus benötigt, produziert er selbst. Kreatin soll die sportliche Leistung verbessern. Allenfalls bei kurzfristiger Belastung vermag Kreatin einen kleinen Vorteil zu bieten. Beim Ausdauersport bringen das Supplement nichts.

Eine erhöhte Zufuhr führt zu vermehrter Wassereinlagerung. Zudem mangelt es an zuverlässigen Qualitätskontrollen. Verunreinigungen wie Dicyandiamid oder Dihydrotriazin werden immer wieder in Kreatinsupplementen gefunden, die über das Internet vertrieben werden. Dicyanamid setzt im Magen Blausäure frei.

Orotsäure

Sie wird - oft unter der Bezeichnung Vitamin B13 - zur Vorbeugung gegen zahlreiche Krankheiten angeboten, insbesondere als "natürlicher" Cholesterinsenker.

PABA

Was mittlerweile als "Schönheitsvitamin" populär wurde, war einst ein Ausgangsstoff zur Herstellung von Betäubungsmitteln.

E 1201 Polyvinylpyrrolidon

Weißes Pulver, Trägerstoff für Nahrungsergänzungsmittel, Vitamine und Süßstoffe in Tablettenform. Weißes Pulver, Trägerstoff für Nahrungsergänzungsmittel, Vitamine und Süßstoffe in Tablettenform. Ansonsten ist es wichtiger Zusatz für Haarpflegemittel und Haushaltsreinigern. Gilt als unverdaulich, da Kunststoff.

Taurin

Inhaltsstoff von Energy Drinks, daneben Geschmacksverstärker für Suppen und Soßen. Taurin ist ein Zwischenprodukt bei der Herstellung von Farbstoffen, Reinigungs- und Arzneimitteln. Außerdem dient es zur Beseitigung von Schimmel.

Es wird vom menschlichen Körper in ausreichender Menge selbst gebildet. Eine Ausnahme stellen Katzen und Säuglinge dar, denen Taurin wahrscheinlich mit der Nahrung zugeführt werden muss. Deshalb ist ein Taurinzusatz für Säuglingsnahrung sinnvoll und auch zugelassen. Problematisch ist die Zufuhr hoher Dosen bei gleichzeitigem starken Schwitzen (wie bei Technopartys), da die Substanz einen akuten und lebensbedrohlichen Natriummangel auslösen kann.

Sonstige Zusatzstoffe
Neben den bisher aufgezeigten Stoffen gibt es noch viele weiterer Stoffe, die zu keiner der bisher genannten Kategorien zuordbar sind. Dazu gehören z.B.:

Aluminumsulfate (E520-523) die aus den Salzen der Schwefelsäure gewonnen werden. Diese Stoffe werden als Stabilisatoren, Festigungsmittel und Fällungsmittel eingesetzt.
Benzyladenin dient zur Frischhaltung von Gemüsen, insbesondere von Brokkoli während der Lagerung.
Butadien-Styrol-Copolymerisate ist ein Kunststoff der als Kaumasse für Kaugummi verwendet wird.
Cystin (E 920 -921) ist ein Mehlbehandlungsmittel.
Dammar-Harz ist das Harz des südostasiatischen Dammarbaumes, mit Lösungsmitteln gereinigt.
Glycerinester(E445) wird aus Wurzelharz hergestellt
Mastix ist das Harz des immergrünen Mastixbaumes (Pistacia lentiscus), der auf der griechischen Insel Chios beheimatet ist.
Methylcyclopropen ist der Stoff dem wir das wachsende Sortiment an exotischen Früchten in den Supermärkten zu verdanken haben.

Aromen, die stillen Stars der Küche

Das Aroma (griechisch= das Gewürz (kraut)) bezeichnet die Empfindung aus Geruch und Geschmack, der durch einzelne chemische Verbindungen oder Stoffgemische in Lebensmittel verursacht wird. Oftmals werden konzentrierte Lösungen von Geruchs- oder Geschmacksstoffen beigemengt, um die Vorlieben der Zielgruppe zu erfüllen. Der Geschmackseindruck entsteht, wenn bei dem Verkosten durch den Rachen eingeatmet wird. Im Rachenraum erwärmen sich Aromastoffe und gelangen über die Rachen-Nasen-Verbindung auch an die Rezeptoren der Nase.

Die Zunge kann nur fünf Geschmacksrichtungen erkennen (süß, sauer, salzig, bitter und umami). "Scharfes" wie z. B. Pfeffer oder Chilischoten wird vorwiegend über Schmerzsensoren wahrgenommen. Die Rezeptoren der Nasen-Riechschleimhaut des Menschen nehmen etwas mehr als vierhundert verschiedene Duftstoffe wahr. Zusammen mit der Geruchsempfindung können wir mit unseren Geschmackssensoren über zehntausend verschiedene Aromen und Millionen von Duftstoffen unterscheiden. Eine Aromatisierung erfolgt, um z. B. fertigungsbedingten Aromaverlust auszugleichen, gleichbleibende Qualität zu gewährleisten, neuartige Lebensmittel (z. B. Lebensmittel für Diätbedürftige oder auch kalorienverminderte Lebensmittel) geschmacklich attraktiver zu gestalten oder um einfach eine Vielfalt geschmacklich ansprechender Lebensmittel anbieten zu können. Aromen werden dabei per Gesetz in mehrere Klassen unterteilt.

In Deutschland gelten folgende Einteilungen:

Natürliche Aromen

Ein Aroma, das in der Natur vorkommt und aus natürlichen Grundstoffen erzeugt wird. Es kann aus Lebensmitteln oder biofermentativ (unter Fermentation versteht man jegliche technische Bioreaktion, z. B. mit Hilfe von Bakterien, Hefen oder Pilzen) hergestellt und anschließend abgetrennt werden. Zur Isolierung werden Verfahren der modernen Lebensmitteltechnologie eingesetzt (Extraktion, Destillation, Pressen, enzymatische oder mikrobiologische Prozesse sowie anschließendes Trocknen, Rösten und Fermentieren). Natürliche Aromen müssen dementsprechend nicht aus dem bezeichneten Lebensmittel stammen. Über den Ursprung des Aromas geben lediglich Bezeichnungen Auskunft, in denen die Frucht oder Pflanze angegeben ist. Natürliches Orangenaroma wird wirklich aus Orangen (schalen) hergestellt und natürliches Minzaroma ist aus Minze.

Naturidentische Aromen

Substanzen, die als Aromastoffe zugegeben werden, die mit den im Naturprodukt vorhandenen Substanzen chemisch identisch. Als naturidentisches Erdbeeraroma können etwa 15 Substanzen zugegeben werden, da sie auch in Erdbeeren vorkommen. In Erdbeeren gibt es allerdings mehrere Hundert verschiedene Substanzen, die in ihrer Gesamtheit das natürliche Erdbeeraroma ausmachen. Ein künstlich erzeugter "Naturidentischer Aromastoff" braucht so nicht dem natürlichen Eigenaroma zu entsprechen, weist jedoch chemische Übereinstimmung bei mindestens einer Komponente auf.

Reaktionsaromen

Aromen, die bei einem thermischen Prozess gewonnen werden, bei dem reduzierender Zucker mit Aminosäuren erhitzt worden ist. Röstaromen werden meist mit dieser Technologie gewonnen.

Aromaextrakte

Aromen als konzentrierte oder nichtkonzentrierte Erzeugnisse mit Aromaeigenschaften, die gemäß den natürlichen Aromastoffen gewonnen werden, jedoch nicht unter diesen Begriff fallen.

Künstliche Aromen

Aromen die chemisch synthetisiert wurden, aber keinerlei Ähnlichkeit mit der chemischen Beschaffenheit des Aromas pflanzlichen oder tierischen Ursprungs haben. Viele dieser künstlichen Aromen können für verschiedene Geschmacksrichtungen eingesetzt werden. Der empfundene Geschmack hängt von der Aroma-Konzentration ab.

Raucharoma

Als Raucharoma bezeichnet man Zubereitungen aus kondensiertem und gereinigtem Rauch, wie er auch bei den herkömmlichen Verfahren zum Räuchern von Lebensmitteln verwendet wird. Der natürliche und nicht kondensierte Rauch erscheint in der Zutatenliste dagegen als Rauch oder Räucherrauch. Raucharomen gibt es in fester und flüssiger Form, wobei man sie in letzterem Fall oft als Liquid Smoke, Flüssigrauch oder Flüssiger Rauch bezeichnet. Dadurch spart die Industrie sich das monatelange „kalte Räuchern" von z. B. Wurst und Schinken. Für die Erstellung wird der Rauch geeigneter Hartholzspäne (z. B. Buche usw.) kondensiert (durch ein Wasserbad geleitet). Das Kondensat wird anschließend durch physikalische Prozesse in drei Komponenten zerlegt: ein wässriges Rauchkondensat, eine wasserunlösliche Teerphase hoher Dichte und eine wasserunlösliche ölige Phase. Die wasserunlösliche ölige Phase ist dabei ein Nebenprodukt und nicht zur Weiterverarbeitung geeignet. Einige Fraktionen der wasserunlöslichen Teerphase sowie das Rauchkondensat werden anschließend gereinigt, wobei einige der gesundheitsschädlichsten Bestandteile (polyzyklische aromatische Kohlenwasserstoffe) entfernt werden. Dabei erhält man das sogenannte Primärrauchkondensat und die Primärteerphase. Diese beiden bilden die sogenannten Primärprodukte und sind Ausgangspunkt der Weiterverarbeitung zu Raucharomen.

Lebensmittelkennzeichnung nach EU-Recht

Die Europäische Union (EU) hat Kennzeichnungsvorschriften für Lebensmittel festgelegt, um allen Verbrauchern zu helfen, gut informiert Kaufentscheidungen zu treffen. Mit den Bestimmungen soll sichergestellt werden, dass alle die Informationen zu den Lebensmitteln haben, die Sie kaufen. Abgesehen von den gesetzlich vorgeschriebenen Produktangaben steht es den Herstellern völlig frei, zusätzliche Informationen zu geben, solange die Angaben korrekt sind und den Verbraucher nicht irreführen. Neben allgemeinen Kennzeichnungsvorschriften, die für alle Lebensmittel gelten, gibt es noch besondere Kennzeichnungsbestimmungen für Fleisch, alkoholische Getränke und leicht verderbliche Nahrungsmittel. Kennzeichnungspflichtig sind folgende Kriterien:

Netto-Inhalt
Der Netto Inhalt eines Produkts wird bei flüssigen Lebensmitteln ausgedrückt als Volumen (z. B. Liter oder Zentiliter) und bei sonstigen Erzeugnissen als Gewicht.

Füllmenge
Die Füllmenge muss als Angabe über den physikalischen Zustand und über die Behandlung des Lebensmittels gemacht werden (z. B. pulverförmig, tiefgekühlt, konzentriert, geräuchert u. ä.). Eine Behandlung mit ionisierenden Strahlen muss immer angegeben werden.

Hersteller / Importeur
Eine Kennzeichnung des Hersteller/Importeur ist zwingend. Der Name und die Anschrift des Herstellers, des Verpackers oder des Importeurs

müssen klar auf der Verpackung angegeben werden. Damit weiß der Verbraucher, an wen er sich wenden kann, falls es Beanstandungen gibt oder zusätzliche Produktinformationen benötigt werden.

Haltbarkeitsdatum

Das „Verwendbar bis …" oder „Mindestens haltbar bis …" Datum gibt an, wie lange das Lebensmittel frisch ist und ohne Bedenken verzehrt werden kann. „Verwendbar bis …" wird bei Lebensmitteln verwendet, die leicht verderben (z. B. Fleisch, Eier, Milchprodukte). Alle vorverpackten Lebensmittel tragen ein "verwendbar bis .." Datum.
„Mindestens haltbar bis …" wird bei Lebensmitteln verwendet, die längere Zeit haltbar sind (z. B. Getreideprodukte, Reis, Gewürze). Auch nach Überschreitung des angegeben Datums können diese Erzeugnisse ohne Bedenken verzehrt werden. Allerdings können sie an Geschmack oder Konsistenz verlieren.

Zutatenverzeichnis

Sämtliche Zutaten müssen in absteigender Reihenfolge ihres Gewichtsanteils aufgelistet werden (Ausnahme: Mischungen von Obst oder Gemüse). In dieser Liste müssen Zutaten angeben werden, von denen bekannt ist, dass sie Allergien auslösen können (z. B. Erdnüsse, Milch, Eier, Fisch).Die Menge einer Zutat muss in Prozent (%) angegeben werden, wenn sie in der Produktbezeichnung enthalten ist. Zum Beispiel in Tomatensuppe, durch Bilder oder in Worten („mit Tomater"). Auch wenn die Zutat zur Charakterisierung eines Lebensmittels genutzt wird (Tomatenmark) muss die Nennung erfolgen.

Gentechnisch veränderte Organismen (GVO)

Die Kennzeichnung ist zwingend vorgeschrieben, falls Lebensmittel mehr als 0,9 % gentechnisch veränderte Organismen enthalten. Alle

Stoffe mit gentechnisch verändertem Ursprung müssen im Verzeichnis der Zutaten durch die Angabe „gentechnisch verändert" kenntlich gemacht werden.

Herkunft

Die Angabe des Landes oder der Region, aus dem das Erzeugnis stammt, ist bei bestimmten Kategorien von Erzeugnissen zwingend vorgeschrieben – z. B. bei Fleisch, Obst und Gemüse. Die Herkunft muss auch angegeben werden, wenn die Markenbezeichnung oder andere Angaben auf dem Etikett wie Bilder, Flaggen oder eine Bezugnahme auf einen bestimmten Ort den Verbraucher über die wirkliche Herkunft des Erzeugnisses täuschen könnten (z. B. der Brauort des Bieres „Warsteiner").

Ökologisch

Die Verwendung der Bezeichnung „ökologisch" bei Lebensmitteln unterliegt strengen EU-Vorschriften. Die Aussage „ökologisch" ist nur erlaubt, wenn das Erzeugnis nach besonderen Produktionsverfahren hergestellt wurde, die höchsten Anforderungen in Bezug auf Umwelt- und Tierschutz entsprechen. Das EU-Logo „Ökologischer Landbau – EG Kontrollsystem" darf nur von Erzeugern verwendet werden, die die geforderten Auflagen erfüllen.

Nährwert und gesundheitsbezogene Angaben auf Lebensmitteln

Seit dem 1. Juli 2007 gelten europaweit einheitliche gesetzliche Regelungen für nährwert- und gesundheitsbezogenen Angaben auf Lebensmitteln. In der Europäischen Union ist von nun an verbindlich festgelegt, ab wann ein Lebensmittel mit Begriffen wie "fettarm", "zuckerfrei" oder "mit hohem Ballaststoffgehalt" beworben werden darf. Nährwertbezogene Angaben dürfen nur gemacht werden, wenn das Lebensmittel ein bestimmtes Nährwertprofil aufweist. So darf z. B. ein sehr zuckerhaltiges Nahrungsmittel nicht mit der Angabe "fettfrei" beworben werden. Nährwertbezogene Angaben auf alkoholischen Getränken sind verboten, mit der Ausnahme, dass sie sich auf einen geringen Alkohol- und Kaloriengehalt beziehen. Gesundheitsbezogene Angaben ("Health Claims") sind in einer Positivliste aufgeführt. Neue Angaben, die sich auf die Gesundheit oder Vermeidung eines Krankheitsrisikos beziehen, wie z. B. "Kalzium vermindert das Osteoporose-Risiko", müssen genehmigt und zugelassen werden. Folgende Angaben sind nur unter den gegebenen Bedingungen gemäß „VERORDNUNG (EG) NR. 1924/2006 DES EUROPÄISCHEN PARLAMENTS UND DES RATES vom 20. Dezember 2006 über nährwert- und gesundheitsbezogene Angaben über Lebensmittel" erlaubt.

Enthält (Name des Nährstoffs oder der anderen Substanz)
wenn das Produkt allen entsprechenden Bestimmungen dieser Verordnung entspricht. Für Vitamine und Mineralstoffe gelten die Bedingungen für die Angabe "Quelle von".

Erhöhter (Name des Nährstoffes)-Anteil

wenn das Produkt die Bedingungen für die Angabe "Quelle von" erfüllt und die Erhöhung des Anteils mindestens 30 % gegenüber einem vergleichbaren Produkt ausmacht.

Reduzierter (Name des Nährstoffes)-Anteil

wenn die Reduzierung des Anteils mindestens 30 % gegenüber einem vergleichbaren Produkt ausmacht. Davon ausgenommen sind Mikronährstoffe, für die ein 10%iger Unterschied akzeptabel ist, sowie Natrium oder der entsprechende Gehalt an Salz, für das ein 25%iger Unterschied akzeptabel ist.

Leicht

muss dieselben Bedingungen erfüllen wie die Angabe "reduziert". Die Angabe muss außerdem mit einem Hinweis auf die Eigenschaften einhergehen, die das Lebensmittel "leicht" machen.

Energiearm

Die Angabe, ein Lebensmittel sei energiearm, sowie jede Angabe, die für den Verbraucher voraussichtlich dieselbe Bedeutung hat, ist nur zulässig, wenn das Produkt im Falle von festen Lebensmitteln nicht mehr als 40 kcal (170 kJ) / 100 g oder im Falle von flüssigen Lebensmitteln nicht mehr als 20 kcal (80 kJ)/100 ml enthält. Für Tafelsüßen gilt ein Grenzwert von 4 kcal (17 kJ) pro Portion, die der süßenden Wirkung von 6 g Saccharose erreicht (entspricht ca. 1 Teelöffel Zucker).

Energiereduziert

Die Angabe, ein Lebensmittel sei energiereduziert, sowie jegliche Angabe, die für den Verbraucher voraussichtlich dieselbe Bedeutung hat, ist nur zulässig, wenn der Brennwert um mindestens 30 % verringert ist; dabei sind die Eigenschaften anzugeben, die zur Reduzierung des Gesamtbrennwerts des Lebensmittels führen.

Energiefrei

Die Angabe, ein Lebensmittel sei energiefrei, sowie jegliche Angabe, die für den Verbraucher voraussichtlich dieselbe Bedeutung hat, ist nur zulässig, wenn das Produkt nicht mehr als 4 kcal (17 kJ) /100 ml enthält.

Fettarm

Die Angabe, ein Lebensmittel sei fettarm, sowie jegliche Angabe, die für den Verbraucher voraussichtlich dieselbe Bedeutung hat, ist nur zulässig, wenn das Produkt im Fall von festen Lebensmitteln weniger als 3 g Fett/100 g oder weniger als 1,5 g Fett/100 ml im Fall von flüssigen Lebensmitteln enthält (1,8 g Fett pro 100 ml bei teilentrahmter Milch).

Fetfrei / ohne Fett

Die Angabe, ein Lebensmittel sei fettfrei/ohne Fett, sowie jegliche Angabe, die für den Verbraucher voraussichtlich dieselbe Bedeutung hat, ist nur zulässig, wenn das Produkt nicht mehr als 0,5 g Fett pro 100 g oder 100 ml enthält. Angaben wie „X % fettfrei" sind verboten.

Arm an gesättigten Fettsäuren

Die Angabe, ein Lebensmittel sei arm an gesättigten Fettsäuren, sowie jegliche Angabe, die für den Verbraucher voraussichtlich dieselbe Bedeutung hat, ist nur zulässig, wenn die Summe der gesättigten Fettsäuren und der Trans-Fettsäuren bei einem Produkt im Fall von festen Lebensmitteln 1,5 g/100 g oder 0,75 g/100 ml im Fall von flüssigen Lebensmitteln nicht übersteigt; in beiden Fällen dürfen die gesättigten

Fettsäuren und die Trans-Fettsäuren insgesamt nicht mehr als 10 % des Brennwerts liefern.

Frei von gesättigten Fettsäuren

Die Angabe, ein Lebensmittel sei frei von gesättigten Fettsäuren, sowie jegliche Angabe, die für den Verbraucher voraussichtlich dieselbe Bedeutung hat, ist nur zulässig, wenn die Summe der gesättigten Fettsäuren und der Trans-Fettsäuren 0,1 g je 100 g bzw. 100 ml nicht übersteigt.

Zuckerarm

Die Angabe, ein Lebensmittel sei zuckerarm, sowie jegliche Angabe, die für den Verbraucher voraussichtlich dieselbe Bedeutung hat, ist nur zulässig, wenn das Produkt im Fall von festen Lebensmitteln nicht mehr als 5 g Zucker pro 100 g oder im Fall von flüssigen Lebensmitteln 2,5 g Zucker pro 100 ml enthält.

Zuckerfrei

Die Angabe, ein Lebensmittel sei zuckerfrei, sowie jegliche Angabe, die für den Verbraucher voraussichtlich dieselbe Bedeutung hat, ist nur zulässig, wenn das Produkt nicht mehr als 0,5 g Zucker pro 100 g bzw. 100 ml enthält.

Ohne Zuckerzusatz

Die Angabe, einem Lebensmittel sei kein Zucker zugesetzt worden, sowie jegliche Angabe, die für den Verbraucher voraussichtlich dieselbe Bedeutung hat, ist nur zulässig, wenn das Produkt keine zugesetzten Mono- oder Disaccharide oder irgendein anderes wegen seiner süßenden Wirkung verwendetes Lebensmittel enthält. Wenn das Lebensmittel von Natur aus Zucker enthält, sollte das Etikett auch den folgenden Hinweis enthalten: „Enthält von Natur aus Zucker".

Natriumarm / Kochsalzarm

Die Angabe, ein Lebensmittel sei natrium-/kochsalzarm, sowie jegliche Angabe, die für den Verbraucher voraussichtlich dieselbe Bedeutung hat, ist nur zulässig, wenn das Produkt nicht mehr als 0,12 g Natrium oder den gleichwertigen Gehalt an Salz pro 100 g bzw. 100 ml enthält. Bei anderen Wässern als natürlichen Mineralwässern, die in den Geltungsbereich der Richtlinie 80/777/EWG fallen, darf dieser Wert 2 mg Natrium pro 100 ml nicht übersteigen.

Sehr Natriumarm / Kochsalzarm

Die Angabe, ein Lebensmittel sei sehr natrium-/salzarm, sowie jegliche Angabe, die für den Verbraucher voraussichtlich dieselbe Bedeutung hat, ist nur zulässig, wenn das Produkt nicht mehr als 0,04 g Natrium oder den entsprechenden Gehalt an Salz pro 100 g bzw. 100 ml enthält. Für natürliche Mineralwässer und andere Wässer darf diese Angabe nicht verwendet werden.

Natrium- oder Kochsalzfrei

Die Angabe, ein Lebensmittel sei natriumfrei oder kochsalzfrei, sowie jegliche Angabe, die für den Verbraucher voraussichtlich dieselbe Bedeutung hat, ist nur zulässig, wenn das Produkt nicht mehr als 0,005 g Natrium oder den gleichwertigen Gehalt an Salz pro 100 g enthält.

Ballaststoffquelle

Die Angabe, ein Lebensmittel sei eine Ballaststoffquelle, sowie jegliche Angabe, die für den Verbraucher voraussichtlich dieselbe Bedeutung hat, ist nur zulässig, wenn das Produkt im Fall von festen Lebensmitteln mindestens 3 g Ballaststoffe pro 100 g oder im Fall von flüssigen Lebensmitteln mindestens 1,5 g Ballaststoffe pro 100 kcal enthält.

Hoher Ballaststoffgehalt

Die Angabe, ein Lebensmittel habe einen hohen Ballaststoffgehalt, sowie jegliche Angabe, die für den Verbraucher voraussichtlich dieselbe Bedeutung hat, ist nur zulässig, wenn das Produkt im Fall von festen Lebensmitteln mindestens 6 g Ballaststoffe pro 100 g oder im Fall von flüssigen Lebensmitteln mindestens 3 g Ballaststoffe pro 100 kcal enthält.

Proteinquelle

Die Angabe, ein Lebensmittel sei eine Proteinquelle, sowie jegliche Angabe, die für den Verbraucher voraussichtlich dieselbe Bedeutung hat, ist nur zulässig, wenn auf den Proteinanteil mindestens 12 % des gesamten Brennwerts des Lebensmittels entfallen.

Hoher Proteingehalt

Die Angabe, ein Lebensmittel habe einen hohen Proteingehalt, sowie jegliche Angabe, die für den Verbraucher voraussichtlich dieselbe Bedeutung hat, ist nur zulässig, wenn auf den Proteinanteil mindestens 20 % des gesamten Brennwerts des Lebensmittels entfallen.

[Name des Vitamins / der Vitamine und oder des Mineralstoffs oder der Mineralstoffe]-Quelle

Die Angabe, ein Lebensmittel sei eine Vitaminquelle oder Mineralstoffquelle, sowie jegliche Angabe, die für den Verbraucher voraussichtlich dieselbe Bedeutung hat, ist nur zulässig, wenn das Produkt mindestens eine gemäß dem Anhang der Richtlinie 90/496/EWG signifikante Menge oder eine Menge enthält, die den gemäß Artikel 7 der Verordnung

(EG) Nr. 1925/2006 des Europäischen Parlaments und des Rates über den Zusatz von Vitaminen und Mineralstoffen sowie bestimmten anderen Stoffen zu Lebensmitteln zugelassenen Abweichungen entspricht.

Hoher [Name des Vitamins / der Vitamine und oder des Mineralstoffs oder der Mineralstoffe]-Gehalt

Die Angabe, ein Lebensmittel habe einen hohen Vitamingehalt und/oder Mineralstoffgehalt, sowie jegliche Angabe, die für den Verbraucher voraussichtlich dieselbe Bedeutung hat, ist nur zulässig, wenn das Produkt mindestens das Doppelte des unter „[Name des Vitamins / der Vitamine] und/oder [Name des Mineralstoffs oder der Mineralstoffe]-Quelle" genannten Werts enthält.

Enthält [Name des Nährstoffes oder der anderen Substanz)

Die Angabe, ein Lebensmittel enthalte einen Nährstoff oder eine andere Substanz, für die in dieser Verordnung keine besonderen Bedingungen vorgesehen sind, sowie jegliche Angabe, die für den Verbraucher voraussichtlich dieselbe Bedeutung hat, ist nur zulässig, wenn das Produkt allen entsprechenden Bestimmungen dieser Verordnung und insbesondere Artikel 5 entspricht. Für Vitamine und Mineralstoffe gelten die Bedingungen für die Angabe „Quelle von".

Erhöhter [Name des Nährstoffs]-Anteil

Die Angabe, der Gehalt an einem oder mehreren Nährstoffen, die keine Vitamine oder Mineralstoffe sind, sei erhöht worden, sowie jegliche Angabe, die für den Verbraucher voraussichtlich dieselbe Bedeutung hat, ist nur zulässig, wenn das Produkt die Bedingungen für die Angabe „Quelle von" erfüllt und die Erhöhung des Anteils mindestens 30 % gegenüber einem vergleichbaren Produkt ausmacht.

Reduzierter [Name des Nährstoffs]-Anteil

Die Angabe, der Gehalt an einem oder mehreren Nährstoffen sei reduziert worden, sowie jegliche Angabe, die für den Verbraucher voraussichtlich dieselbe Bedeutung hat, ist nur zulässig, wenn die Reduzierung des Anteils mindestens 30 % gegenüber einem vergleichbaren Produkt ausmacht; ausgenommen sind Mikronährstoffe, für die ein 10%iger Unterschied im Nährstoffbezugswert gemäß der Richtlinie 90/496/EWG des Rates akzeptabel ist, sowie Natrium oder der entsprechende Gehalt an Salz, für das ein 25%iger Unterschied akzeptabel ist.

Leicht

Die Angabe, ein Produkt sei „leicht", sowie jegliche Angabe, die für den Verbraucher voraussichtlich dieselbe Bedeutung hat, muss dieselben Bedingungen erfüllen, wie die Angabe „reduziert"; die Angabe muss außerdem mit einem Hinweis auf die Eigenschaften einhergehen, die das Lebensmittel „leicht" machen.

Von Natur aus / natürlich

Erfüllt ein Lebensmittel von Natur aus die in diesem Anhang aufgeführte(n) Bedingung(en) für die Verwendung einer nährwertbezogenen Angabe, so darf dieser Angabe der Ausdruck „von Natur aus/natürlich" vorangestellt werden.

Sind Zusatzstoffe gesundheitlich bedenklich?

Zusatzstoffe dürfen nur in bestimmten Höchstmengen den Lebensmitteln zugesetzt werden, die bei lebenslanger täglicher Zufuhr als sicher gelten. Für die meisten Zusatzstoffe werden zunächst Fütterungsversuche mit Tieren durchgeführt. Die Dosis, bei der auch in den empfindlichsten Tierversuchen keine negativen Wirkungen mehr beobachtet wurden, wird noch einmal durch den Sicherheitsfaktor 100 geteilt und ergibt den sogenannten ADI-Wert. Das Kürzel steht für acceptable daily intake oder duldbare tägliche Aufnahmemenge und wird in mg/kg Körpergewicht angegeben. Ganz ohne Probleme ist diese Vorgehensweise jedoch nicht, da sich Tierversuche nie vollkommen auf den Menschen übertragen lassen und auch die Kenntnisse über Wechselwirkungen verschiedener Stoffe miteinander nur gering sind. Individuelle Empfindlichkeiten wie Allergien oder Unverträglichkeiten können in dieser Berechnung ebenfalls nicht berücksichtigt werden. Viele Zusatzstoffe werden gerade von Kindern in zu großen Mengen konsumiert. Sie essen besonders gerne die Lebensmittel, deren Herstellung ohne den reichlichen Einsatz von Zusatzstoffen nicht möglich wäre, z. B. knallbunte Lollis, künstlich gesüßte Limos oder schaumige Desserts. Untersuchungen in einigen EU-Staaten haben ergeben, dass je nach Essgewohnheiten Kinder häufig die zulässigen Höchstmengen beim Verzehr von Zusatzstoffen überschreiten.

Polymere Netzwerke oder Kochen mit Physik und Chemie

Ein Blick in den Ofen, und der Laie sieht - ein zusammengefallenes Soufflé. Der Fachmann hingegen erkennt: ... ein kollabiertes Netzwerk aus Proteinen. Die ganze Schaumstruktur ist durch fehlende Temperaturabstimmung kollabiert und die Eiweißmoleküle sind geronnen - auf dem Boden der Souffléform. Ursache dafür war, dass es kein stabiles Gefälle zwischen starker Unterhitze und schwächerer Oberhitze gab, sondern Heißluft einer bestimmten Temperatur - der Tod eines zart-schaumigen Auflaufs.

Auch ein zu lange in der Pfanne gelassenes Stück Fleisch, oder ein zu lange bei hohen Temperaturen gegrilltes Stück Fleisch wird schnell zäh und ungenießbar. Der Grund hierfür ist einfach. Bei hohen Temperaturen verdampft das Wasser, das nicht nur physikalisch als Hydrathülle, sondern auch für unser sensorisches „Mundgefühl" als Weichmacher, dient. Damit rücken die Fleischproteine wieder enger zusammen und können ein viel engmaschigeres Molekülnetz bilden. Engmaschigere Netze ohne Weichmacher sind leider sehr „bissfest". Ein zwischen 55 und 60 °C gegarter Lachs, entweder in einem Temperofen oder in Convektomaten, wie es sie in Profiküchen gibt, ist weit davon entfernt, ein geschmackloses, trockenes Gebilde zu werden. Viele Proteine sind gerade erst denaturiert und können das eingelagerte Wasser noch als Hydrathüllen binden. Darüber hinaus bilden die Proteinfäden ein sehr lockeres, mit den Fischsäften gequollenes Gel, das als „zart, saftig und perfekt gegart" beschrieben werden kann. Eischnee hingegen ist ein typisches Beispiel für hohe Standhaftigkeit bei Temperaturen von −200 °C bis 150 °C. Dies lässt sich auf die im Eiklar enthaltenen Proteine zurückführen. Beim Schlagen von Eiklar wird Luft darunter geschlagen.

Damit bilden sich Luftblasen, die aber nach kurzer Schlagzeit noch relativ groß und instabil sind. Erst nach längerem Schlagen werden die Blasen kleiner, und der Eischnee erhält seine Festigkeit. Viele andere Schäume, etwa die Schaumkrone auf dem Bier, würden nach einiger Zeit wieder zusammenfallen. Zum einen gleichen sich Unterschiede der Bläschengröße aus, zum anderen beginnen die flüssigen Wände zwischen den Bläschen zu trocknen, oder das sich darin befindende Wasser fließt aufgrund der Gravitation nach unten. Bei Eischnee passiert dies nicht so schnell. Eischnee wird im Backofen zu Baiser getrocknet, ohne dass die Stabilität beeinträchtigt wird. Verantwortlich sind die Proteine, die durch das Untermischen von Luft beim Schlagen ihre Wirkung entfalten. Mit Hilfe von flüssigem Stickstoff kann Eischnee auch zu kalten Baisers gefrieren. Auch hier hat das Wasser der feinen Zwischenwände keine Chance, große Kristalle zu bilden, deren Größenabmessungen die Bläschen sprengen könnten. Unter dem Begriff „Nitroespumas" werden derartige Kreationen angeboten. Wie gut sich Eiweiße (Proteine) zum Emulgieren von Wasser und Öl eignen, kann durch ein einfaches Experiment belegt werden. Mayonnaise kann mit Eiklar problemlos hergestellt werden, nicht – wie es in jedem Kochbuch steht – mit Eigelb. Einfach das Eiklar zu Schaum schlagen und nach und nach unter Weiterrühren mit dem Handmixer 60 bis 80 ml Olivenöl dazu. Der dichte, intensiv nach Olivenöl schmeckende Schaum bleibt für lange Zeit stabil.

Natürlich beschränken sich diese Ideen zur gezielten Proteinentfaltung nicht nur auf Schäume oder auf das Garen bei niedrigen Temperaturen. Beide physikalischen Techniken werden mit dem Thermomixverfahren, bei dem sich während des Mixens die Temperatur genau einstellen lässt, miteinander verbinden, z. B. um Leberpralinen herzustellen. Die Leber mit Butter Gewürzen, Salz, Pfeffer, etwas Lavendel und Portwein – physikalisch sehr problematische Komponenten, die sich molekular schwer vertragen- in den Thermomix geben. Es müssen Fett und Wasser emulgiert werden, und zwar so fein, dass die Pralinen formbeständig bleiben. Statt der herkömmlichen Methode – also kalt mixen, Eigelb hinzugeben (des Emulgators Lecithin wegen) und dann ab ins Wasserbad –, bietet sich das vorsichtige Zerkleinern bei einer möglichst genau eingehaltenen Temperatur an. 50 °C reichen vollkommen aus, um bestimmte Eiweiße der Leber zu manipulieren. Nach einem kurzen Garen z. B. im Wasserbad erinnert die Konsistenz der Leberpraline an eine „Ganache". Eine Ganache, oder Pariser Creme, ist eine Kuvertürefüllcreme und zählt zu den Sahnecremes. Je mehr Sahne eine Ganache enthält, desto weicher und cremiger wird sie. Verwendet wird Ganache zum Beispiel im Schokoladentrüffel als cremige Füllung. Der Traum des perfekten Garens wird also mehr und mehr Realität, je präziser Temperaturen im Bereich 50 bis 80 °C gesteuert werden können – und je besser die natürliche Zusammensetzung der Lebensmittel bekannt ist. Auf dem Weg zur Geschmacksentfaltung bei der Zubereitung von Lebensmitteln, z. B. von Fleisch, ist neben den Eigenschaften der Aminosäuren (Bausteine der Proteine) und deren Reihenfolge auch die Rolle der polaren Wassermoleküle entscheidend. Sie bilden damit eine äußerst effektive und relativ stark gebundene Hydrathülle, die einen wesentlichen Beitrag an der Proteinfaltung und der Proteinfunktion hat. Vereinfacht gesprochen schmiegen sich Wassermoleküle wie ein Schlauch um die Proteine und hüllen sie ein. Lokal bestimmt daher die Hydrathülle die interne Wechselwirkung des Proteins und dessen Oberfläche. Zugleich wird durch ein saures Milieu die Ausbreitung von Bakterien gehemmt. Diese Marinierungseffekte gehen auf zwei Effekte zurück: Die Protonen der Säuren, also Wasserstoffkerne H+ (und damit kleine geladene Ionen), sind zum einen geladen und verändern die lokalen elektrostatischen Verhältnisse, zum anderen aber stören sie die Hydrathülle der Proteine deutlich, dringen an manchen Stellen durch und kommen damit den Proteinen sehr nahe. Wasserstoffbrückenbindungen brechen auf und die Proteine denaturieren. Dieser Effekt ist an vielen Beispielen deutlich zu sehen. Entfaltete Proteine streuen und reflektieren das Licht in alle Richtungen, die Oberfläche des Lachses wird nach Beträufeln mit Zitronensaft weiß, ebenso wie das Eiklar, in das Sie ein paar Tropfen Essig geben. Darauf basiert das Marinieren des Sauerbratens mit Essig, denn dabei wird das Bindegewebe vordenaturiert und der Braten mürbe.

Der Marinierungseffekt

In der Küche wird dieser Effekt tagtäglich ausgenützt. Fleisch oder Fisch bekommt durch das Einlegen in Marinade eine „Geschmacksnote" nach Wunsch. Grundsätzlich sollten zum Marinieren die Stücke vollständig von der Flüssigkeit umgeben sein und das Gefäß möglichst luftdicht verschlossen werden. Der Vorgang dauert je nach Größe und Art der eingelegten Stücke einige Stunden bis Tage. Bei Fleisch z. B. dringt die Marinade täglich etwa 1 Zentimeter weiter ein, erkennbar an der gräulichen Verfärbung. Durch Verwendung eines Vakuumkessels wird die Dauer des Marinierens in Großküchen stark verkürzt. Während des Marinierens dringen nicht nur die Aromen ein, durch die Säure wird auch das Bindegewebe der Muskeln zersetzt und die enthaltene Gelatine gelöst.

Die Maillard-Reaktion

Gebratenes oder gegrilltes Fleisch ist deshalb so schmackhaft, weil an der Oberfläche des Fleisches Aromamoleküle entstehen, wenn Zucker, Fett und die Aminosäuren (die Moleküle der Proteine) bei hohen Temperaturen erhitzt werden. Dieser Vorgang wird als Maillard-Reaktion bezeichnet

Praktische Polymerphysik –der Weißenberg Effekt- das Viskositätsverhalten- die Perkolationsschwelle und die Scherrate von Tomatenketchup und Pudding

Verbraucherstudien haben gezeigt, dass Ketchup nur mit sehr genau eingestelltem Viskositätsverhalten und Weißenberg-Effekt als „gutes Ketchup" empfunden wird. Dafür kennt die Lebensmittelindustrie etwa 40 Gelatinesorten und rund 200 Sorten von Alginaten. Mit Hilfe von besonders effektiven Emulgatoren aus Proteinen kann die Polymerphysik z. B. beim Teig oder bei Ketchup, bei der industriellen Produktion oder für die Entwicklung neuer Garverfahren, die auf molekulare Eigenschaften besonders eingehen, entsprechend angewendet werden. Der Weißenberg Effekt beschreibt dabei das Verhalten von nicht newtonschen Flüssigkeiten, dessen Viskosität nicht konstant bleibt, wenn sich die einwirkenden Scherkräfte verändern. Die Scherrate wird in der Rheologie (die Wissenschaft, die sich mit dem Verformungs- und Fließverhalten von Materie beschäftigt) zur Definition der Viskosität verwendet. Diese ist der Proportionalitätskoeffizient zwischen Schubspannung und Schergeschwindigkeit. Betrachtet wird dabei eine Schichtenströmung. Die Änderung der Viskosität ist bei einer bestimmten Scherrate, unabhängig von der Zeit der Einwirkung, immer gleich.

Beispiele für nicht newtonsche Flüssigkeiten in der Küche sind Ketchup, Spätzleteig und Pudding. In der Milchindustrie können typische Produkteigenschaften von z. B. Sahne, Puddings oder Desserts zerstört werden, wenn man ihr Fließverhalten nicht kennt. Als Weißenberg-Effekt (nach dem Physiker Karl Weißenberg) wird in der Rheologie das

Verhalten mancher nicht-newtonscher Flüssigkeiten bezeichnet, die an einem rotierenden Stab hochsteigen. Bei Ketchup als nicht newtonische Flüssigkeit ist der „Weißenberg-Effekt" signifikant. Füllt man ein zylinderförmiges Gefäß mit Tomatenketchup und führt einen schnell rotierenden Stab in die Flüssigkeit, so steigt das Ketchup den rotierenden Stab hoch. Wasser mit seiner niedrigen Viskosität, und damit sehr kurzen Relaxationszeiten, verhält sich hingegen „klassisch" und bildet erwartungsgemäß eine Kuhle um den Stab. Dabei spiegeln die Relaxationszeiten die Dynamik der Flüssigkeiten und die Bewegungsprozesse der Moleküle, etwa Diffusionsbewegungen, wider. Als Relaxation bezeichnet im natur-wissenschaftlichen Bereich den Übergang eines Systems über Relaxationsprozesse in seinen Grundzustand oder in einen Gleichgewichtszustand (häufig nach einer Anregung oder einer äußeren Störung). Die beschreibt die charakteristische Zeit, in welcher sich ein System dem stationären Zustand annähert. Ungewöhnliche Fließeigenschaften sind rheologische Besonderheiten und nur Flüssigkeiten zueigen, deren Fließverhalten sich danach richtet, wie schnell oder wie langsam an ihnen manipuliert wird. Zähflüssiger Honig zeigt das Hochklettern ebenso wie viele Polymerlösungen und kolloidale Flüssigkeiten. Aber auch Kuchen-, Pfannkuchen- oder Brotteige, die, je nach ihrem Wasser-Mehl-Verhältnis, unaufhaltsam den Knethaken des Rührgeräts emporsteigen. Aber anders als beim Ketchup werden Teige beim schnelleren Ziehen, also höheren Scherraten, fester und reißen. Scherraten sind über die zeitlichen Änderungen der von außen angeregten Deformation definiert, etwa über die Kreisfrequenz des Rührhakens. Für ketchupartiges Fließverhalten zum Beispiel sind Makromoleküle, Polymere, Polyelektrolyte und kolloidale Teilchen verantwortlich. Als Kolloide werden Teilchen oder Tröpfchen bezeichnet, die in einem anderen Medium (Feststoff, Gas oder Flüssigkeit), dem Dispersionsmedium, fein verteilt sind. Meist wird bei Kolloiden an Emulsionen oder

Suspensionen von Tröpfchen oder Teilchen in einer Flüssigkeit gedacht. In der Küche z. B. finden sich folgende Kolloidsysteme:

- Milch und Mayonnaise als Emulsionen (Tröpfchen in Flüssigkeit)
- Schlagsahne (Gas in Flüssigkeit)
- Rauch (Teilchen im Gas)
- Nebel (Tröpfchen im Gas)

Kolloiddispersionen in Gasen (Rauch, Nebel) nennt man auch Aerosole. Handelt es sich statt einzelner Partikel um langkettige Makromoleküle, wie zum Beispiel bei Gelee, so bezeichnet man dies als Gel. Physikalische Strukturparameter lassen sich mit diesen Molekülen gezielt einstellen. Und schon bestimmen physikalische Eigenschaften und deren Messgrößen bestimmen, ob es uns schmeckt oder nicht. Die Verflüssigung bei hohen Scherraten gehört in diesem Maße natürlich nicht zu den üblichen Eigenschaften von Tomatenketchup oder deren der natürlichen Bestandteile. Deswegen ist es auch schwierig gutes Tomatenketchup selbst herzustellen. Oft arbeitet man gern mit Zusatzstoffen, wie den Biopolymeren Xanthan oder verschiedenen Carageenen, die für diese speziellen rheologischen Eigenschaften sorgen. Im Gegensatz zum Ketchup handelt es sich beim Pudding um Festkörper. Festkörper in Form von Pudding, Desserts usw. sind vor allem Hydrogele. Darunter versteht man Gele, die in der Lage sind, sehr viel Wasser aufzunehmen. Pudding besteht also letztendlich aus Makromolekülen in Form eines polymeren Netzwerkes. Dieses besteht aus langen Polymerketten, die an wenigen Stellen miteinander vernetzt sind und zufällige, dreidimensional verbundene Netze bilden. Die Anzahl der Netzstellen muss oberhalb einer „kritischen" Zahl liegen, damit eine „Perkolation" stattfinden kann. Die Perkolationsschwelle drückt dabei aus, wie viele Netzpunkte bei gegebener Anzahl der Molekülketten notwendig sind, um viele Ketten so zu verbinden, damit eine durchgängige Verbindung durch das gesamte Puddingvolumen möglich ist. Die Perkolation ist damit ein von Zufälligkeiten gesteuerter Phasenübergang hin zu einer Verbindung zu einem Netzwerk. Nur oberhalb dieses Übergangs ist der Pudding ein weicher Festkörper mit einem endlichen Schermodul. Der Schermodul

(auch Schubmodul, Gleitmodul (G-Modul) oder Torsionsmodul) ist dabei die Materialkonstante, die Auskunft über die lineare elastische Verformung des Puddings infolge einer Scherkraft oder Schubspannung gibt. Unterhalb dieser Schwelle bleibt der Pudding zäh bis flüssig. Aus diesem Grund bleibt man in der Küche auch unterhalb dieser Perkulationsschwelle, d. h. bis zur Grenze, dass der Pudding einen Festkörper bildet. In manchen Marmeladen befinden sich z. B. dickere, aber streichfeste Gelbrocken. Diese sind aber weit von der Elastizität eines schnittfesten Puddings, also einem formstabilen Festkörper, entfernt.

Der Schermodul ist bei idealen Netzwerken, sofern sie nicht mit Lösungsmittel gequollen sind, vor allem durch die Anzahl der Netzpunkte und damit durch die Anzahl der Maschen bestimmt. Polymernetze haben einen entropieelastischen Charakter. Mit Entropieelastizität, oder besser bekannt als Gummielastizität, wird der Materialwiderstand gegen Dehnung, der auf der reversiblen (umkehrbaren) Änderung in den Makromolekülen der Materialmatrix in kautschukähnlichen Materialien beruht bezeichnet. Kommt bei weichen, entropieelastischen Festkörpern noch das Lösungsmittel dazu, quillt das Netzwerk, sein Volumen vergrößert sich erheblich. Dabei werden die Maschen weiter gestreckt, also bleibt nicht mehr soviel Reserve für die mechanische Verstreckung, da die Entropie der Maschen abgenommen hat. Das Gel wird etwas härter und bricht schon bei geringer Beanspruchung. Schon ist das perfekte, physikalisch messbare Puddinggefühl, das vor allem von der Bruchmechanik weicher, gequollener Festkörper lebt, erreicht.

Überraschung als natürlicher Geschmacksverstärker

Große Kochkunst beschränkt sich heute längst nicht mehr nur auf das fantasievolle Kombinieren verschiedener Zutaten, den gekonnten Umgang mit Fonds oder die À-point-Zubereitung eines guten Steaks. Was in der modernen Lebensmittelindustrie schon lange bewährter Standard ist, hat sich in Gastronomie, bzw. bei den Hobbyköchen, erst spät durchsetzen können, der wissenschaftliche Ansatz beim Kochen bzw. beim Zubereiten von Lebensmitteln. Die Beherrschung modernster Prozesstechnik und das Wissen über Aufbau und Eigenschaften von Lebensmitteln ermöglichen die Dekonstruktion und den Neuaufbau in bisher unbekannter Form.

Der Bedarf an Innovationen ist insbesondere in der dynamischen Lebensmittelindustrie groß. Es gibt Gründe genug für einen Schulterschluss zwischen Produktentwicklern, Spitzenköchen, Verfahrenstechnikern, Lebensmitteltechnologen und Marketingexperten. Inzwischen sind es mehrere Regalmeter im Supermarkt für alle Varianten eines Produktes, doch echte Innovationen sind selten. Leider blieb dabei die geschmackliche Vielfalt zugunsten abwechslungsreicher Verpackungen weit zurück. Häufig werden Produktvariationen als "Innovationen" deklariert.

Erst Anfang der neunziger Jahre fand das erste internationale Arbeitsreffen über molekulare und physikalische Gastronomie statt. Die Molekulargastronomie oder Molekularküche wurde geboren. Ziel dieser „angewandten" Wissenschaft ist es, zu verstehen, was für einen Einfluss biochemische, chemische und physikalische Prozesse und deren Wechselwirkungen auf althergebrachte Rezepte haben und was für eine Rolle der Zubereitungsprozess spielt bei einzelnen Produkten und

Gerichten. Anhand dieser gewonnenen Erkenntnisse ist es möglich, Gerichte mit völlig neuen Eigenschaften zu erzeugen. Bekannteste Beispiele sind z. B. „heißes Eis", das beim abkühlen im Mund schmilzt, Melonenkavier oder völlig überraschende Kombinationen aus Aromen (Flavour Pairing). Genutzt werden für die Zubereitung der Speisen für die „molekular" inspirierte Küche häufig Geräte und Zusatzstoffe die eher aus dem Laborbedarf und der Lebensmittel-technologie kommen als aus der klassischen Küche. Rotationsverdampfer zum extrahieren von Aromen, extrem schnelle Extruder um besondere luftige Texturen zu erzeugen (wie Erdnussflips), das temperaturkontrollierte Wasserbad, das ein Niedrigtemperaturgaren unter Vakuum („Sous Vide"). Zusätzlich wird die Sous-Vide-Lagermethode (d. h. 'Cook & Chill') mehr und mehr für die Zubereitung und das anschließende schnelle Abkühlen von Gourmetgerichten eingesetzt. Vor dem Servieren wird das Gericht in den Originalbeuteln erwärmt. Als klaren Vorteil ergibt sich hieraus eine längere Haltbarkeit des Gourmetgerichts ohne Qualitäts- bzw. Geschmacksverlust über lange Zeit. Flüssigstickstoffbäder (die Methode des Kochens mit Flüssigstickstoff wird Crycooking genannt), Einwegspritzen und das altbekannte Siphon dienen dazu um Schäume mit Geschmäckern von Camembert bis Orange herzustellen. Ein Mixer hilft die Partikel eines Fett-Wasser-Gemischs auf die Winzigkeit von 20 Mikrometern verkleinert (ein haushaltsüblicher Mixer bringt es auf etwa 80 Mikrometer). Damit lässt sich nicht nur jede Emulsion problemlos eindicken, sondern auch ein Effekt erzielen, der bei Feinschmeckern hoch im Kurs steht: Viskosität. Auch mit Wasser kann frittiert werden. Bis jetzt wird mit Wasser gekocht und mit Fett frittiert. Normalerweise verdunstet das Wasser bei 100 °C, aber eine bestimmte Zuckerart (Threalose) ermöglicht es, die Flüssigkeit auf 120 °C zu erhitzen. Und dadurch lassen sich Lebensmittel frittieren. Trehalose kommt natürlich in verschiedenen Pflanzen und Pilzen vor und wird umgangssprachlich auch als „natürliches Frostschutzmittel" bezeichnet.

Zutaten und Rezepte aus der „Molekularküche"

Neben ungewöhnlichen Zubereitungsarten sind es in erster Linie handelsübliche Lebensmittelzusatzstoffe mit bestimmten Eigenschaften, die in der „molekular" inspirierten Küche für das „Besondere" Esserlebnis sorgen. Typische Zutaten in der Molekularküche sind:

Agar-Agar (E 406), eine vegetarische Alternative zu Gelatine, die aus Rotalgen gewonnen wird und nach dem Aufkochen geliert.

Natriumalginat (E 405) ist ein natürliches Extrakt aus Braunalgen, das als Verdickungsmittel auf Kalziumionen reagiert und bei Kontakt ein festes Gel ausbildet. Es wird beispielsweise für die Herstellung von Kaviar, Liquide Drops oder Spoon Cocktails verwendet. Natriumalginat ist ein pulverförmiges Mittel, dass unter die Gruppe der Hydrocolloiede fällt. Hydrocolloiede sind alle Geliermittel, die hydrieren (quellen) und in Verbindung mit H2O die Fähigkeit besitzen, ein Gel bilden zu können. Natriumalginat wir mit Hilfe eines langsam laufendes Mixers in eine Flüssigkeit eingerührt. Algin verliert einen Teil seiner Gelierkraft, wenn es zu hohen Scherkräften ausgesetzt wird.

Cellulosederivat (E 461) wird aus Pflanzenfasern gewonnen und kann in kalten Flüssigkeiten zur Stabilisierung von Schäumen beitragen. Der Schaum erreicht eine hohe Festigkeit und mit langer Standzeit. Durch das Erhitzen bildet Cellulosederivat feste Gele, was z. B. zur Herstellung von Folien und spröden Filmen genutzt wird.

Gellan Gum E418 als Geliermittel ist ein wasserlösliches Polysaccharid, welches durch Fermentation gewonnen wird. Dieser multifunktionelle Gelbildner kann allein oder in Kombination mit anderen Produkten (Natriumcitrat, Pektin, Zucker) verwendet werden, um eine große Palette an interessanten Texturen herzustellen. Gellan Gum wird in der Lebensmittelindustrie weit verbreitet zur Herstellung von gelierten Produkten wie Desserts, Aspik, Fruchtzubereitungen und Konfitüren, Getränken, Milchprodukten etc. verwendet.

Carrageen (E 407) wird aus Rotalgen gewonnen. Es geliert in Gegenwart von Kalzium und ist daher besonders gut für Milchprodukte geeignet. Es produziert sehr flexible und weiche Gele, die zwar nicht hitzestabil sind, aber das Auftauen und Einfrieren sehr gut vertragen.

Lecithine (E322) dienen als Emulgator, d. h. zur Verbindung von Fett und Wasser. Mit Hilfe von Lecithin können fetthaltige Dressings (z. B. eine Vinaigrette) oder Mayonnaise hergestellt werden. Zum anderen dient Lecithin zur Herstellung von luftigen Schäumen, die ein aromatisches, schmelzendes Mundgefühl erzeugen.

Xanthan (E415) und bietet gute Verdickungs- und Stabilisierungseigenschaften in Dressings und Soßen, Getränken, Milchprodukten, Fruchtzube-rei-tun-gen und Eiscreme. Xanthan ist sowohl in kalten als auch in heißen Flüssigkeiten löslich und erhält die Viskosität der Produkte über einen weiten Temperaturbereich.

Stickstoff (E941) - das Gas kommt zu über 78 Prozent in der Luft vor. Es wird in der Molekulargastronomie meist zum "Braten" unter extrem niedrigen Temperaturen verwendet (unter -190 °C). Stickstoff ist für den Organismus ebenfalls ungefährlich. Meist verflüchtigt es sich ohnehin noch vor dem Essen. Taucht man beispielsweise den Schaum aus Fruchtsäften und alkoholischen Getränken auf einem Löffel in flüssigen Stickstoff (-196 °C), so entsteht eine an der Oberfläche harte, gefrorene Kugel. Die Füllung bleibt jedoch flüssig. Auf der Zunge zerplatzt diese Kugel und gibt ihren Inhalt frei. Stickstoff wird auch zur Lagerung biologischer und medizinischer Proben, Eizellen und Sperma, sowie zum Schockfrieren von biologischem Material verwendet. Aufgrund des niedrigen Siedepunkts wird flüssiger Stickstoff (engl. „Liquid Nitrogen", LN) als Kältemedium in der Kryotechnik eingesetzt. Der Stickstoff entzieht dabei dem Kühlgut seine Verdampfungswärme und hält dieses solange kalt, bis er verdampft ist.

Als Klassiker in der Molekularküche gilt der Melonen- Kavier. Das als Sphärifikation bezeichnete Verfahren ermöglicht die Erstellung solcher „Liquid Drops" mithilfe des Geliermittels Natriumalginat bzw. Algin und Calciumchlorid. Als Sphärifikation wird das Verkapseln von Fluiden mit erhöhter Viskosität bezeichnet. Im Prinzip wird für die Herstellung solcher Drops außer einer mittleren Einwegspritze auch nichts verwendet, was sich nicht in der Küche findet.

Melonen-Kokosmilch Kaviar

Zutaten:
1 Cantalupe Melone
1 Dose Kokosnussmilch
2-3 Tel. Palmzucker
10g Alginat (1g auf 50 ml Flüssigkeit)
1 L Wasser
10g Kalziumchlorid

Zubereitung

Die Melone zerteilen, die Kerne entfernen und das Fruchtfleisch pürieren und passieren. Dem Saft die Menge an Alginat (ca. 1 g auf 100ml) je nach Flüssigkeitsvolumen beigeben und unter Hitze (ca. 60 Grad) einrühren. Dann solange ruhen lassen bis sich die Luftbläschen weitestgehend gelöst haben. Den Palmzucker in der Kokosnussmilch auflösen und mithilfe eines Zauberstabs oder Mixers ein wenig cremig rühren und das Alginat (ca. 1 g auf 100ml) unter Hitzezufluss (ca. 60 Grad) dazugegeben. Jetzt eiskaltes Wasser (1g Calciumchlorid auf 100ml) zusammen in eine Schale geben. Eine weitere Schale mit klarem Wasser zum nachspülen bereitstellen. Nun kann das Melonensaft-Algingemisch mit der Einwegspritze aufgenommen werden und in das Wasser-Kalziumchlorid getröpfelt werden.

Wenn alles richtig funktioniert, bildet sich eine dünne Membran um den Melonensaft. Je kürzer das Calciumchlorid Bad, ist umso knackiger die Membran. Als Faustregel gilt, je kürzer das Bad, umso knackiger die Tropfen. Jetzt müssen die Tropfen nur noch mit einer Schaumkelle aus dem Bad genommen werden und im klaren Wasserbad abgespült werden. Bei der Herstellung des Kokosnussmilch-Kaviars den Vorgang wiederholen. Alternativ kann statt einer Einwegspritze auch ein Portionslöffel genommen werden. Dann erhält man „Murmeln". Die Tropfen, Perlen oder Murmeln im klaren Wasserbad spülen und entsprechend anrichten. Da das Prinzip der Sphärifikation mit fast allen Flüssigkeiten funktioniert sind der Kreativität kaum Grenzen gesetzt. Falls es manchmal nicht funktioniert, kann es auch an dem PH-Wert der Flüssigkeit liegen. Manchmal hilft die Zugabe von ein wenig Citrat der Sphärifikation. Genauso ist die Menge an Algin und Calciumchlorid variabel. Anscheinend ist es auch maßgeblich, wo man diese Texturen kauft. Apotheke, Fachhandel etc. .Auf jeden Fall empfiehlt es sich, sich genau an die Maßangaben zu halten.

Nano-Food- Die Invasion der Mini Partikel

Als Nano-Food (altgr. v nános „Zwerg" und engl. food „Essen") werden populärwissenschaftlich alle künstlich erzeugten oder veränderten Nahrungsmittel bezeichnet, denen mittels Nanotechnologie über Nanopartikel bestimmte Eigenschaften zugewiesen werden. Nano-Technologie entstand in den 80 Jahren als eigenständige Technologie in den Labors der Atomwaffenschmieden. Eine eigenständige Forschung war erst durch die Fähigkeiten des neuen Mikroskops, des Scanning Tunneling Microscopes STM möglich.

Die Nanotechnologie befasst sich mit Strukturen und molekularen Materialien, die kleiner als 100nm sind. 1 Nanometer ist 1 millionstel Millimeter oder 0,000 001 mm. Um sich das vorstellen zu können, hilft ein Vergleich: Ein Nanoteilchen ist im Vergleich zu einem Fußball etwa so klein wie der Fußball im Verhältnis zur Erdkugel.

Das besondere an den Nanoteilchen ist, dass sie die Physik und Chemie quasi auf den Kopf stellen. Durch Strukturveränderungen im Nanobereich können brüchige Materialien plötzlich hart werden oder Moleküle, die vorher nicht zusammengepasst haben, gehen auf einmal eine Verbindung ein. Andere Effekte werden alleine durch die geringe Größe erzielt. Dadurch ergibt sich insgesamt eine vergrößerte Oberfläche, die eine Änderung des Schmelz- und Siedepunktes sowie der chemischen Reaktivität und der Katalysewirkung zur Folge hat. Die Entwickler von Nanofood versprechen sich - und den Verbrauchern - wahre Wunderdinge von der Nanotechnik. Nanotechnologie ermöglicht durch Manipulation die Erschaffung von organischen und anorganischen Eigenschaften im nanoskalierten Bereich. Sie verspricht die Möglichkeit des

Designs von maßgeschneiderten molekularen Strukturen und Eigenschaften, sowohl physikalisch, biologisch als auch chemisch. In der aktuellen Molekularbiotechnologie werden Pflanzen genetisch verändert als Vorbote der Nanotechnologie. Aber Nanotechnologie wird zukünftig so präzise und effiziente Methoden der Manipulation von Lebensmittelpoylmeren und Polymerverbindungen ermöglichen und wie maßgeschneidert die Qualität und die Sicherheit verbessern. Tatsächlich konnten Lebensmittelwissenschaft und -technologie in den letzten Jahren bereits stark von parallelen Entwicklungen in den Nano- und Materialwissenschaften profitieren. Das Verständnis von komplexen Lebensmittelsystemen machte durch die gezielte Anwendung von Analogien zu Nanopartikeln und Polymeren und den Gebrauch von neuen Methoden große Fortschritte. Ein Beispiel dafür ist Milch. Deren Kasein (Kasein-lat. caseus = Käse) ist der Proteinanteil der Milch der höheren Säugetiere, der nicht in die Molke gelangt und der beispielsweise zu Käse weiterverarbeitet wird. Casein bildet in der Milch zusammen mit Kalziumphosphat und anderen Bestandteilen sogenannte Micellen, die das Kalziumphosphat gelöst halten und die Milch im Magen zu einem Klumpen aggregieren, was die Verdauung erleichtert.

Kaseine machen den Großteil der Proteine in Quark und Käse aus, die durch Gerinnung des Kaseins ihre feste Konsistenz erhalten. Es zeigte sich, dass sich die Kaseinmizellen in vielerlei Hinsicht wie synthetische Nanopartikel verhalten und ihre Wechselwirkungen und ihre Stabilität in Lösungen mit Modellen aus der Kolloidphysik beschreibbar sind. Diese Analogie ermöglicht es, Verarbeitungsprozesse anders zu betrachten, und mit neuen Methoden zu studieren. Ein Beispiel ist die Joghurtherstellung, bei der die Kaseinmizellen durch Ansäuern destabilisiert werden, aggregieren und nach einiger Zeit ein Gel bilden. In den Nano- und Materialwissenschaften konnten optische Methoden weiterentwickelt werden, die die Bewegung von Kolloiden auch in sehr konzentrierten und trüben Suspensionen auf Längenskalen bis unterhalb eines Nanometers verfolgen. Eine Anwendung dieser Techniken auf den Joghurtbildungsprozess hat es zum ersten Mal überhaupt ermöglicht, auch in unverdünnten Systemen vollkommen eingriffsfrei und zeitaufgelöst die Aggregationsprozesse in der Milch zu untersuchen. Dabei zeigte sich, dass auch in solch komplexen Lebensmittelsystemen die gleichen Phänomene beobachtet werden können, wie bei synthetischen Nanopartikeln, wie sie zum Beispiel für die Herstellung von Hochleistungskeramiken über Sol-Gel-Prozesse verwendet werden. Der Sol-Gel-Prozess ist ein Verfahren zur Herstellung nichtmetallischer anorganischer oder hybridpolymerer Materialien aus kolloidalen Dispersionen, den sogenannten Solen. Aus ihnen entstehen in Lösung in ersten Grundreaktionen feinste Teilchen. Wegen der geringen Größe der zunächst erzeugten Solpartikel im Nanometerbereich lässt sich der Sol-Gel-Prozess als Teil der chemischen Nanotechnologie verstehen. Insgesamt bietet die Nanotechnologie in der Lebensmittelherstellung, Produktion und Verarbeitung eine Vielzahl möglicher Anwendungsbereiche, z. B.:

- Die nanoskallierte Verkapselung von Zusätzen für Geschmack, Geruch, Farbe und Nährstoffen
- Oberflächenbehandlung für Glasuren und Farbe
- Verbesserung der Haltbarkeit
- In der Lebensmittelverarbeitung können kontrollierte Nanoanwendungen die Magen und Darm Flora positiv beeinflussen, Muskelaufbau steuern, zu Hautverbesserungen führen, den Gärprozess der Inhaltstoffe beeinflussen usw. Entwicklung von speziellen Nahrungsmitteln für Kranke, als Weltraumnahrung, Applikationen für besonders heiße und kalte Gegenden, für alte Leute usw.

- Verpackungstechnik basierend auf Nanotechnologie wie spezielles Gas als Füllstoff, UV resistente Schutzschicht, nanobeschichtete Folien, Pappen und Verbundmaterialien (z. B. Polymerverbindungen wie Plastik) die eine bedarfsgerechte Herstellung für bestimmte temperaturgebunden und mechanische Anforderungen ermöglichen. Dazu zählen Eigenschaften wie Antibakteriell, Luftdichtigkeit, Wasserresistenz, Saugfähigkeit Verpackungshygiene, Haltbarkeit, Stärke usw.
- Nanoskalierte Magnetwerkstoffe im Verbund zur Markierung
- Nanoskalierte und nanogedruckte Codierung für Papier und Pappe zur einwandfreien Identifizierung und Authentifizierung.
- Lebensmittel werden mit der RFID (Radio Frequency Identification) ausgestattet, um den gesamten Herstellungsprozess effizient zu steuern und zu kontrollieren. Die Kennzeichnung schützt ebenso gegen Nachahmung, Verletzungen von Eigentumsrechten und gegen Betrug.
- In der Lebensmittelherstellung und Verarbeitung sich selbst reinigende Oberflächen und Verpackungen, antibakterielle Beschichtungen und Oberflächen
- Nano-Landwirtschaft: Nanotechnologie für den kontrollierten Anbau, z. B. geringerer Pestizideinsatz, Unkrautkontrolle, besseres Futter und bessere Vorsorge in der Tierzucht und Masttierhaltung. Kontrolle der bakteriellen und chemischen Verschmutzung, Anbau auch in extremen Gebieten unter Hitze, Dürre oder Kälte möglich.

Eine Möglichkeit den Lebensmitteln neue Eigenschaften zu verliehen, ist das benutzen von Nanokapseln bzw. Nanocontainer. Diese winzigen Kapseln sind zwischen zehn und hundert Nanometer klein und bestehen meist aus Fettmolekülen und dienen als Transporter um nach Belieben mit Vitaminen, Geschmacksstoffen oder Farbstoffen gefüllt und präpariert zu werden. Diese lösen sich erst auf, wenn sie einer bestimmten Temperatur ausgesetzt sind. Nützlich ist das z. B. wenn sich bestimmte Nährstoffe erst im Magen entfalten sollen, da sie nicht gut schmecken, aber als Zusatz für den Verbraucher bzw. für die Herstellung wünschenswert wären. Ein Beispiel ist ein mit Fischöl gebackenes Brot, dessen Cholesterin senkende Omega-3-Fettsäuren sich erst im Magen entfalten oder die Verstärkung des Kaffeearomas mit Zucker und Aminosäuren. In Nanocontainern eingekapselt und auf die Kaffeebohnen gesprüht platzen die Kapseln erst wenn sie mit heißem Wasser in Berührung kommen und reagieren mit dem Kaffee. Ein Schokoladenriegelhersteller will mit nanoskalierten Titandioxidpartikeln auf der Oberfläche verhindern, dass der Schokoriegel in der Hand schmilzt und bei höheren Temperaturen außen festbleibt. Bisher wird Titandioxid z. B. in Sonnenmilch als Sonnenlichtblocker genutzt. Getränkehersteller wollen, damit das Getränk klar bleibt, zusätzliche Nanoteilchen hinzufügen. Aufgrund ihrer Größe lassen Nanoteilchen das Getränk nicht milchig erscheinen. Nanoteilchen sind kleiner als die Wellenlänge des sichtbaren Lichtes. Fakt ist, dass sich die Lebensmittelkonzerne riesige Gewinne erhoffen und dass alle Großen der Branche längst Nanoforschung betreiben. Ob die Nanotechnik im Lebensmittelbereich tatsächlich so ungefährlich ist, wie die Industrie behauptet, ist bislang kaum erforscht. Es ist wissenschaftlich erwiesen, dass Stoffe im nanoskaliertem Bereich andere Eigenschaften haben können, als in ihrem Ursprungszustand. Zurzeit sind einige Lebensmittel mit Nanopartikeln auf dem Markt, ohne dass sie speziell gekennzeichnet sind. Ketchup zum Beispiel enthält Siliziumdioxid, das ihn dickflüssiger macht, Titandioxide kann man in Salatdressing als Bleichmittel finden und Aluminiumsilikate verhindern das Zusammenbacken von pulverförmigen Lebensmitteln. Alle diese Produkte stehen schon länger in den Regalen und fallen deshalb nicht unter die europäische "Novel Food"-Verordnung für neue Lebensmittel. Für eine kleine nanotechnische Veränderung bei einem altbewährten Rezept - indem man zum Beispiel Siliziumdioxid hinzufügt, um es dickflüssiger zu machen - brauchen die Hersteller keine toxikologischen Untersuchungen vorlegen. Viele Verbraucherverbände fordern deshalb - ähnlich wie für Genfood - ein einheitliches Zulassungsverfahren und eine Kennzeichnungspflicht für Nanofood.

Bei der Verkleinerung können ungiftige Stoffe giftig werden. Das extrem kleine Nanopulver kann sich im Körper ausbreiten und möglicherweise Krebs auslösen. Nanopartikel könnten in Gewebsschichten eindringen, die größeren Partikeln nicht zugänglich sind, z. B. ist die Überwindung der Blut-Hirn-Schranke durch die kleinen Partikel vorstellbar. Experimentell bestätigt wird das Eindringen von Nanopartikeln in die Zelle mittels eines „trojanischen Pferdes". Schwermetall in Form von Nanopartikeln konnte sehr effizient in die Zelle eindringen und rief in der Zelle einen achtmal höheren oxidativen Stress hervor als unter normaler Schwermetalleinwirkung. Von „oxidativen Stress" spricht man, wenn die Bildung freier Radikale eine gesunde Konzentration übersteigt. Die chemisch schnell und aggressiv wirkenden freien Radikale stören und zerstören wichtige Funktionen und Strukturen im Körper wie z. B. Zellmembrane oder DNA, wodurch Krankheiten entstehen und unser Organismus vorzeitig altert.

Die Forscher sind der Meinung, dass für eine industrielle Anwendung eine katalytische Aktivität eventuell von Vorteil sein kann, doch dieselbe katalytische Aktivität kann zu einer neuartigen und sehr aggressiven Form von Langzeit-Toxizität für den Menschen führen. Auf die Frage was die Stoffe dort anrichten und wie lange sie dort verbleiben, fehlt die Antwort. Diese Befunde werden von den medizinischen Fakultäten ernst genommen. Es ist mit Ablehnung durch die Verbraucher und oder der Forderung nach einer Kennzeichnungspflicht zu rechnen. Derzeit ist das Wissen um die Risikopotenziale gentechnologisch veränderter Lebensmittel umfangreicher als die Risikoabschätzungen, die bislang im Zusammenhang mit "Nanofood" vorliegen, insbesondere von technisch hergestellten Nanomaterialien in der Lebens- und Futtermittelkette. Verlangt werden strengere Kontrollen der Nanotechnologie nach dem Prinzip Reach. REACH regelt den Umgang mit (chemischen) Stoffen als solche, in Zubereitungen und in Erzeugnissen. REACH umfasst alle (chemischen) Stoffe, egal ob sie gefährliche Eigenschaften haben oder nicht. Das REACH-System macht Hersteller und Importeure, für die Sicherheit ihrer Chemikalien selbst verantwortlich. Sie müssen die zur Beurteilung notwendigen Daten beschaffen und müssen überzeugend darstellen, dass ihre Stoffe für alle identifizierten Verwendungen sicher zu handhaben sind, um schädliche Auswirkungen auf die menschliche Gesundheit oder die Umwelt zu vermeiden. Wie kritisch das Risikopotenzial der Nanotechnologie einzuschätzen ist, zeigt die Debatte bei Versicherern, die auf rasche öffentliche Debatte und gründliche Regulierung drängen. In ihren ausführlichen Abwägungen wird klar, dass es sich bei der Nanotechnologie um eine Risikotechnologie ähnlicher Größenordnung wie Atom- oder Gentechnologie handeln dürfte. Bislang ist die Zulassung von nanoskaligen Stoffen z. B. in der Schweiz für Lebensmittel geregelt. Die heute gültige Rechtslage ist so, dass jede substanzielle technologische Veränderung eines Lebensmittels bzw. Inhaltsstoffes, z. B. bei einem Zusatzstoff, eine Neubewilligung erfordert. Dieser Grundsatz gilt auch für Veränderungen der Partikelgröße. EU-weit ist die nanoskalige Veränderung bei den Zusatzstoffen explizit erwähnt, aber eine eindeutige Kennzeichnungspflicht fehlt.

Enzyme, Aminosäuren, Protein Enginee-ring und „Weiße Biotechnologie"

Werkzeuge der modernen Lebensmittel-technologie

Enzyme (früher Fermente) sind Proteine, die biochemische Reaktionen katalysieren. Enzyme haben wichtige Funktionen im Stoffwechsel von Organismen. Nahezu jede biochemische Reaktion wird von Enzymen bewerkstelligt und kontrolliert. Bekannte Beispiele sind Photosynthese sowie die DNA-Replikation. Enzyme wirken nicht nur als Katalysatoren, sie sind auch wichtige Regulations- und Kontrollpunkte im Stoffwechselgeschehen. Enzyme sind Stoffe aus Aminosäuren, die von allen Zellen ob Mensch oder Mikroorganismus gebildet werden. Aminosäuren als Bausteine von Proteinen kommen im Menschen natürlich vor.

Aminosäureketten werden in Abhängigkeit von ihrer Länge als Peptide oder Proteine bezeichnet. Aminosäureketten mit einer Länge von unter circa 100 Aminosäuren werden meist noch als Peptide bezeichnet, erst ab einer größeren Kettenlänge spricht man von Proteinen. In Form von Nahrung aufgenommene Proteine werden bei der Verdauung in L-Aminosäuren zerlegt. In der Leber werden sie weiter verwertet. Entweder werden sie zur Protein-biosynthese verwendet oder abgebaut. Proteine gehören zu den Grundbausteinen aller Zellen. Sie verleihen der Zelle nicht nur Struktur, sondern sind die molekularen „Maschinen", die Stoffe transportieren, Ionen pumpen, chemische Reaktionen katalysieren und Signalstoffe erkennen. Proteine in Organismen haben dabei im Laufe ihrer Evolution die vielfältigsten Eigenschaften entwickelt. Das macht die Enzyme so interessant für einen Einsatz als industrielle Helfer. Mit Hilfe der „weißen Biotechnologie" wird dafür gesorgt, dass die Enzyme ihre Aufgabe optimal erfüllen und je nach Anwendungsgebiet gezielt designt werden. Hergestellt werden Enzyme meist mit Mikroorganismen als lebende Minifabrik. Die industrielle Produktion von Enzymen ist in den vergangenen Jahren immer besser und billiger geworden. Zudem weiß man heute mehr über die biochemischen Prozesse, die in Lebensmitteln ablaufen, und wie sie zu steuern sind. Beides hat die Anwendungsmöglichkeiten für Enzyme im Lebensmittelbereich deutlich erweitert. Dabei ist Protein-Engineering das Teilgebiet der Biotechnologie, das sich mit der Konstruktion und Herstellung von nutzbaren Proteinen, darunter Enzymen, beschäftigt. Es gibt prinzipiell zwei Herangehensweisen im Protein-Engineering, rationales Design und gerichtete Evolution.

Als gerichtete Evolution bezeichnet man die Optimierung und Veränderung von Proteinen, Enzymen und Nukleinsäuren auf evolutionärem Wege mittels einer zufallsbasierten Mutagenese und nachfolgender

Identifikation von verbesserten Mutanten. Sie wird vor allem in der weißen Biotechnologie und der Biokatalyse zunehmend angewandt, um die Eignung von Enzymen für industrielle Anwendungen zu verbessern.

Während beim rationalen Proteindesign, also dem Verändern eines Proteins durch gezielte Einführung von Mutationen in sein Gen, genaue Kenntnis der Struktur des Proteins und seines Wirkungsmechanismus (bei Enzymen der Reaktionsmechanismus) notwendig ist, ist für die gerichtete Evolution lediglich eine Selektion der gesuchten Mutanten erforderlich. Entscheidend für den Erfolg der gerichteten Evolution ist die Identifikation von verbesserten Mutanten des Proteins. Oftmals erbringt die Analyse von erfolgreichen Mutanten überraschende Ergebnisse wie Mutationen, welche die Aktivität des Enzyms entscheidend beeinflussen, obwohl sie sehr weit außerhalb des aktiven Zentrums des Enzyms liegen.

Bei der Herstellung von biotechnologischen Produkten wie Enzymen oder anderen Eiweißen unterscheiden Experten zwischen dem Up-Stream und dem Down-Stream. Beide Prozesse sind für die Qualität des Produktes entscheidend: Beim Up-Stream kommt es darauf an, ein biologisches Produktionssystem wie Mikroorganismen oder Säugetierzellen so maßzuschneidern, dass am Ende die gewünschten Eiweiße hergestellt werden – inklusive aller für sie erforderlichen Eigenschaften. Dieser Prozess muss zudem so gestaltet sein, dass er im industriellen Maßstab in Fermentern erfolgen kann, die üblicherweise ein Fassungsvermögen von 500 bis mehreren tausend Litern aufweisen.

Im Down-Stream-Prozess wiederum müssen die Produkte so aufgereinigt werden, dass sie für eine weitere Verwertung geeignet sind. Schließlich entsteht durch die Mikroorganismen oder Säugetierzellen zunächst eine Art Brühe, in der neben den gewünschten Substanzen auch eine Vielzahl anderer Beiprodukte zu finden sind. Mittels mechanischer und thermischer Techniken wie Zentrifugation und Kristallisation muss hierbei eine möglichst schnelle und saubere Aufreinigung erfolgen.

Nicht erst, seit sie mit gentechnisch veränderten Mikroorganismen hergestellt werden können, spielen Enzyme in der Lebensmittelverarbeitung eine Rolle. Schon immer bediente man sich der Enzyme und den von ihnen gesteuerten biochemischen Reaktionen - lange Zeit eher intuitiv. Dass ein wenig Kälbermagen der Milch zugesetzt werden muss, damit sie dick wird und daraus Käse werden kann, ist ein traditionelles Verfahren. Es entwickelte sich durch Ausprobieren und Erfahrung. Ohne den Vorgang zu verstehen, nutzte man die Wirkung eines Enzyms, das in Zellen von Kälbermägen gebildet wird. Säugende Kälber benötigen das Enzym, um die Kuhmilch verwerten zu können. Noch heute wird das für die Käseherstellung benötigte Labferment aus Kälbermagen gewonnen. Inzwischen sind jedoch weitere Herstellungswege hinzugekommen. Bei vielen traditionellen Fermentations- und Gärungsprozessen sind Enzyme am Werk, beim Mälzen der Gerste, beim Brotbacken oder bei der Erzeugung von alkoholischen Getränken. Enzyme sind auch beteiligt, wenn sich bei der Verarbeitung oder Zubereitung von Lebensmitteln die jeweils typischen Aromen herausbilden. Ohne Enzyme wäre die Lebensmittelherstellung in der heutzutage notwendigen Menge und Qualität gar nicht mehr möglich.

Pektinasen waren die ersten Lebensmittel-Enzyme, die als Präparat verwendet wurden. Sie erleichtern und verbessern das Auspressen von Obst und Gemüse, indem sie die Zellwände der Pflanzen schneller aufschließen und dadurch die Saftausbeute erhöhen. Pektinasen und andere Enzyme bauen die nach dem Auspressen noch vorhandenen Trübstoffe ab und ermöglichen es, klaren Apfelsaft zu produzieren. Auch in vielen Backmischungen, mit deren Hilfe die Bäcker es heute schaffen, schon morgens früh eine reiche Auswahl verschiedener Brote und

Brötchen anzubieten, sind Enzyme enthalten. Je nach Produkt sorgen Enzyme für optimale Teigeigenschaften, für Krustenstabilität, Volumen und Färbung. Das inzwischen weit verbreitete Aufbacken von vorproduzierten, gefrorenen Teiglingen wäre ohne Enzyme kaum möglich. Die kommerziell bedeutendste Enzym-Anwendung im Lebensmittelbereich ist jedoch die Stärkeverzuckerung. Rüben-oder Rohrzucker sind längst nicht mehr die einzigen Lieferanten für Zucker, jede stärkehaltige Pflanze kann als Ausgangssubstrat für die Zuckerherstellung dienen: Enzyme spalten die Stärke in ihre Grundbestandteile – verschiedene Zucker – und fügen sie zu weiteren Zutaten und Zusatzstoffen zusammen. Da Enzyme die verzweigten Stärkemoleküle an ganz bestimmten Stellen spalten, lässt sich der Verzuckerungsprozess gezielt steuern. So erhält man verschiedene Stärkesirupe, die sich in ihrer Süßkraft, aber auch in ihren technologischen Eigenschaften unter-scheiden. Diese Sirupe werden nicht nur als maßgeschneiderte Süßungsmittel in unzähligen Lebensmitteln und Getränken verwendet, sondern können weiterverarbeitet werden zu Trauben-zucker, Zuckeraustauschstoffen oder Fettersatzstoffen. Dabei sind in den vergangenen Jahren in der Lebensmittelverarbeitung immer neue Anwendungsfelder hinzugekommen. Die Herstellung der Enzyme ist - vor allem durch gentechnische Verfahren und erweiterte mikrobiologische Kenntnisse - immer billiger geworden, ihre Reinheit und Qualität immer besser. Die wichtigsten Arbeitskräfte dabei sind Mikroben zur Herstellung von Enzymen: Bakterien wie Escherichia coli, ein Darmbewohner, Schimmelpilze wie Aspergillus und Hefen, vor allem Candida.

Es können Enzyme mit einer spezifischen, genau bestimmten Wirkung hergestellt werden. Für einzelne Anwendungen stehen jeweils maßgeschneiderte Enzym-Präparate zur Verfügung - je nach Art und Qualität der verwendeten Rohstoffe und den gewünschten Eigenschaften der fertigen Produkte.

Sie modifizieren Stärke, optimieren Fette und Eiweiße, sie stabilisieren aufgeschlagene Schäume und Cremes, "verkleben" unterschiedliche Fleischteile zu Kochschinken oder Brühwurst. Enzyme sorgen für die Bissfestigkeit von Cornflakes, die Gefrier-Tau-Stabilität eines Fertigteiges, die gleichmäßige Qualität von Eiswaffeln und verhindern das Kleben von Nudeln nach dem Kochen. Enzyme konservieren Mayonnaise und Eiprodukte, steuern die Reifung von fermentierten Lebensmitteln und Getränken, sie kitzeln - ob beim Käse oder beim Rotwein - intensivere Aromen heraus. Sie spalten aus Butter-, Käse- oder Rahmaromen Fettsäuren ab oder bilden aus Eiweißen Würze oder Bratengeschmack. Auch an der Gewinnung von färbenden Auszügen aus Früchten, Beeren oder Blattgrün sind sie beteiligt. Sie entfernen biochemisch die Schalen von Obst und helfen bei der Extraktion von Zitrusessenzen. Mit Hilfe von Enzymen können Stärke, Fette oder Eiweiße so modifiziert werden, dass sie bestimmte technologische Aufgaben im Lebensmittel erfüllen. Solche "funktionellen Komponenten" übernehmen zunehmend die Aufgaben der bei vielen Konsumenten ungeliebten Zusatzstoffe ("E-Nummern"). Wenn heute viele industrielle Hersteller mit weniger Zusatzstoffen auskommen, dann geht das auch auf das Konto der Enzyme als biochemische Werkzeuge, welche den Aktionsradius der modernen Lebensmitteltechnologie deutlich erweitert haben. Vorbild, Ideengeber und Lieferant für das Protein-Engineering ist dabei häufig die Natur. Allein in der Erde leben unzählige Mikroorganismen. Diese Kleinstlebewesen lassen sich schnell züchten, anschließend werden ihnen ihre Enzyme entlockt. 1965 wurde z. B. in einem Komposthaufen jener Schimmel entdeckt, der die Käserei revolutionierte. Damit ließ sich die Wirkung von Kälbermägen mit Schimmelextrakt nachahmen. Die Zeiten in denen Scharen von Forschern den Bodensatz von Tümpeln und Pfützen nach attraktiven Bazillen durchstöberten, sind allerdings vorbei. Enzyme werden heutzutage meistens mit Hilfe von gentechnisch veränderten Mikroorganismen gewonnen. Sind die Enzyme mit den gewünschten Eigenschaften gefunden oder designed, kommt die Herausforderungen der industriellen Biosynthese. Wenn man Zellen zerstört, um an die in ihrem Inneren angereicherten Enzyme zu gelangen, ist deren Rückgewinnung aus diesem Gemisch mitunter sehr aufwendig. Dabei werden allein in Lebensmittelindustrie über 50 Enzyme in verschiedene Präparaten verwendet, die in vielen industriellen Prozessen die bisher gebräuchlichen chemischen Verfahren ersetzen.

Eine weitere Gruppe wichtiger biotechnologisch hergestellter Produkte in der Nahrungsmittelindustrie sind Aminosäuren, die Klasse organischer Moleküle, aus denen die Eiweiße aufgebaut sind. Aminosäuren, die ein tierischer Organismus benötigt, jedoch nicht selbst herstellen kann, heißen essenzielle Aminosäuren und müssen mit der Nahrung aufgenommen werden. Alle natürlich vorkommenden Aminosäuren können inzwischen mit Fermentationstechniken mit Hilfe von Enzymen hergestellt werden. Sowohl in der Lebensmittelindustrie als auch in der Futtermittelindustrie werden Aminosäuren, die wichtigsten Proteinbausteine als Nahrungsergänzung zugesetzt. Ein Beispiel für die Nahrungs-ergänzung ist die biotechnologische Produktion von L-Glutaminsäure, die als Geschmacksverstärker in Form von Mono-Sodium-Glutamat verwendet wird. Bei der Aspartam-Produktion werden ebenfalls fermentativ hergestellte Aminosäuren verwendet. Aspartam ist ein künstlicher Süßstoff, der 200mal süßer schmeckt als Zucker, er hat einen Energiegehalt von 410 kcal auf 100 g, etwa soviel wie Zucker. Aufgrund seiner höheren Süßkraft wird der Stoff jedoch in viel geringeren Mengen eingesetzt, sodass mit Aspartam gesüßte Lebensmittel in der Regel einen erheblich niedrigeren Energiegehalt haben als zuckerhaltige. Aspartam wird vor allem für diätische Lebensmttel verwendet (z. B. Light-Getränke) . Ein weiteres Beispiel ist Lysin, das vor allem als Futtermitteladditiv in großem Maßstab biotechnologisch produziert wird. Der Nutzen für den Verbraucher wird auch bei der Herstellung von Speiseeis mit Typ-III-Eis-strukturierendem Protein deutlich. Das Eis-strukturierende Protein kommt in der Natur im Blut des Polardorsches (Macrozoarces americanus) und anderen Tieren und Pflanzen vor, die in extremer Kälte leben. Die Eis strukturierenden Proteine schützen vor Gewebeschäden durch Eiskristalle, indem sie die Temperaturgrenze herabsetzen, bei der sich die Eiskristalle bilden. Die Verwendung dieser Proteine bei der Herstellung von Speiseeis ermöglicht die Reduzierung von Sahne und Fetten. Die Proteine werden biotechnologisch in Hefe produziert und seit drei Jahren in den USA beispielsweise zur Produktion von low-fat Eis verwendet.

Enzyme und die Kennzeichnungspflicht

Seit Januar 2009 sind Lebensmittelenzyme in der EU einheitlich geregelt. In Zukunft dürfen nur noch Enzyme verwendet werden, die in einer "Gemeinschaftsliste" eingetragen sind. Voraussetzung dafür ist, dass ein Enzym "für den Verbraucher gesundheitlich unbedenklich" ist und dass es für seinen Einsatz eine "hinreichende technologische Notwendigkeit" gibt. Bis es eine erste Gemeinschaftsliste mit geprüften Enzymen gibt, dürfte es jedoch noch einige Jahre dauern. Bei der Deklaration von Enzymen ändert sich hingegen wenig. In der Zutatenliste von Lebensmitteln müssen nur solche Enzyme aufgeführt werden, die im Endprodukt eine technologische Funktion erfüllen. Bis auf wenige Ausnahmen ist das bei den meisten Enzymen nicht der Fall. Doch ganz gleich, ob Zutat oder nicht: Eine besondere Kennzeichnung von Enzymen, die mit Hilfe von gentechnisch veränderten Mikroorganismen hergestellt werden, ist weiterhin nicht vorgeschrieben.

In einigen Anwendungsfeldern sind "nicht-gentechnische" Enzyme kaum noch verfügbar. So werden bei der Stärkeverzuckerung - der Umwandlung von pflanzlicher Stärke in verschiedene Zucker und Zusatzstoffe - fast ausschließlich mit gentechnisch veränderten Mikroorganismen gewonnene Enzyme eingesetzt. Häufig verwendete Zutaten aus der Stärkeverzuckerung sind etwa Traubenzucker, Glukosesirup oder die Zuckeraustauschstoffe Sorbit und Maltit. Doch nicht nur die gentechnisch manipulierten Mikroben sind ein Problem, oft sind es auch die Enzyme und Proteine selbst. Z. B. wird für die Versaftung inzwischen ein regelrechter Enzymcocktail benutzt aus ca. 100 verschiedenen Enzymen. Erst deren Zusammenspiel garantiert die Wirksamkeit. Und da beginnt das Problem. Niemand weiß so genau, was diese Bio-

Zwerge noch so alles im Lebensmittel anstellen. So hat z. B. ein bekannter Babynahrungshersteller die kostengünstige Variante „Babybreiherstellung" durch Totalversaftung mittels Enzymen eingestellt, da giftiger Methanol entsteht.

Back-Enzyme stehen im Verdacht, für die massive Zunahme des sogenannten Bäckerasthmas verantwortlich zu sein. Zwar spricht die Branche stets von einer "Mehlstauballergie". Aber merkwürdiger-weise hat die Zahl dieser Erkrankungen erst mit dem Einsatz der Enzyme stark zugenommen. Ein spezielles A-Amylase-Präparat dient zur Triebsteigerung und Verlängerung der Frische. Medizinischen Untersuchungen zufolge bleiben Patienten, die auf A-Amylase allergisch reagieren, bei einem Verzicht auf Brot und Backwaren vielfach symptomfrei. Fakt ist, dass es kaum Backwaren ohne Enzyme gibt.

Mit Lipoxygenasen wird das Mehl für Toastbrotweißer, Endoglucosidasen machen den Teig maschinenfreundlich. Mit Pentosanasen wird Roggenbrot saftiger. Glucosidasen verbessern die Bräunung. Transglutaminasen verstärken die Wirkung schwacher Mehle. Und mit Amyloglucosidasen lassen sich stärkehaltige Reste in Zucker umwandeln.

Kritiker fürchten darüber hinaus, dass über die Produktion versehentlich auch unerwünschte Substanzen bis in die Nahrung gelangen könnten - zum Beispiel Antibiotika. Im Fermenter beugen sie der Gefahr einer Infektion mit den falschen Mikroben vor. Auch zur Abtrennung überflüssigen Zellmaterials kommt ein Antibiotikum, Streptomycin, zur Anwendung. Anschließend werden die Enzyme mit Stoffen wie Aceton, Polyäthylenglykol oder Ammoniumsulfat aus der Zellbrühe gefischt. Nach einer Reinigung garantiert beispielsweise eine radioaktive Bestrahlung die sichere Abtötung noch vorhandener Sporen.

Der technologische Fortschritt macht nicht nur den Allergologen Sorgen. Je mehr Enzyme, desto mehr Allergien. Auch die Lebensmittelindustrie hat Probleme: Enzyme kennen keine 35-Stunden-Woche. Sie arbeiten unentwegt weiter, auch dann, wenn sie ihren Zweck längst erfüllt haben. Für dieses Problem wurde mittlerweile eine Lösung entwickelt. Killer-Enzyme, die andere Enzyme abtöten.

Gentechnik- oder was haben Vitamin B12, „Frankenfish", umweltschonende Schweine und die Maissorte MON810 gemeinsam?

Vom wissenschaftlichen Standpunkt aus wird Gentechnik als Methode und Verfahren der Biotechnologie definiert. Diese baut auf den Kenntnissen der Molekularbiologie und Genetik auf und ermöglicht gezielte Eingriffe in das Erbgut (Genom) und damit in die biochemischen Steuerungsvorgänge von Lebewesen bzw. viraler Genome von Pflanzen. Als Produkt entsteht zunächst rekombinante DNA, mit der wiederum gentechnisch veränderte Organismen hergestellt werden können. Der Begriff Gentechnik umfasst also die Veränderung und Neuzusammensetzung von DNA-Sequenzen im Reagenzglas oder in lebenden Organismen sowie das künstliche Einbringen von DNA in lebende Organismen. Im Allgemeinen wird differenziert nach grüner Gentechnik bzw. Agrogentechnik bei Anwendung mit Pflanzen, in rote Gentechnik bei Anwendung bei Organismen mit rotem Blut (Wirbeltiere) oder Zellen aus diesen Organismen und in weiße Gentechnik bei Anwendung bei Industrieprozessen.

Demgegenüber steht das Klonen. Da die DNA nicht verändert, sondern nur vervielfältigt wird, ist das Klonen an sich keine Gentechnologie. Häufig wird die Entwicklung eines transgenen Tiers jedoch mit der Klontechnik kombiniert, da so die durch die gentechnische Veränderung entstandenen Merkmale für die Folgegeneration erhalten werden können.

Klone sind genetisch gesehen identische Organismen, die durch ungeschlechtliche Vermehrung entstanden sind. In der Natur gibt es dafür viele Beispiele: Einzeller wie Bakterien und Hefen vermehren sich durch Zweiteilung und Pflanzenarten wie etwa die Erdbeere oder Kartoffel vermehren sich durch Seitensprosse und klonen sich dadurch selbst. Bei Tieren werden Klone seit Langem mit Hilfe von embryonalen Stammzellen erzeugt. Diese Zellen haben noch die ursprüngliche Entwicklungs-fähigkeit und können sich in jeden Zelltyp eines Individuums verwandeln, da noch alle Gene aktiv sind. In der Praxis wird die befruchtete Eizelle nach den ersten Teilungsschritten in mehrere identische Zellen aufgeteilt, die sich zu einem vollständigen Organismus entwickeln können. Auf diese Weise erzeugt man künstlich eine Mehrlingsgeburt. Die Nachkommen sind untereinander, jedoch nicht mit den Eltern identisch.

Bei Pflanzen ist das Wissen um das Zusammenspiel der Gene und ihre Rolle bei den einzelnen Ausprägungen inzwischen Routine. Es werden gezielt Pflanzen mit neuen Eigenschaften entwickelt. Dabei geht es vor allem darum, Pflanzen widerstandsfähiger gegen Schädlinge, Umwelteinflüsse oder Krankheitserreger zu machen. Auch Pflanzen mit maßgeschneiderten Inhaltsstoffen stehen auf dem Arbeitsprogramm vieler Forschergruppen. Als „gentechnisch verändert" gilt eine Pflanze jedoch nur dann, wenn neue „artfremde" Gene übertragen worden sind. So bildet z. B. die bereits 1998 in der EU zugelassene genveränderte Maissorte MON810 einen Abwehrstoff gegen den Maiszünsler, einem weltweit verbreiteten Schädling. Trotz aller Vorbehalte und Bedenken haben sich gentechnisch veränderte Lebensmittel, Lebensmittel mit gentechnisch veränderten Zusatzstoffen und Lebensmittel die während der Produktion damit in Berührung gekommen sind, unauffällig in die Supermarktregale eingeschlichen. Schätzungen gehen von 60-80 % aller angebotenen Lebensmittel aus. Ursache dafür ist u.a. die sogenannte weiße Biotechnologie, Lebensmittelzusatzstoffe aus genetisch veränderten Pflanzen sowie die Tatsache, dass mit gentechnisch veränderten Futtermittel gefütterte Tiere nicht in der EU-Verordnung erfasst werden. D. h., dass eine direkte Kennzeichnungs-pflicht nicht gegeben ist. Obwohl heutzutage weltweit ca. auf 134 Millionen Hektar gentechnisch veränderte Kulturpflanzen (hauptsächlich Soja, Mais, Raps und Zuckerrüben, demnächst Reis und Kartoffeln im größeren Umfang) angebaut werden, befinden sich derzeit in den Gemüse- und Obstabteilungen innerhalb der EU keine gentechnisch veränderten Produkte. Anders sieht es bei einzelnen Agrarohstoffen für die Lebensmittel-produktion aus. Lebensmittel mit Zutaten aus Sojabohnen bzw. Sojarohstoffen und Maisstärke sind mit hoher wahrscheinlich aus gentechnisch veränderten Pflanzen hergestellt wurden. Betroffen sind z. B. Mayonnaise, Margarine, Schokolade, Kekse, Speiseeis, Öle, Lecithin, Vitamin E oder Maisstärke. Maisstärke ist die Basis für zahlreiche Zutaten wie Traubenzucker und Glukosesirup. Mais selbst hingegen dient in Europa vorwiegend als Futterpflanze. Als Rohstoff für Lebensmittel hat er in Europa nur wenig Bedeutung. Sollten die Agrarohstoffe nicht aus genveränderten Pflanzen bestehen, so wird spätestens mit dem Einsatz der „Weißen Biotechnologie" in Form von Enzymen, die Wahrscheinlichkeit sehr hoch, dass die Enzyme mithilfe gentechnisch manipulierter Mikroorganismen – Bakterien, Hefen oder Pilze hergestellt wurden. Diese werden so umgebaut, dass sie in der Lage sind, Substanzen zu produzieren, die als Hilfs- oder Zusatzstoff bei der Lebensmittelproduktion verwendet werden.

Vitamin B12 wird inzwischen ausschließlich mit gentechnisch veränderten Mikroorganismen produziert. Cystein (E920) ist Bestandteil vieler Backmischungen und verbessert etwa die Eigenschaften von Brötchen. Bis vor kurzem wurde es überwiegend aus Haaren gewonnen, heute steht ein gentechnisches Herstellungsverfahren zur Verfügung.

Beispiel Stärkezucker. Enzyme zerlegen Stärke – vor allem aus Mais – in ihre Zucker-Grundbausteine. Aus ihm gehen, etwa Traubenzucker, Glukosesirup oder verschiedene Zuckeraustauschstoffe hervor. Die eingesetzten Enzyme werden heute überwiegend mithilfe gentechnisch veränderter Mikroorganismen gewonnen. Kontrovers dagegen ist der Einsatz von Gentechnik bei Nutztieren wie z. B. Schweine, Hühner, Fischen oder Rindern. Durch die Industrialisierung der Tierhaltung und dem bislang betriebenen Verfahren der selektiven Auswahlzucht sind schon heute die Tiere die leidtragenden. Der Umgang mit Tieren in der Landwirtschaft ist durch Intensivhaltungssysteme mit dem Ziel der Gewinnmaximierung geprägt. Denn je spezialisierter, intensiver und mechanisierter die Tierhaltung ist, desto billiger kann produziert werden. Für eine artgerechte Tierhaltung, die den Bedürfnissen und Verhaltensweisen der Tiere gerecht wird, bleibt dabei kein Raum. Turbomast und Hochleistungskühe, Legehennen und Aquakulturen sind die Antworten der Industrie auf die scheinbaren Bedürfnisse der Verbraucher und einer verfehlten Politik. Noch gibt es keine gentechnisch veränderten Nutztiere und deren Produkte in den Supermärkten. Allerdings ist es nur eine Frage der Zeit, bis die ersten Zulassungsverfahren für gentechnisch manipulierte Nutztiere und deren Produkte von der Industrie erfolgreich absolviert werden und der Widerstand der Verbraucher und Verbände schwindet. Internationale Forscherteams und Industriekonsortien haben Anträge auf Zulassung gestellt um z. B. gentechnisch veränderten Fisch („Frankenfish") vermarkten zu können. In den „Produktpipelines" warten allein über 30 Meerestiere, darunter Flundern, Karpfen, Hummer und Shrimps. Demnächst werden noch Kabeljau und Heilbutt folgen.

Bei den wohl ersten kommerziellen „Frankenfish" handelt es sich um Lachse, denen zum einem ein Gen für Wachstumshormone und zum anderen ein Regulationsgen für die Anpassung an kaltes Meerwasser von jeweils anderen Fischen eingepflanzt wurde. Der Name „Frankenfish" entstammt dabei dem gleichnamigen Horrorfilm aus den USA.

Dies hat zur Folge, dass die Fische ca. 4-6-mal so schnell wachsen wie ihre Artgenossen und in ca. 18 Monaten schlachtreif sind. Herkömmlicher Lachs benötigt ca. drei Jahre. Bei weiteren Arten wird mit gentechnischen Verfahren experimentiert. Nur für das Aquarium gibt es transgene Fische bereits zu kaufen: In Taiwan und in den USA werden "leuchtende" Zebrafische vermarktet.

Auch umweltschonende Schweine, deren Ausscheidungen weniger phosphatbelastet sind, stehen kurz vor der Marktreife. Hintergrund ist dabei, dass mithilfe der Gentechnik das Gen für Phytase übertragen wird. Phytase ist das Enzym, das Phosphorverbindungen abbaut. Nebenbei sorgt das Gen für eine bessere Aufschlüsselung der Phosphate und damit dafür, dass ca. 20 % an Futterkosten gespart werden können, weil das Futter besser verwertet wird.

Dass ansonsten noch keine gentechnisch veränderten Nutztiere auf dem Markt sind, ist insbesondere der Komplexität des Zusammenspiels der einzelnen Gene zu verdanken. Noch ist die Gentechnik nicht soweit durch Hinzufügen, An- oder Abschalten einzelner Gene "neue" Nutztiere mit veränderten Eigenschaften zu erzeugen. Zwar wird mittels der funktionalen Genomanalyse versucht Nutztiermodelle möglichst gut unter exakt definierten Umweltbedingungen, die spezifisch für die jeweilige Fragestellung konzipiert werden in die Entwicklung einer Systembiologie der Tierproduktion einzubeziehen, aber von der Vision mit gesunden Nutztieren kosteneffizient und verantwortungsvoll gegenüber Tier und Verbraucher zu produzieren, sind die Forscher noch weit entfernt. Ein wichtiges Hilfsmittel für die funktionale Genomanalyse ist dabei die Identifizierung tierzüchterisch relevanter Gene mithilfe monozygoter (eineiiger) Zwillinge.

Gentechnik, Klonfleisch, Verbraucher- schutz und EU Verordnungen

Wie und wo gekennzeichnet wird, ist genau vorgeschrieben. Auch für unverpackte Waren oder das Essen im Restaurant. Die Kennzeichnung für gentechnisch veränderte Lebensmittel, Zusatzstoffe, Aromen und Enzyme sind in der Novel-Food-Verordnung geregelt. Danach müssen Lebensmittel und Lebensmittelzutaten gekennzeichnet werden, wenn sie

- lebende gentechnisch modifizierte Organismen darstellen oder enthalten;

- Stoffe enthalten, die für bestimmte Personengruppen eine Beeinträchtigung ihrer Gesundheit mit sich bringen;
- Stoffe enthalten, die ethische Bedenken bei bestimmten Gruppen auslösen können;
- nicht gleichwertig zu traditionellen Lebensmitteln sind.

Das bedeutet, dass die Kennzeichnung „Hergestellt aus gentechnisch verändertem Organismus (GVO)", verpflichtend ist, wenn der sogenannte Schwellenwert größer ist als 1 % beim Produkt oder bei den einzelnen Zutaten. Die Kennzeichnung „Ohne Gentechnik" erhalten nur Produkte, die keine bewusste Berührung mit Gentechnik hatten und nur zufällige, unbeabsichtigte Spuren von rDNA haben, die technologisch unvermeidbar sind. Der Grenzwert der Kontamination ist <0,9 %, d. h., auch wenn der Anteil 0,91 % beträgt und unbeabsichtigt bzw. unvermeidbar ist, besteht trotzdem eine verpflichtende Kennzeichnung. Der Nachweis ist hier entscheidend, da manche Stoffe z. B. soweit aufgelöst / versetzt / chemisch verändert bzw. modifiziert werden, so das eine Nachvollziehbarkeit nicht mehr möglich ist. In allen anderen Fällen gilt schlicht und ergreifend „Keine Kennzeichnung".

Beim Kennzeichnungstext sind zwei Formulierungen möglich: entweder „genetisch verändert" oder „aus genetisch verändertem .... hergestellt". Auch die Platzierung ist festgelegt. Der Schwellenwert ist kein Grenzwert für die zulässige Höchstmenge einer gesundheitlich bedenklichen Substanz, alle Lebensmittel aus gentechnisch veränderten Organismen müssen zugelassen werden. Eine Zulassung erhalten sie nur, wenn nachgewiesen werden kann, dass ihr Verzehr gesundheitlich unbedenklich ist.

Ebenfalls unter die Novel Food Verordnung sollen in Zukunft nicht nur Lebensmittel von geklonten Tieren, sondern auch Produkte von deren Nachkommen. Wie eine zukünftige Kennzeichnung aussieht, steht aber noch nicht fest. Zudem hat sich das Europäische Parlament aus ethischen Gründen gegen die Vermarktung von Klon-Produkten als neuartige Lebensmittel ausgesprochen und fordert neue EU-Rechtsvorschriften, die ein Verbot umsetzen. Auch wirtschaftlich ist die Vermarktung von Klon Fleisch noch nicht lukrativ, da das Klonverfahren sehr teuer ist und viele Fragen noch offen sind. Viele Klontiere leiden an Fehlfunktionen der Lunge, der Niere oder des Herz-Kreislauf-Systems sowie verfrühten Alterserscheinungen. Die Technik des somatischen Kerntransfers ist zwar weiterentwickelt, aber die Erfolgsquote ist auch heute noch niedrig. Bei den meisten Spezies liegt sie zwischen zwei bis fünf Prozent. Lediglich bei Rindern sind 15 bis 20 Prozent der Nachkommen lebensfähig.

Als somatischer Kerntransfer wird die Entfernung des genetischen Materials aus der Empfängereizelle, die Übertragung der Spenderzelle und deren Fusion mit der Empfängereizelle, gefolgt von der Aktivierung des rekonstituierten Embryos und dessen in vitro-Kultur bis zu einem übertragungsfähigen Stadium bezeichnet. Beide Komponenten werden durch kurze, aber hohe elektrische Pulse miteinander fusioniert oder durch bestimmte chemische Substanzen. Mit einer etwas modifizierten Methode ist es Wissenschaftlern nun auch gelungen Nachkommen aus tiefgefrorenen Zellen zu entwickeln.
Die Wissenschaftler setzten das Erbgut der aufgetauten Zellen (am besten eignet sich Blut oder Hirngewebe) in eine frische Eizelle ein, deren eigenes Erbgut zuvor entfernt worden war. Die Zelle begann sich daraufhin zu teilen. Aus dem so entstehenden Embryo stellten die Forscher als nächstes Stammzellen her, die sich unendlich vermehren las-

sen. Auf diese Weise hatten sie das Erbgut der 16 Jahre tiefgefrorenen toten Mäuse nicht nur wieder zum Leben erweckt, sondern es auch in unbegrenzter Menge verfügbar gemacht. Um allerdings bereits ausgestorbene Tierarten wiederauferstehen zu lassen, müssten noch für die jeweilige Tierart geeignete Leihmütter gefunden werden. Aber indem man Stammzellen aus tiefgefrorenem Erbgut erzeuge, verfüge man aber schon jetzt über die Möglichkeit, eine Art Genbank ausgestorbener oder bedrohter Tierarten zu erstellen. Ein ähnliches Vorhaben wird bei Pflanzen bereits realisiert. Ob Mammutfleisch dann auch unter die „Novel Food Verordnung" fällt, ist allerdings noch nicht klar.

Warum Bio?

Moderne Hochleistungskühe geben bis zu 10.000 Liter Milch im Jahr. Eine artgerechte gehaltene Kuh kann sie bis zu 20 Jahre alt werden. In einem konventionellen Milchbetrieb überlebt eine Kuh gerade sieben Jahre. Um aus den Kühen innerhalb ihrer kurzen Lebenserwartung ein Maximum an Profit zu generieren und „gesund" durch ihr kurzes Leben zu führen, bekommen die Kühe spezielles, leistungsförderndes Kraftfutter und häufig prophylaktisch Antibiotika. Aufgrund der zunehmenden Industrialisierung und der damit einhergehenden Arbeitsteilung werden die Kühe häufig von einem Spezialbetrieb zum nächsten weitergereicht. Oftmals über weite Entfernungen. Den Stress der Transporte überstehen sie nur mit zusätzlichen Medikamenten.

Glückliche Bio Hühner und Schweine

Auch die zunehmende Nachfrage nach billigen Shrimps hat für die betroffenen Regionen fatale Folgen. Durch die Massenproduktion von Shrimps an den Küsten von Südamerika und Südostasien werden Mangrovenwälder abgeholzt und Teiche angelegt. Bis zu 200.000 Tiere pro Hektar schwimmen in einer Mischung aus Salzwasser, Antibiotika, Pestiziden und ihrem eigenen Kot. Das hat zur Folge das nach allerhöchstens zehn Jahren die Farm an ihrer eigenen Umweltzerstörung zugrunde geht und eine unfruchtbare Salzwüste hinterlässt. Auch in der Geflügelzucht dominieren weltweit agierende Unternehmen. In konventionellen Mastbetrieben werden ausschließlich schnell wachsende Zuchtrassen eingesetzt. Die Mast endet nach 35 Tagen tödlich für die Tiere. Innerhalb ihrer Lebenszeit müssen sich die ca. 20 Hühner einen Quadratmeter Stallfläche teilen. Dabei sind 20.00 – 30000 Tiere pro Herde durchaus üblich. Einstreu oder Sitzstangen sind nicht vorgeschrieben. Tageslicht bekommen die Masthühner in der Regel in der konventionellen Geflügelzucht auch nicht zusehen. Biomasthühner hingegen erreichen erst nach ca. 70-90 Tage Lebenszeit ihr Schlachtgewicht. Maximal 10 Tiere pro Quadratmeter, Herdenobergrenze sind 4800 Tiere. Der Grünauslauf beträgt 4 qm, vorgeschriebene Einstreuflächen und Sitzstangen inkl. Wintergarten für Schlechtwetter. Immerhin versucht der Biobauer den Hühnern ein halbwegs artgerechtes Leben zu bieten. Was dabei in den Ställen der konventionellen Geflügelmast weltweit so passiert, sollte man sich besser nicht so genau überlegen. Abgesehen von reichlich Antibiotika und sonstigen Medikamenten werden den Hühnern die Schnäbel gekürzt und müssen ihr kurzes Leben im Überbesatz verbringen, was Stress und Krankheit fördert.

Auch bei Importen von Gemüse, das deutlich vor der eigentlichen Saison auf den Markt kommt wie Frühkartoffeln oder Spargel ist Vorsicht geboten. Es ist häufig stark belastet.

Konventionell angebautes Gemüse sollte, wenn es dann sein muss, am besten in der Saison gekauft werden. Hierbei ist zu beachten, dass es im konventionellen Anbau um Masse geht. Bei der Auswahl der Sorten sind Ertrag und Aussehen entscheidend, nicht Robustheit oder Eignung für das jeweilige Klima. Das macht die Pflanzen anfällig für Schädlinge. Es wird oft mit verschiedenen Pestiziden gespritzt, damit keines den Grenzwert überschreitet. Durch leicht löslichen Stickstoffdünger kommt außerdem noch eine Extraportion Nitrat ins Gemüse.

Äpfel bekommen noch am Baum bis zu 30 Giftduschen. Bananen wird noch an der Staude ein Plastiksack übergestülpt, der mit Insektizid beschichtet ist. Da sich das Gift hauptsächlich in der Schale anreichert, ist der Verbraucher hier weniger gefährdet, die Plantagenarbeiter aber sind den hoch toxischen Stoffen permanent ausgesetzt. Diese Beispiele zeigen recht deutlich auf, in welchem Konflikt der Verbraucher steht. Auf der einen Seite möchte der Verbraucher Fleisch von artgerecht gehaltenen Kühen, Schweinen, Hühner usw. Auf der anderen Seite stehen die vergleichsweise hohen Produktkosten, die durch ökologisch nachhaltiger Landwirtschaft entstehen. Dabei umfasst die Philosophie der Nachhaltigkeit die Art und Weise wie Boden, Wasser, Pflanzen und Tiere zu behandeln sind, um Nahrung und andere Waren zu produzieren, zu verarbeiten und zu handeln. Nachhaltigkeit bedeutet mit lebendigen Landschaften umzugehen und das Erbe zukünftiger Generationen zu bewahren und betriff die Art und Weise, wie die Menschen mit lebendigen Landschaften umgehen, sich zueinander verhalten und das Erbe zukünftiger Generationen gestalten. Das bedeutet, dass Rohstoffquellen und Umweltressourcen, die für Produktion und Konsum verwendet werden, gesellschaftlich und ökologisch gerecht verwaltet werden. Diese Gerechtigkeit erfordert Produktions-, Verteilungs- und Handelssysteme, die Offenheit und Gleichberechtigung aufweisen und die tatsächlichen Umwelt- und Sozialkosten berücksichtigen. Um sicherzustellen das „Bio Lebensmittel" auch tatsächlich „Bio" sind, wurden internationale Kriterienkataloge entwickelt. Die Europäische Union hat z. B. einen gemeinsamen verbindlichen Standard für alle Mitgliedsstatten. Dieser gilt auch für Importe aus nicht EU-Ländern. Zusätzlich zu den nationalen Standards gibt es z. B. noch die IFOAM (International Federation of Organic Agriculture Movements). Die IFOAM ist eine internationale Dachorganisation des ökologischen Landbaus und wurde 1972 gegründet. Im Jahr 2010 waren bereits über 750 Mitgliedsorganisationen aus mehr als 108 Ländern unter der IFOAM vereinigt.

Unabhängig von allen nationalen Interessen wurde von der Ernährungs- und Landwirtschaftsorganisation und der Weltgesundheitsorganisation der Vereinten Nationen der Codex Alimentarius (lat. für Lebensmittelkodex) 1963 herausgegeben. Der Codex Alimentarius ist eine Sammlung von Normen für die Lebensmittelsicherheit und -Produktqualität. Der Codex wird weltweit als de facto bindend betrachtet. Insbesondere für die FAO und WHO, aber auch für viele andere Institutionen stellt der Codex eine weitgehend gesicherte Sammlung von Ansichten und Einsichten des Stands der zugehörigen Wissenschaft dar. Parallel dazu wurde die europäische Behörde für Lebensmittelsicherheit (EFSA) im Januar 2002 nach einer Reihe von Lebensmittelkrisen in den späten 1990er Jahren eingerichtet, als unabhängige wissenschaftliche Beratungs- und Kommunikationsstelle über Risiken im Zusammenhang mit der Lebensmittelkette. Die Gründung der EFSA war Teil eines umfassenden Programms zur Verbesserung der Lebensmittelsicherheit in der EU, zur Gewährleistung eines hohen Verbraucherschutzniveaus und zur Wiederherstellung des Vertrauens in die Lebensmittelversorgung in der EU.
Darüber hinaus steht es Landwirten, Lebensmittelproduzenten usw. frei sich und ihre Produkte freiwillig zertifizieren zu lassen und sich den entsprechenden Regularien des angestrebten Standards zu unterwer-

fen. Trotz der hohen Vielfalt an Prüf- und Gütesiegeln, die von den verschiedensten Verbänden, Institutionen usw. angeboten werden, ist und bleibt die Lebensmittelkontrolle in fast allen Staaten dieser Welt eine hoheitliche Aufgabe. Die zusätzliche Überwachung ob z. B. alle geforderten Richtlinien und Direktiven für zusätzlichen Güte- und Prüfsiegel oder eingehalten werden, muss jedoch der jeweilige Verband bzw. Träger überprüfen. Einzig bei den staatlichen Siegeln, wie z. B. nach der EU-Öko-Verordnung, ist der Staat verpflichtet, deren Einhaltung verbindlich zu überwachen. Das bedeutet, dass in der EU nur solche Produkte als Bio-Lebensmittel bezeichnet und gekennzeichnet werden, die entsprechend der Verordnung (EWG) Nr.2092/91 zum Ökologischen Landbau (EU-Öko-Verordnung) produziert und kontrolliert sind. Die Vereinigten Staaten, die Europäische Gemeinschaft, Kanada und Japan haben z. B. in Ihrer Gesetzgebung verankert, das das Wort „Bio" (Organic) nur von zugelassenen Produzenten verwendet werden darf. Wer dieses Wort benutzen darf auf einem Nahrungsmittel, hat einen wertvollen Marketingvorteil auf dem Absatzmarkt für Konsumgüter. Die 1991 erlassene EU-Verordnung wurde notwendig um die Verbraucher zu schützen. Der Markt für Bio-Lebensmittel ist seit Anfang der neunziger Jahre weltweit pro Jahr um 20 % gewachsen. Diese Wachstumsquote ist inzwischen zwar abgeschwächt, aber je nach Land können es immer noch zwischen 10-50 % sein. Der Gesamtmarktanteil weltweit von Bio-Lebensmitteln beträgt ca. 1-2 %. Dies entspricht einem Umsatz von ca. 58 Milliarden Dollar. Die weltweite Ökolandwirtschaftsfläche stieg im Jahr 2008 auf über 35 Millionen Hektar. Die Länder mit der größten Biofläche sind Australien (12 Millionen Hektar), Argentinien (4 Millionen Hektar) und die USA (1,95 Millionen Hektar). Die meisten Bioprodukte werden in Europa und Nordamerika umgesetzt. Die Vorteile des Ökolandbaus und des Kaufs von Bio-Lebensmitteln zeigen auch viele Ökobilanzen. Die Bilanzen bestätigen positive Umweltleistungen in den meisten Bereichen, z. B. in Hinblick auf Biodiversität und Ressourceneinsatz. Anzumerken ist, dass die erfreuliche Zunahme der Nachfrage nach Bio-Produkten oft nicht mehr mit genügend Produkten aus dem Inland gedeckt werden kann. So kommt es, dass nicht jedes ökologisch erzeugte Produkt immer die umweltfreundlichste Alternative ist. Ein langer Transportweg (etwa Bio-Wein aus Übersee, Kaffee, Reis usw.) und der damit einhergehende Energieverbrauch mit seinen Emissionen verschlechtert die Ökobilanz. Der Begriff der Bilanz wird bei der Ökobilanz dabei im Sinne von einer Gegenüberstellung verwendet und ist nicht mit der buchhalterischen Bilanz zu vergleichen. Es wird unterschieden zwischen einer Ökobilanz die den Umweltaspekt eines einzelnen Produkts berücksichtigt, einer vergleichenden Ökobilanz die eine Gegenüberstellung mehrerer Produkte verfolgt sowie einer ganzheitlichen Bilanzierung, die wirtschaftliche, technische und/oder soziale Aspekte mit einbezieht. Die optimalste Ökobilanz ergibt sich dabei aus der Verknüpfung von ökologischer Produktion und regionaler Vermarktung.

Obwohl viele Verbraucher die Vorteile von Bio Waren kennen und sich grundsätzlich positiv äußern, gibt es gleich mehrere Gründe, warum der Absatz von Bio Waren nicht prozentual höher ausfällt und eine Umstellung der konventionellen Agrarwirtschaft auch auf absehbare Zeit nicht in Sicht ist. Ein wichtiger Grund ist zunächst der Preis. Die allermeisten Bioprodukte kosten im Vergleich zur Ware aus konventionellen Anbau ca. 30-100 % mehr. Das ist für viele Verbraucher einfach zu teuer. Obwohl selbst in großen Discounterketten ein Sortiment an Bioprodukten angeboten wird, sind diese Bioprodukte im Vergleich zu herkömmlichen Produkten immer noch um einiges teurer. Die Konsequenz verfügbare Bioprodukte als Schwerpunkt anzubieten und parallel nicht auch noch aus konventionellen Anbau, scheint dann aber doch noch nicht gewollt.

Studien zufolge gibt es allerdings mehrere Gründe, warum Konsumenten bei der Kaufentscheidung zur Bioware greifen. Abgesehen von wahrnehmbaren Produkteigenschaften wie Frische und Geschmack schätzen die Verbraucher die klare Absage des ökologischen Landbaus hinsichtlich des Einsatzes von Antibiotika-Präventation, den Verzicht auf Pestizide und synthetische Hormone, auf den Einsatz von genveränderten Pflanzen, artgerechte Tierhaltung.

Neben sinnlich wahrnehmbaren Produkteigenschaften wie Frische und Geschmack stehen demnach vor allem Sicherheit und Gesundheit im Vordergrund.

Besonders schätzen die Käufer die Prozessqualitäten des ökologischen Landbaus wie den Verzicht auf Antibiotika-Prävention, synthetische Hormone und Pflanzenschutzmittel. Für den Kauf von Bio-Lebensmitteln sprechen viele Gründe – vor allem die positiven Umweltaspekte des Öko-Landbaus. Zudem zeigen die Untersuchungen von Problemstoffen wie Pestiziden und Nitrat, das Bio-Lebensmittel eine gewisse Sicherheit vor Belastungen bieten. Eine generelle gesundheitsfördernde Wirkung ist jedoch bisher nicht nachgewiesen. Einzelne Studien deuten aber in bestimmten Bereichen auf günstige ernährungsphysiologische Qualitäten hin. Ernährungsphysiologische Qualität Qualitätsunterschiede, wie zum Beispiel die aus ernährungsphysiologischer Sicht wünschenswerten erhöhten Gehalte an sekundären Pflanzenstoffen bei Bio-Obst und Gemüse, sind in der Tendenz erfasst, aber wissenschaftlich noch nicht eindeutig nachgewiesen.

Was kostet ein Schnitzel wirklich, oder warum die Agrawende nicht stattfindet!

Bei Fleisch aus konventioneller und ökologischer Produktion sind die Preisunterschiede enorm. Ein Kilo herkömmliches Schnitzel kostet sieben Euro - im Vergleich zu 13 Euro für ein Kilo Ökoschnitzel. Damit kostet das Ökoprodukt fast das Doppelte. Warum kostet ein ökologisches Schweineschnitzel beinahe doppelt so viel wie eines aus konventioneller Produktion und warum greifen Verbraucher - selbst wenn sie das nötige Geld haben - tendenziell zur Massenware? Kann man diesen Preisunterschied verringern und nützt es, an das Gewissen der Verbraucher zu appellieren? Wie können die Qualitätsunterschiede bei Fleisch für die Verbraucher deutlich werden?

Wird die Agrarwende jemals stattfinden?

Wo muss die Verbraucherpolitik ansetzen, um Kostenwahrheit und Qualitäts-wettbewerb zu erreichen?

Das Schweineschnitzel wurde ausgewählt, weil in Deutschland jedes Jahr über 37 Millionen Schweine geschlachtet werden und jeder Einwohner rund 40 kg Schweinefleisch verzehrt. Zudem kann bei der Produktion von Fleisch - vom Futteranbau über Tierhaltung und Düngung - eine Vielzahl von ökologischen und ökonomischen Einflussgrößen bewertet werden.

Es gibt eine Vielzahl bislang ungenutzter politischer Handlungsmöglichkeiten, um die Fleischproduktion umweltverträglicher, Ökofleisch wettbewerbsfähiger und die Wende hin zu mehr Lebensmittelqualität möglich zu machen.

Das „Bundesprogramm ökologischer Landbau" (gegenwärtig 36 Mio. Euro jährlich, geplant 20 Mio. jährlich), schließt z. B. Forschungsvorhaben und Beratung für die Umstellung auf ökologische Wirtschaftsweise und Vertrieb ein. Als alleinige Maßnahme ist es allerdings völlig unzureichend, weil es nicht effektiv an den beschriebenen, entscheidenden Schwach-stellen ansetzt. Das Programm ist ein Indiz dafür, dass die Bundesregierung ihre eigenen agrarpolitischen Ziele nicht ernst nimmt. Entscheidend ist, dass die Politik sich gegen die organisierten Interessen der Agrarlobby und des Handels nach wie vor nicht durchsetzt. Die Agrarlobby, das heißt der Bauernverband, der Raiffeisenverband, die Deutsche Landwirtschaftliche Gesellschaft (DLG) und die CMA sowie die Chemische Industrie und ihre politischen Vertreter im Bundestag wehren sich bislang erfolgreich gegen effektive Maßnahmen zur Qualitätsverbesserung und Markt-transparenz. Der Grund ist, dass die Massenproduktion, den Verbandsfunktionären ihre politische Machtbasis verleiht. Da das Bundesministerium für Verbraucherschutz, Ernährung und Landwirtschaft (BMVEL) sowohl die Ökolandwirte als auch die konventionellen Landwirte vertritt, kann es die Qualitätsunterschiede zwischen konventioneller Massenware und qualitativ hoch stehenden Produkten (aus konventioneller oder ökologischer Produktion) nicht offensiv kommunizieren. Dies würde bedeuten, es sich mit der größeren Klientel zu verderben. Das Interesse der Lebensmittelketten an einem echten Qualitätswettbewerb für Agrarprodukte ist ebenfalls begrenzt. Werden die Nachteile der konventionellen Agrarproduktion zu deutlich, könnte dies den ökonomisch wichtigen Durchsatz von Massenware gefährden. Auch die Ökoverbände und die Naturkostketten sind in die bestehenden Lobbynetze verflochten, weil sie finanzielle Mittel vom Verbraucherministerium und der CMA erhalten. Ihre Konfliktbereitschaft für die Durchsetzung eigener Interessen ist deshalb begrenzt. Die Strategie der Ökoverbände, derzufolge alle Landwirte "in einem Boot sitzen", arbeitet aber letztlich ihren eigenen Interessen zuwider.

Nach Jahren des Wachstums stagnierte der Marktanteil von Bio-Lebensmitteln erstmals, bei etwa 4 Prozent. Ist die Grenze damit schon erreicht?

Ein Bio-Schwein steht ein Dreivierteljahr im Stall, bis es schlachtreif ist. Eine konventionelle Turbo-Sau schafft das in zwölf Wochen. Dieses halbe Jahr mehr muss das Schwein gefüttert werden, es hat mehr Auslauf, es wird nicht prophylaktisch mit Antibiotika behandelt, es kann also Ausfälle geben. All das führt dazu, dass Bio-Fleisch eben mindestens doppelt so teuer ist wie ein ALDI-Fleisch. Aber was passiert in der konventionellen Landwirtschaft? Da wird auf riesigen Schweinefarmen die Gülle abgepumpt und irgendwo bei Litauen auf der Ostsee verklappt. Solange das möglich ist, kann Bio beim Preis nicht mithalten.

In erster Linie müssten die Folgekosten der konventionellen Landwirtschaft für Umwelt und Gesundheit umgelegt werden. Bio-Landbau leistet heute Zukunftsinvestment. Das bezahlen die Bio-Kunden. Und alle anderen profitieren eines Tages davon.

Dabei ist Saatgut als Grundlage unserer Ernährung bedroht. In den letzten 100 Jahren wird dieses Menschheitserbe zunehmend durch Privatisierung und Kommerzialisierung bestimmt. Saatgut wird der Rohstoff der Biotechnologie und der Börse. Damit verbunden ist ein enormer Verlust an Vielfalt. Die Welternährungsorganisation FAO stellt fest, dass wir seit 1900 mehr als 75 Prozent der Kulturpflanzen verloren haben. Verstärkt wird dies durch die zunehmende Beherrschung des Saatgutmarktes durch wenige, global agierende Agrochemiekonzerne. Zehn dieser Konzerne teilen heute schon mehr als 50 Prozent des weltweiten Saatgutmarktes unter sich auf. Dies schafft Abhängigkeiten. Denn wer das Saatgut beherrscht, bestimmt, was wir und unsere Kinder auf den Teller bekommen. Und mit welchen Methoden es hergestellt wird.

Die Sorten der Ökozüchter können von den Landwirtinnen und Landwirten nachgebaut werden, sie sind fruchtbar und vermehrbar
Saatgut sollte regional, vielfältig und fruchtbar sein. Doch die Sorten
der Konzerne sind eher zentral, einfältig und unfruchtbar. Zentral, weil
Standort-unterschiede für moderne Sorten keine Rolle spielen sollen.
Einfältig, weil nur für eine intensive Landwirtschaft mit hohem Input
geeignet. Unfruchtbar oder nicht zum Nachbau geeignet, weil man so
die Kundschaft zum Nachkaufen zwingt.

Die Zukunft der Ernährung - Oder auf der Suche zur Weltformel zum sattwerden!

Statistisch gesehen lebten im Jahr 2014 7.138 Milliarden Menschen auf der Erde. Theoretisch verteilte sich die landwirtschaftliche Produktion bzw. die Produktionsfläche pro Kopf / pro Kilo am Tag z. B. wie folgt:

	Einheit	Deutschland	Brasilien	Kanada	USA	China	Haupterzeuger-länder *	Erzeugerländer weltweit**	Pro Kopf / Pro Tag in Kg
Landfläche	Hektar	34.877.000	845.942.000	909.351.000	916.192.000	932.749.000	4.041.094.000	9.716.573.000	1,46
Ackerland	Hektar	11.882.000	59.500.000	45.100.000	170.428.000	140.630.000	617.323.000	1.189.243.000	0,18
Kulturen	Hektar	198.000	7.000.000	7.050.000	2.730.000	12.201.000	45.975.000	133.200.000	0,02
Waldfläche	Hektar	10.649.000	471.492.000	310.134.000	303.407.000	205.406.000	1.402.990.000	3.288.100.000	0,49
Pferde	Anzahl	542.000	5.800.000	385.000	9.500.000	7.197.000	24.845.000	46.888.000	0,01
Rinder	Anzahl	12.687.000	207.170.000	14.155.000	97.003.000	116.861.000	651.531.000	1.177.273.000	0,18
Schweine	Anzahl	27.125.000	34.080.000	13.810.000	61.860.000	501.583.000	693.228.000	929.178.000	0,14
Schafe	Anzahl	2.538.000	15.600.000	879.000	6.165.000	171.961.000	291.758.000	874.332.000	0,13
Ziegen	Anzahl	180.000	10.320.000	306.000	2.934.000	197.269.000	340.566.000	683.093.000	0,10
Hühner	Anzahl	115.000.000	999.000.000	165.000.000	2.050.000.000	4.512.000.000	8.645.000.000	15.383.000.000	0,01
Rindfleisch	Tonnen	1.185.000	7.900.000	1.279.000	12.044.000	7.633.000	35.060.000	58.346.000	0,02
Schweinefleisch	Tonnen	4.985.000	3.130.000	1.894.000	9.953.000	61.150.000	87.112.000	112.001.000	0,04
Schaffleisch	Tonnen	47.000	78.000	18.000	83.000	2.600.000	3.389.000	7.278.000	0,00
Hühnerfleisch	Tonnen	688.000	8.670.000	1.030.000	16.000.000	10.857.000	41.278.000	79.961.000	0,03
Milch	Tonnen	28.438.000	25.464.000	8.000.000	84.189.000	37.113.000	318.241.000	589.500.000	0,23
Fischfänge	Tonnen	249.000	783.000	1.017.000	4.770.000	14.988.000	27.119.000	77.310.000	0,03
Aquakultur-produktion	Tonnen	45.000	290.000	169.000	526.000	41.173.000	46.077.000	62.674.000	0,02
Weizen	Tonnen	20.828.000	3.998.000	20.641.000	53.603.000	109.860.000	323.026.000	866.284.800	0,34
Mais	Tonnen	3.809.000	51.590.000	10.555.000	332.092.000	151.970.000	617.935.000	742.295.000	0,29
Reis	Tonnen	0	11.080.000	0	8.956.000	187.040.000	349.021.000	616.377.000	0,24
Kartoffeln	Tonnen	11.664.000	3.394.000	4.971.000	17.654.000	72.040.000	145.727.000	270.903.000	0,11
Sojabohnen	Tonnen	1.000	58.197.000	2.785.000	70.707.000	15.600.000	156.808.000	207.335.000	0,08

*Deutschland, Frankreich, Spanien, Brasilien, USA, Kanada, China, Indien

** insgesamt 68 Länder

Demzufolge könnten eigentlich alle Menschen satt werden. Die Lebensmittelindustrie könnte darauf verzichten mit Nano Food, Enzymen und Gentechnologie zu experimentieren. Allerdings ist die Verteilung und die Nutzung der Ressourcen weltweit sehr unterschiedlich. Ob die Produktion / Ernte auch tatsächlich ihren Weg in die Lebensmittelproduktion findet, ist dabei nicht immer eindeutig. Verbraucher in Industrienationen aßen 2007 z. B. pro Tag 224 Gramm Fleisch, in Afrika etwa 31 Gramm. Dabei werden für die Produktion von einem Kilo Rindfleisch etwa 7 Kg Getreide benötigt. Analog dazu werden für die Schweinefleischproduktion ca. 3,7 kg und für die Hühnerfleischproduktion ca. 1,8 kg benötigt. Mais wird auch als Futtermittel oder auch zur Stärkegewinnung eingesetzt. Auch für die Produktion von Biokraftstoffen werden weltweit immer größere Anbauflächen genutzt. Der Klimawandel, Bevölkerungswachstum und regionale Gegebenheiten machen statistische Vergleiche und Annahmen aufgrund der vorhandenen Datenfluten endlos. Im Kern steht aber die Frage, ob es der Weltpolitik gelingt, das die Agra- und Lebensmittelressourcen allen Menschen zu gleichen Bedingungen und in der gleichen Vielfalt angeboten werden können wie sie der Bevölkerung in den Industrienationen zur Verfügung stehen. Dazu genügt es, dass Verhältnis Kaufkraft zum Endverbraucherpreis zu betrachten. Während hierzulande Essen und Kochen mutieren mehr und mehr zum Hobby, dabei geht es bei jedem siebten Mensch weltweit täglich um das nackte Überleben aufgrund fehlender wirtschaftlicher Möglichkeiten. Ursächlich dafür sind abgesehen von regionalen Katastrophen, politischen Problemen usw. auch mehr und mehr die Welthandelsstrukturen. Spekulanten treiben die Rohstoffpreise in die Höhe und einen „fairen" Welthandel wird es in absehbarer Zeit nicht geben. Ein sehr gutes Beispiel für diese Art von unnatürlicher Nahrungsverknappung und ungewollter Verteuerung war der sogenannte Tortilla Krise in Mexico. Der Mais ist das wichtigste Grundnahrungsmittel der Mexikaner. Er wird in großen Mengen zu Tortilla-Fladen gebacken. Die Feldfrucht ist aber auch Grundlage für Ethanol. In Mexiko diente der Mais aber nach wie vor der klassischen Bestimmung: Er sollte Mägen füllen, nicht Autotanks. Das Nationalgericht ist ein klassisches Arme-Leute-Essen. Jeder Mexikaner verzehrt täglich zwischen 250 Gramm und einem Kilo Tortilla-Fladen. Im Jahre 2007 geschah in Mexiko-Stadt das unvermeidliche. Wegen der starken Nachfrage nach Biokraftstoffen stiegen die Preise an den internationalen Rohstoffbörsen und der Mais verknappte sich. Der Kilopreis für Tortilla verdoppelte sich innerhalb weniger Wochen von umgerechnet 40 auf 75 Eurocent. Dies führte aufgrund zu befürchtender sozialer Unruhen dazu, dass die Regierung intervenierte und den Preis auf 60 Eurocent als Obergrenze festlegte, am runden Tisch, mit Vertretern der Industrie. Eine weitere Kuriosität ist die Möglichkeit auf nahezu jedem afrikanischen Markt deutsches, französisches oder z. B. belgisches Gemüse zur Hälfte oder zu einem Drittel des Preises zu kaufen, als Gleichwertiges aus einheimischem Anbau. Aber ist es eine Lösung im Norden Überschüsse zu produzieren und diese dann zu billigen, subventionierten Preisen in die Entwicklungsländer zu schicken? Mit dieser Politik wird den Kleinbauern in den afrikanischen Staaten die Existenzgrundlage entzogen und eine nachhaltige regionale Wirtschaft ist aufgrund der billigen subventionierten Agrarerzeugnisse der Industrienationen nicht möglich. Kann die moderne Lebensmitteltechnologie Abhilfe schaffen? Wie wird das Essen der Zukunft aussehen? Trendforscher, Wissenschaftler, Politiker, Ernährungsspezialisten und die Industrie sind auf der Suche nach den „Food Visionen" und schrecken dabei auch vor unkonventionellen Denkansätzen nicht zurück. Als eine mögliche Basis werden z.B. Science-Fiction Filme, Märchen und Zukunftsliteratur ausgewertet. Der bei Weitem gängigste Ansatz ist aber die Ableitung von Innovationen aus Forschungslaboren verschiedenster Wissenschaftszweige. Die Erkenntnisse werden adaptiert und die Technologien z. B. aus der Materialwissenschaft, der Raumfahrt, der Gentechnik oder der Nanoforschung bei denen eine Umsetzbarkeit bzw. Übertragung in die Lebensmittelproduktion möglich erscheint werden genutzt. Parallel wird am Verhalten der Konsumenten weltweit geforscht. In zahlreichen Markstudien, bei Probeverkostungen und in sogenannten Testmärkten wird am Verbraucher ausprobiert, was geht. Demzufolge wird es in absehbarer Zeit mehr Ultra Convenience-Food geben, eine ganze Mahlzeit, die schnell und bequem zu zubereiten ist, aber einer selbst gekochten Mahlzeit im kulinarischen Sinne gleichkommt. Selbstverständlich mit allen wichtigen Nährstoffen und vollem Geschmack, dauerhaft haltbar, optisch ansprechend, preiswert und nebenbei mit „medizinischer Wirkung".

Als weitere Neuheit wird es Depot-Lebensmittel geben, die nur einmal am Tag oder in der Woche gegessen werden müssen. Auch Essen mit medizinischer Wirkung, bzw. eine Weiterentwicklung der Life Science Produkte werden direkt aus der biomedizinischen Forschung vermehrt in Form von Lebensmitteln verfügbar sein. Bei regelmäßiger Einnahme könnten chronische Krankheiten behandelt werden, Diäten dem Krankheitsbild angepasst werden oder die Ernährung insgesamt gesünder gestaltet werden. Natürlich sind mittels entsprechender Technologien auch eine Vielzahl anderer Lebensmittelvarianten zu erwarten, zunächst werden sich die Lebensmittelmärkte und die Produkte aber weltweit annähern. Jedes Produkt wird immer und überall verfügbar sein, wenige Großkonzerne werden die Märkte mit ihren Produkten beherrschen und es wird nur noch einige kleine regionale Hersteller und Produzenten geben. Nicht mehr der Verbraucher wird entscheiden können, was er essen möchte, sondern der, der die Patente und die Rechte besitzt, wird weltweit seine Produkte verkaufen und quasi keine Konkurrenz haben. Parallel dazu werden sich die „Weltküchen" angleichen, exotische Nahrungsmittel und Gerichte gehören zum Alltag. Abgekoppelt von dem globalen Trend werden sich regionale Entwicklungschancen für Landwirtschaft, mittelständische und kleine Lebensmittelproduzenten, Gastronomie und Handel ergeben. Mit Nischenprodukten wie z. B. „Aus ökologischen Anbau", „Produkt aus der Region", „Ohne Gentechnik", „Produziert ohne Nanotechnologie" usw. Auch der Handel und die Gastronomie werden sich entscheiden müssen. Entweder dem globale Trend zu folgen, oder in einer Nische zu überleben. Ganz sicher wird sich die Zukunft des Essens, die Esskultur und die weltweite Agrarwirtschaft nachhaltig verändern, vielleicht nicht immer zum Vorteil der Verbraucher, aber wer einen guten Geschmack hat, wird zweifelsfrei auch noch im Jahre 2050 eine gute Mahlzeit genießen können und das Ritual des „Kochens" vollziehen können. Oder werden wir alle Insekten essen?

Ketchup, Senf, Dips & Marinaden

Ketchup, Senf, Dips & Marinaden

Senf- die Würzpaste für das Volk

Senf- die beliebteste Paste zum Würzen von vielen pikanten Gerichten in ganz Europa. Die Würzpaste wird aus den Samenkörnern des schwarzen, braunen und weißen Senfs hergestellt und häufig als Mostrich oder Tafelsenf zu kaltem und gepökeltem Fleisch und zu Wurst gereicht. Senf enthält ätherische Öle, welche die Verdauung fördern, den Appetit anregen und die eingenommenen Speisen bekömmlicher machen. Senf ist auch eine würzende Zutat bei Salaten, Saucen und Fisch- und Gemüsegerichten. Weil Senf auch eine emulgierende Wirkung hat, ist er oft ein Bestandteil in Mayonnaise und Salatsaucen. Durch das Verhältnis von schwarzem zum weißem Senf, dem verwendeten Most und dem Mahlgrad der Senfkörner entstehen ganz unterschiedliche Konsistenzen und Geschmacksrichtungen. Die Einwohner in Europa verbrauchen durchschnittlich 1kg pro Kopf im Jahr.

Die Geschichte der Senfherstellung

Die wenigsten, die heute ihrer Wurst mit dem gelblichen Gemisch aus Senfkörnern, Salz, Brandweinessig und Wasser zu mehr Geschmack verhelfen, wissen, dass dieser Senf bereits in der Bibel Erwähnung finde: "Das Himmelreich ist gleich einem Senfkorn, das ein Mensch nahm und säte es auf seinem Acker.", so steht es in Matthäus 13,31. Schon seit Jahrhunderten ist dieses Gewürz wohl eines der am verbreitetsten verwendeten Gewürze der Welt.

In der Geschichte wird der Senf zum ersten Mal vor ca. 3000 Jahren im alten China erwähnt, und auch die Pharaonen des alten Ägyptens liebten ihn schon als Würzmittel für ihre Speisen, aber auch als Heilmittel. Aufzeichnungen zufolge wurde er durch die Römer nach Europa gebracht, die ihn von ihren Feldzügen aus Asien mitbrachten. Der bis heute berühmte Philosoph und Mathematiker Pythagoras war der Überlieferung zufolge der Meinung, Senf schärfe den Verstand und man verwendete ihn auch, um Schlangenbisse, Beulenpest und Hysterie zu behandeln. Auch als Würzmittel war er beliebt: Der damals gern getrunkene "Most" (ungegorener Traubensaft) wurde mit Senfkörnern gewürzt, und man glaubt, dass der englische Name für Senf, "Mustard" vom Begriff „Most" stammt.

Das erste überlieferte Senfrezept stammt aus dem 4. Jahrhundert nach Christus und ist Rutilius Taurus Aemilianus Palladius, genannt Palladius, zu verdanken, einem römischen Schriftsteller, der zerstoßene Senfkörner mit Olivenöl, Honig und Essig vermengte. Über die Alpen kam der Senf dann schließlich nach Mitteleuropa. In einer Schrift Karls des Großen aus dem Jahre 795 nach Christus findet er erstmals in Deutschland Erwähnung, als dieser das Anlegen von Kräutergärten und den Senfanbau hochoffiziell anordnete. Im 13. Jahrhundert erhielt die französische Stadt Dijon das Monopol zur Senfherstellung, und im 14. Jahrhundert erließen die Herzöge von Burgund strenge Qualitätsrichtlinien für die Senfherstellung und Dijon wurde zur Senfmetropole.

Über Frankreichs König Ludwig der XI (König von Frankreich von 1461 - 1483) wird berichtet, dass er nie ohne ein Senftöpfchen reiste, falls er einmal bei "senfabstinenten Barbaren" übernachten müsste. Ludwig

XIV., der französische Sonnenkönig, war es schließlich, der dem Senf so zugetan war, dass er ihm sogar ein eigenes Wappen verlieh.

Im Jahre 1726 kam der Senf dann auch nach Düsseldorf und die erste deutsche Senffabrik wurde dort gegründet, deren Spezialität ein scharfer dunkler Senf war. Unter dem Namen "ABB" wurde dieser rasch über die Grenzen Deutschlands hinaus bekannt. Düsseldorf wurde das Dijon Frankreichs, Deutschlands Senfmetropole.

Im Laufe der Jahrhunderte wurde die Herstellung immer kreativer und es gibt über 100 verschiedene Sorten, von Land zu Land verschiedene Vorlieben: Die Engländer lieben Senfpulver, um ihn frisch anrühren zu können, die Inder haben ihn gern braun und scharf, die Italiener geben Früchte hinzu und die Franzosen nehmen gern Champagner-Senf. Knoblauch, Pfeffer, Kräuter, Feigen, Whisky, Datteln, Cognac... der Kreativität sind heute kaum Grenzen gesetzt.

Die unterschiedlichen Senfarten

Senfpflanzen gehören zu den Kreuzblütengewächsen und sind verwandt mit Kresse und Rettich. Ihre ursprüngliche Heimat haben sie in Vorderasien und Indien. Heute ist Senf jedoch in vielen Ländern heimisch, seit dem 10. Jahrhundert auch in Deutschland und Frankreich. Es gibt über 100 verschiedene Senfpflanzenarten, die sowohl als Heilmittel wie auch als Gewürz oder zur Konservierung von Speisen Verwendung finden. Senf ist relativ anspruchslos und keimt schnell aus - innerhalb von 3 Monaten kann die Pflanze ihre endgültige Höhe erreichen. In ihrer Erscheinung ähnelt Senf den Rapspflanzen, mit einer Höhe von bis zu einem Meter, länglichen, behaarten grünen Blättern und kleinen knallgelben Blüten, die im September ihre Schoten bilden.

Eine Pflanze bildet bis zu 25.000 Samen mit lang anhaltender Keimfähigkeit. Die tiefreichenden Wurzeln der Pflanze lockern den Boden auf und sind daher eine beliebte Zwischenfrucht bei Bauern. Während ihrer Reifezeit benötigen sie ein gemäßigtes Klima, also warme und trockene Standorte. Die größten Anbaugebiete liegen heute in Kanada und Osteuropa. Geerntet werden die Samen kurz bevor die Schoten platzen und die wertvolle Saat verloren ist – daher geht die Ernte mit besonderer Sorgfalt vonstatten. Mit regionalen Unterschieden werden sowohl die Senfkörner als auch die scharf schmeckenden Teile der Pflanze genutzt. Junge Senfblätter können beispielsweise wie Kresse als Salat gegessen werden, ältere Blätter werden zu Gemüse verarbeitet.

Chinesischer Senf (Pak-Choi) ist besonders beliebt in heißen Klimazonen und wird überwiegend in China, Korea und Japan angebaut. Er enthält viele wertvolle und wichtige Nährstoffe und wird wie Spinat zubereitet. Senfkörner sind eigentlich geschmacks- und geruchsneutral. Das aromatische und ätherische Senföl, das für die charakteristische Schärfe und Würze sorgt, entsteht erst dann, wenn die Inhaltsstoffe der Senfsaat mit Wasser in Berührung kommen. Es ist hitze- und lichtempfindlich und sehr flüchtig, mit dem Alter verliert es also an Schärfe. Heute wird für die Herstellung von Delikatess- und Tafelsenf vorrangig weißer Senf, schwarzer Senf und Brauner Senf verwendet.

Weißer Senf (Sinapis alba)

Weißer Senf wird auch als Gelber oder Englischer Senf bezeichnet. Die Pflanze erreicht eine Höhe von bis zu 75 cm, ihre Blüten sind größer als bei schwarzem Senf und sie bildet große weißlich-hellgelbe bis goldgelbe Samen mit einem Durchmesser von 2-2,5 mm. Die Körner schmecken beim Zerkauen erst mild und ölig, dann entfalten sie ihren würzigen aber milden Geschmack. Der Inhaltsstoff Sinalbin sorgt für die sogenannte ‚Mundschärfe' beim mittelscharfen Senf. Angebaut wird die Gelbsenfsaat in Kanada, Osteuropa (vor allem Ungarn) und in Deutschland.

Schwarzer Senf (Brassica nigra)

Schwarzer Senf erreicht eine Wuchshöhe von 0,3 bis zu zwei Meter. Der gelbgrün blühende schwarze Senf ist im Mittelmeerraum heimisch und wird dort seit Jahrtausenden kultiviert. Er benötigt viel Sonnenlicht und liebt warme und feuchte Böden. Das biblische Gleichnis vom Senfkorn bezieht sich vermutlich auf den Schwarzen Senf. Schwarzer Senf ist neben dem Weißen Senf Bestandteil des Senfs. Daneben ist der schwarze Senf bedeutsam als Ölpflanze und in der Naturheilkunde. Nur die reifen und getrockneten Samen werden verwendet. Sie können direkt als Gewürz verwendet werden und verlieren ihre Schärfe beim Kochen.

Brauner Senf (Brassica juncea) oder indischer Senf

Der braune Senf oder indische Senf ist in Asien beheimatet. Im Laufe der Zeit ist die Pflanze aber auch in anderen Teilen der Welt eingebürgert worden. Die Samen werden zur Herstellung von Tafelsenf verwendet, vor allem für Dijonsenf. Die verdickten Sprossen der Varietät Brassica juncea werden in der chinesischen Küche milchsauer eingelegt und sind als Tsa Tsai oder „Sezuangemüse" bekannt. Die Sorte 'Red Giant' wird als Baby-Leaf (Japanese Green oder Oriental Green) verwendet. In Deutschland lässt sich ein relativ klarer Trend erkennen: Im Norden und Westen wird starker, scharfer Senf bevorzugt, während man im Osten und Süden lieber mit mildem und süßem Senf würzt. Für jeden Geschmack haben sich unterschiedliche Sorten entwickelt, die als Delikatess- oder Tafelsenf verkauft werden:

Extrascharfer Senf wird überwiegend aus scharfer Braunsenfsaat und einem hohen Anteil Senföl hergestellt. Sein feurig-scharfer Geschmack passt am besten zu fetten Fleischgerichten wie Schweinebraten oder Eisbein.

Düsseldorfer Senf ist eine Variante des extrascharfen Senfs. Die frisch gemahlenen Senfkörner werden bei der Herstellung nicht entölt, so erhält er seine besondere Schärfe. Laut gesetzlicher Verordnung dürfen diese Sorte nur Hersteller aus dem Raum Düsseldorf anbieten. Scharfer Senf besteht aus einem großen Teil brauner Senfsaat und einem geringen Teil gelber Senfsaat. Der äußerst pikante Geschmack eignet sich gut zu Würstchen und gebratenem Leberkäse.

Dijonsenf ist eine Variante des scharfen Senfs. Anstelle von Essig wurde der Senf mit aus unreifen Trauben gepresstem Most angesetzt. Er ist besonders fein, da er nach dem Mahlen gesiebt wird, um alle Schalenreste zu entfernen. Die einzigen Zutaten zu dessen Herstellung sind grüner Most und etwas Salz. Aus der lateinischen Bezeichnung ‚mustum ardens‘ (brennender Most) entstand die französische Bezeichnung ‚moutarde‘, englisch ‚Mustard‘ und schließlich der deutsche Begriff ‚Mostrich‘. ‚Mittelscharfer Senf‘ wird auch als Moutarde de Montjoie (Monschauer Urrezept) bezeichnet und ist die klassischste Senfsorte. Sie wird häufig als Tafel- oder Delikatesssenf verkauft. Er besteht zu gleichen Teilen aus gelber und brauner Senfsaat und wird mit Wein oder Branntweinessig und Salz abgerundet. Der leicht-würzige Geschmack eignet sich besonders für Rinderrouladen.

Milder Senf wird ebenfalls als Delikatess- oder Tafelsenf veräußert. Er wird überwiegend aus Gelbsenfsaat hergestellt und vorrangig für Senfsoßen verwendet.

Süßer Senf ist eine bayrische Spezialität. Gelber und brauner Senf wird grob gemahlen, geröstet und anschließend mit Zucker gesüßt. Mit seinem süßen und karamellartigen Geschmack wird er vorwiegend zu Weißwurst oder als Salatsoße verzehrt.

Auf dem Markt existieren zahlreiche andere Senfsorten wie Kräutersenf oder Champagner-Senf, der mit diversen Zutaten verfeinert wurde. Bei der Bezeichnung von mittelscharfem und mildem Senf als Delikatess- und Tafelsenf gibt es feine Unterschiede, die Feinschmecker beachten sollten: Delikatesssenf ist qualitativ hochwertiger als sein Kontrahent, da er länger gelagert wird und die ätherischen Öle sich somit besser entfalten können.

Die Herstellung von Senf und seine Zutaten

Gewürze, Essig, Salz und ölhaltige Senfkörner sind die Basis bei der Herstellung von Senf. Verschiedene Gewürze, Zucker und die Verwendung von Kräutern, Wein oder Champagner verleihen ihm die diversen Geschmacksnoten.

Die fünf Grundsorten sind von süß bis extrascharf klassifiziert. Bei der Herstellung werden zuerst die gereinigten Senfkörner zwischen Walzen geschrotet und meistens anschließend entölt. Danach vermischt man den Schrot mit den anderen Zutaten und bringt die Maische zum Fermentieren. Hier entsteht dann das typische Aroma. Nach dem Fermentieren erfolgt der Arbeitsgang zu einer unterschiedlich glatten Paste. Um die positiven Eigenschaften der ätherischen Öle zu erhalten, darf die Temperatur 500 Celsius nicht übersteigen. Bei anspruchsvollen Herstellern kann der Senf vor seiner Abfüllung dann noch einige Zeit reifen. Senf reift aber auch in der Tube oder im Glas.

Hauptabnehmer sind der klassische Handel, die Gastronomie und mittlerweile auch viele kleine Geschäfte, die sich auf den Vertrieb von speziellen Senfsorten fokussiert haben.

Die Verwendung der Senfkörner

Während des Einlegens bzw. Garens entfalten ganze Senfkörner des schwarzen und weißen Senfs nach und nach ihr pikantes Aroma. Weiße Senfkörner geben dabei Mixed Pickles und Senfgurken die Würze. Die Samen, die vor der Entfaltung ihrer Würze mild- rußig schmecken, werden auch zur Wurstherstellung verwendet. Die englische Küche verwendet am meisten die weißen und gemahlenen Senfkörner. Wird das

Pulver nicht mitgekocht, verrühren es die Engländer mit Wasser zu einer Paste, die dann ähnlich wie der Tafelsenf verwendet wird.

Senf selbst herstellen

Senf selbst herzustellen ist leichter als manch einer denken mag. Sämtliche Geräte, die zur Herstellung benötigt werden, finden sich in einem normalen Haushalt. Eine Küchenwaage, eine Kaffeemühle (elektrisch oder manuell), ein Mörser, einen Zauberstab und eine

Schüssel. Außerdem werden noch Aufbewahrungsmöglichkeiten benötigt. Der Senf kann entweder in saubere Twist Off Gläser abgefüllt werden, dann hält er sich länger, oder als Geschenk bzw. Mitbringsel später in Tonkrüge bzw. in dekorative Gefäße umgefüllt werden. Die Zutaten sind in jedem gut sortiertem Supermarkt zu bekommen. Das wichtigste sind die Senfkörner. Gelbe Senfkörner sind milder als braune oder schwarze Senfkörner. Diese gilt es dann zu Senfmehl zu mahlen. Auch bereits fertig gemahlenes Senfmehl kann benutzt werden. Als weitere Grundzutat benötigt man einen Weißweinessig, Balsamicoweißweinessig, Apfel- oder Fruchtessig. Je nach Qualität bzw. Geschmack, der erzielt werden soll, gibt es hier verschiedene Variationsmöglichkeiten. Selbst billiger Tafelessig würde gehen. Um den Senf cremiger zu bekommen, sollte noch ein bisschen Olivenöl, Rapsöl, Erdnussöl oder Sonnenblumenkernöl zur Hand sein. Zucker, Honig, Salz, Gewürze oder auch frische Zutaten wie Zwiebeln, Peperoni, Kapern, Knoblauch, Früchte usw. runden später den Geschmack ab.

Den größten Fehler den man bei der Herstellung machen kann ist, dass sich beim Mahlen die Senfkörner zu sehr erhitzen und so ätherischen Öle und Aromastoffe vorzeitig flüchtig werden. Um das zu verhindern, sollte beim Mahlen mit der elektrischen Kaffeemühle nicht zu lange am Stück gemahlen werden. Lieber eine kurze Pause einlegen und dann weitermahlen. Wer es gröber mag, kann auch die Senfkörner im Mörser zerstoßen oder manuell in einer Kaffeemühle vermahlen. Um reines Senfmehl zu bekommen, sollten das Mahlgut zusätzlich gesiebt werden. Dies ist aber je nach Geschmack nicht unbedingt nötig. In vielen Senfsorten sind z. B. auch die Hüllen bzw. Schalen enthalten, teilweise sogar ganze Körner. Ganze Gewürze können übrigens problemlos mit in der elektrischen Mühle mit vermahlen werden. Ansonsten ist es praktisch später alle Zutaten mit dem Zauberstab noch mal fein zu rühren, so wird der Senf auch cremiger, noch cremiger wird der Senf mit einem Schuss Öl. Nach dem ansetzten muss der Senf fermentieren. Zum Fermentieren wird der Senf einfach bei Zimmertemperatur 12-24 Stunden offen stehen gelassen, gelegentliches umrühren schadet nicht. Erst jetzt fängt der Senf an nach Senf zu riechen und entwickelt Schärfe. Je länger der Senf dann steht, umso mehr Schärfe entwickelt er. Hier gilt es zu probieren. Nach dem fermentieren den Senf in saubere Twist-Off Gläser füllen. Es dauert ca. 2-4 Wochen bis der Senf seinen völligen Geschmack entfaltet hat.

Basisrezepte für die Senfherstellung

Da die Zubereitung für Senf im Prinzip immer ähnlich ist, erfolgt eine Erläuterung zunächst anhand der Grundrezepte mit einigen praktischen Tipps und Hinweisen.

Grundrezept mittelscharfer Senf

Zutaten

50 g gelbe Senfkörner
5 g Salz (ein gestrichener Teelöffel)
10 g Zucker (ein gestrichener Esslöffel)
30 g Weinessig (5%ig)
40 g Wasser

Zubereitung

Die Senfkörner zu Senfmehl vermahlen. Das feine Senfmehl nun mit Salz, dem Wasser, dem Weinessig und Zucker in ein Gefäß gegeben und kräftig mit einem elektrischen Rührgerät oder einem Mixer verrührt. Je länger gerührt wird, umso besser wird der Senf. Feinschmecker genehmigen sich für diesen Prozess fünf Minuten. Zunächst ist die Mischung noch recht flüssig, sobald das Senfmehl anfängt zu quellen, bekommt die Masse die richtige Konsistenz. Die fertige Mischung 12-24 Stunden offen bei Zimmertemperatur stehen lassen zum fermentieren, oder direkt in saubere Twist-Off Gläser geben. Da das Abschmecken direkt nicht möglich ist, empfiehlt es sich Proben zu entnehmen und zu testen. Senfherstellung ist Erfahrungssache. Senfkörner können über Nacht in Essig und Wasser eingelegt werden, die Mischung dann am nächsten Tag im Mörser oder elektrischen Mixer rühren. Dann ist es ein grober Senf, aber es funktioniert auch. Wenn die Körner einen Tag vor der Zubereitung in den Tiefkühler gelegt werden, lassen sich die Körner noch besser mahlen.

Grundrezept scharfer bis extrascharfer Senf

Für einen scharfen Senf benötigen Sie schwarze oder braune Senfkörner. Bereits während des Mahlens ist der Unterschied hinsichtlich der Schärfe zu bemerken.

Zutaten

25 g gelbe Senfkörner
25 g schwarze Senfkörner
5 g Salz
 10 g Zucker
30 g Weinessig (5%ig)
40 g Wasser

Zubereitung

Je nach Geschmack kann das Mischungsverhältnis der beiden Senfsorten variiert werden. Soll der Senf etwas milder werden, genügen z. B. nur 10 g schwarze Senfkörner und 40 g gelben Senf. Umgekehrt wird es ein ziemlich scharfer Senf. Schwarzer Senf etwas weniger quellfähig als gelber Senf. Das macht sich bei kleineren Mengen kaum bemerkbar. Wird der Senf zu dünnflüssig, weniger Wasser nehmen bzw. Senfmehl nachträglich hinzugeben.

Grundrezept süßer Senf

Beim süßen Senf sollte die Schärfe des Senföls gemildert werden. Um dies zu erreichen, nimmt man das Senfmehl des gelben Senfs und übergießt es mit ca. 70 Grad heißen Wasser und lässt die Mischung ca. fünf Minuten abkühlen. Dadurch verliert das Senfmehl zwar einen Teil seiner Quellfähigkeit, aber nach 1-2 Tagen schmeckt der Senf dann auch nicht mehr so scharf.

Zutaten

50 g gelbe Senfkörner
5 g Salz
25 g Zucker
30 g Weinessig (5%ig)
40 g Wasser

Zubereitung

Je nach Geschmack kann weniger oder mehr Zucker hinzugegeben werden. Die Herstellung funktioniert ansonsten wie bei allen anderen Senfsorten. Einzig beim abschmecken der fertigen Senfmasse ist Geduld gefragt. Es dauert, wie schon beschrieben, 1-2 Tage bevor das Ergebnis fest steht.

Kreative Rezepte für die Senfherstellung

Bayrischer Weißwurstsenf
Das Originalrezept vom Oktoberfest
Zutaten
150 ml Weißweinessig

250 ml Cidre

1 Zwiebel

2 Lorbeerblätter

50 g gelbes Senfmehl

50 g rotes Senfmehl (Ersatz Braunes)

50 g Zucker

2 EL ganze gelbe Senfkörner

1 TL Salz

4 Gewürznelken

Zubereitung
Den Essig zusammen mit dem Cidre, die in Scheiben geschnittene Zwiebel und den Lorbeerblättern aufkochen. Zugedeckt bei schwacher Hitze 30 Min köcheln lassen. Anschließend den Sud passieren und ein wenig abkühlen lassen. Senfmehl und Zucker unterrühren und natürlich das Salz und die ganzen Senfkörner nicht vergessen. Den fertigen Senf mit Gewürznelken in ein Glas geben, gut verschließen und im Kühlschrank zwei Tage ziehen lassen.

Ananas Curry Senf
Eine Delikatesse zu Geflügel, Salat und Fisch.
Zutaten

150 g gelber Senf
50 g brauner Senf
300 g Ananas (frisch oder Dose)
100 ml Portwein (möglichst weißen)
75 g Zucker
300 ml Weinessig
5 TL Curry
4 TL Salz

Zubereitung

Die Senfkörner portionsweise mahlen. Die Ananas würfeln und ca. 10 Minuten köcheln lassen. Den Sud pürieren und passieren. Die Masse mit den restlichen Zutaten in ein Gefäß geben und alles mit einem Zauberstab gut vermischen. Über Nacht offen stehen lassen und dann in Gläser abfüllen oder servieren.

Scharfer Whisky-Senf

Passt hervorragend zu dunklen Braten, Gegrillten oder Bratwürsten.

Zutaten

60 g braune Senfkörner
60 g gelbe Senfkörner
4EL Wasser,
150ml Apfelessig,
150ml Whisky,
125ml Honig
1/2 EL frisch geriebene Muskatnuss, ersatzweise 1 EL Muskatpulver
1 EL Salz
Für körnigen Senf nochmals je 60g braune und gelbe Senfkörner

Zubereitung

Braune und gelbe Senfkörner vermahlen. Das Mehl in einer Schüssel mit dem Wasser verrühren und ca. 30 Minuten quellen lassen.

Senfmischung, Essig, Whisky, Honig, Muskat und Salz mit dem Mixer zu einer gleichmäßigen Paste mischen. Ist der Senf zu trocken, noch etwas Honig zugeben. Soll der Senf körnig werden, zusätzlich je 60gr braune und gelbe Senfkörner zugeben und nochmals mixen, bis die Körner zwar zerkleinert, aber nicht fein gemahlen sind. Zudecken und über Nacht stehen lassen. Evtl. mit etwas Honig befeuchten. In sterilisierte Gläser füllen und luftdicht verschließen. An einem kühlen Ort ca. 3 Wochen reifen lassen. Nach dem Öffnen im Kühlschrank aufbewahren.

Zitronensenf

Eine Spezialität, die hervorragend zu Fisch und Geflügel passt.

Zutaten

150 g gelber Senf

50 g brauner Senf

5 g Korianderkörner

6 Kapseln grüner Kardamom Samen

300 ml Weinessig

100 ml reduzierter Zitronensaft

Zesten (in feine Streifen geschnittenen Schale) von 6 Zitronen

75 g Zucker

5 cm Ingwer frisch gerieben

4 TL Salz

Zubereitung

Die Senfkörner, den Koriander und den Kardamom portionsweise fein vermahlen und mit dem Weinessig verrühren. Die Zesten und den Zucker miteinander verreiben und die restlichen Zutaten hinzugeben. Alles in eine Schüssel füllen und mit dem Zauberstab breiig pürieren zu einer homogenen Masse. Über Nacht offen stehen lassen, durch die Oxidation und Fermentation entwickelt der Senf die Schärfe.

Asiatischer Senf
Der Dip zu Frühlingsrollen, Wok Gerichten oder zu Naan Brot.

Zutaten

150 g gelber Senf

50 g brauner Senf

300 ml Weißweinessig

100 ml Weißwein trocken

75 g Zucker

4 TL Knoblauchpaste

2 TL Chilipulver

1/2 TL 5-Gewürze-Pulver

2 Kaffirlimetten

4 TL Salz

2 EL dunkle Sojasoße

Zubereitung
Die Senfkörner fein mahlen und alle Zutaten gut mit dem Zauberstab mixen. Erst jetzt die Schale von den Limetten abreiben und mit dem frisch geriebenen Ingwer unterrühren. Über Nacht offenstehen lassen und dann in sterilisierte Gläser ca. drei Wochen lagern.

Scharfer Senf mit Knoblauch
Diese Senfvariante passt gut zu Fleischkäse, Gegrilltem oder zu Geflügel.

Zutaten

150 g gelbe Senfkörner

50 g braune Senfkörner

10 Pimentkörner

2 TL Salatkräuter (auch aus der TK)

300 ml Weinessig

100 ml trockenen Weißwein

1 TL Chilipulver

2 TL Knoblauchpaste gut gehäuft

75 g Zucker

4 TL Salz

2 TL Kurkuma

Zubereitung

Senfkörner und Piment fein vermahlen und mit den Kräutern mischen. Die restlichen Zutaten in ein Gefäß geben und zusammen mit dem Mehl zu einer breiigen Masse mixen. Zum mixen eignet sich ein Zauberstab am besten. Damit wird die Masse sehr fein. 12-24 Stunden offen stehen lassen und in Twist-Off Gläser ca. drei Wochen reifen lassen.

Scharfer Apfel-Chili Senf

Passt gut zu Leber, Salaten oder als Zugabe zum Bratenfond.

Zutaten

150 g gelber Senf

50 g brauner Senf

10 Pimentkörner

2 TL Salatkräuter

2 frische Thai Chilis

300 ml Weinessig

100 ml dreifach konzentrierter Apfelsaft

75 g Zucker

2TL Kurkuma , 4 TL Salz

Zubereitung

Senfkörner und Piment fein vermahlen und mit den Kräutern mischen. Die restlichen Zutaten in ein Gefäß geben und zusammen mit dem Mehl zu einer breiigen Masse mixen. Zum mixen ist ein Zauberstab am zweckmäßigsten. Damit wird die Masse sehr fein. 12-24 Stunden offen stehen lassen und in Twist-Off Gläser ca. drei Wochen reifen lassen.

Kräutersenf

Dieser Kräutersenf ist der Senfklassiker. Passt zu Wiener Würstchen, Bratwurst, Spanferkel usw.

Zutaten

50 g gelbe Senfkörner

3 Korianderkörner

5 g Salz

1 Wacholderbeere

10 g Zucker

½ Messerspitze Cayennepfeffer

30 g Weinessig (5%ig)

½ Messerspitze Kurkuma

50 g Wasser

1 Zweig frischer Estragon (wahlweise getrocknet ca. 1 Msp.)

1 Zwiebelscheibe

¼ Lorbeerblatt

1 kleiner Zweig Thymian (wahlweise getrocknet ca. 1 Msp.)

2 schwarze Pfefferkörner

1 Pimentkorn

1-2 Nadeln Rosmarin

Zubereitung

Senfkörner und trockenen ganzen Gewürze fein vermahlen und in 50 ml Wasser kurz quellen. Die restlichen Zutaten in ein Gefäß geben und gut vermischen. Die Senfmasse hinzugeben und mit dem Zauberstab breiig rühren. 12-24 Stunden offen stehen lassen und dann in saubere Twist-Off Gläser füllen und ca. drei Wochen reifen lassen. Je nach Geschmack können die Kräuter und Gewürze beliebig ausfallen. Sie können z. B. auch einen reinen Estragonsenf herstellen oder einen Senf mit grünen Pfefferkörnern. Das Grundrezept ist immer das gleiche und kann beliebig variiert werden.

Passt gut zu gebratenem Rindfleisch mit Pasta.

Senfsauce Dijon

Der Saucenklassiker aus mit dem berühmten Senf aus Dijon.

Zutaten

0,4 L Creme Fraiche

2 große in Würfel geschnittenen Zwiebeln oder Schalotten

3 EL scharfer Senf

1 EL Butter

3 EL fein geschnittenen Petersilie

Frisch gemahlener weißer Pfeffer

Meersalz aus der Mühle

Zubereitung

Die Zwiebeln/Schalotten in Butter leicht Farbe nehmen lassen, Senf und Sahne zugeben. Würzen und kurz aufkochen lassen. Nicht zu lange, da ansonsten das Crème Fraîche gerinnt. Die Sauce würzig abschmecken und eventuell nachwürzen. Petersilie unterrühren.

Senfsauce nach Burgunder Art

Die Senfsauce auf Burgunder Art (frz. Sauce bourguignonne à la moutarde) ist eine ideale Sauce zu gegrilltem Fleisch.

Zutaten

0,5 l trockener Rotwein

1 EL Weizenmehl *(Type 405)*

2 große klein geschnittene Zwiebel oder 2 Schalotten

1 EL Butter

3 EL scharfer Senf

3 EL fein gewiegte, glatte Petersilie

Zubereitung

In einem Topf die Zwiebeln in Butter glasig anschwitzen und mit Mehl bestäuben. Die Zwiebeln sollten eine leichte Färbung annehmen und diese mit dem Rotwein ablösen. Die Schalotten hinzufügen, salzen und pfeffern. Den Saucenansatz 30 Minuten köcheln lassen und durch ein Feinsieb in eine Schüssel passieren. Die Zwiebeln und die Schalotten gut ausdrücken. Die Sauce wieder in den Topf geben, zum Kochen bringen und den Senf unterrühren. Die Sauce abschmecken und eventuell nachwürzen. Die Petersilie unter die Sauce rühren.

Apfel-Senf-Sauce

Passt als Beilage zu Braten oder zu Gegrilltem.

Zutaten

2 säuerliche Äpfel

3 EL. scharfer Senf (z. B. Apfel-Chili-Senf)

1/8 l Sahne

1 kleine Zwiebel

Salz, Zucker

Zubereitung

Die Äpfel schälen und bis zum Kerngehäuse an der feinen Seite der Küchenreibe abreiben. Die Zwiebeln klein hacken und zusammen mit dem Senf und der Sahne verrühren. Das Ganze mit Salz und Zucker abschmecken.

Pfälzer Senfbraten

Zeitaufwendig, aber es lohnt sich.

Zutaten

1 kg Rindfleisch, Oberschale oder dünner Bug
1 TL. Salz
1/4 TL. Pfeffer
4 EL. Orangenkonfitüre
4 EL. Apfelmus
4 EL. Senf (z.B. Apfel –Chili- Senf)
3 EL. Apfelessig
1 TL. Thymian, feingehackt
1 EL. Petersilie, gehackt
2 Zwiebeln
1 Möhre, klein
100 g Knollensellerie
1/8 L Weißwein, trocken
1/4 L Fleischbrühe
4 EL. Creme Fraiche
Salz, Pfeffer, frische gedünstete Apfelachtel

Zubereitung

Backofen vorheizen (E-Herd 200, Umluft 180 Grad). Orangenkonfitüre,

Apfelmus, Senf, Essig, Thymian und Petersilie mit Salz und Pfeffer zu einer Marinade verrühren und damit die Oberseite des Bratens dick bestreichen. Den Braten in einem Bräter auf die mittlere Schiene des vorgeheizten Backofens schieben und ca. 1 ¼ Stunden garen. Zwiebeln, Möhre und Sellerie schälen und würfeln, nach ca. 20 Minuten Garzeit das Gemüse, die Hälfte des Weines und die Fleischbrühe um den Braten gießen. Nach der Garzeit den Braten warmstellen.

Den Bratenfond durch ein Sieb passieren, mit dem restlichen Wein und der Creme Fraiche verrühren und mit den Gewürzen abschmecken. Den aufgeschnittenen Braten auf einer Platte anrichten und mit den gedünsteten Apfelteilen umlegen. Als Beilagen rohe oder gekochte Kartoffelklöße und einen bunt gemischten Salat servieren.

Düsseldorfer Senfrostbraten
Raffiniert und lecker
Zutaten
2 Gemüsezwiebeln
3 EL. würzig-scharfer Senf (z. B. scharfer Senf mit Knoblauch)
4 Scheiben Roastbeef (a 150 g)
4 Eigelb
1 Spritzer Zitronensaft
1 Spritzer Weißwein
500 gr. Butter
2 EL. Bratenfond (fertig aus Glas, Demiglace oder ein bisschen Gemüsebrühe anrühren)
1 Bund Kerbel, fein gehackt
1 Bund Estragon, fein gehackt

Zubereitung
Die Zwiebel in feine Streifen schneiden. Diese dann in einem Topf ohne

Öl und Wasser ca. 3-4 Minuten bei großer Hitze dünsten, die Flüssigkeit abgießen und den Senf unterrühren. Zur Seite stellen.

Zubereitung der Sauce Bernaise zum Überbacken

Eigelb, Zitronensaft, Weißwein in eine runde Aufschlagschüssel geben und über einem Wasserbad cremig aufschlagen. In der Zwischenzeit die Butter in einen Topf geben, auf den Herd stellen und bei mittlerer Hitze klären lassen, das heißt, die Butter muss sich von der Molke trennen, sodass die reine Butter abgeschöpft werden kann. Die nun geklärte Butter langsam mit dem Schneebesen unter die Eigelbmasse rühren, dann den Bratenfond dazugeben. Die Kräuter nach Geschmack und Belieben unterrühren.

Fertigstellung

Jetzt das Roastbeef auf dem Grill oder in einer großen Pfanne von beiden Seiten stark anbraten und mit Salz und Pfeffer würzen. Nun gibt man die Senf-Zwiebel-Masse hinzu, ebenfalls kurz mit anbraten (die Masse darf ruhig ein wenig Farbe bekommen) bevor sie gleichmäßig auf dem Roastbeef verteilt wird. Zum Schluss gibt man 1-2 EL Sauce Bernaise darüber und lässt alles schön goldbraun im Ofen mit Oberhitze (E-Herd ca. 210 Grad) überbacken.

Als Beilage reicht man am besten Bratkartoffeln und Brokkoli.

Ohne Ketchup geht es nicht

Ketchup ist eine Würzsauce, die in nahezu jedem Haushalt zu finden sein ist. Ketchup besteht in der Regel aus Tomatenmark, Essig, Zucker, Speisesalz und Gewürzen. Aromastoffe und Geschmacksverstärker dürfen enthalten sein, aber keine künstlichen Farbstoffe. Als Würzsauce wird Ketchup in der klassischen Küche kaum verwendet, da der intensive Eigengeschmack den Gesamtgeschmack überdecken würde. Klassischerweise wird Ketchup genutzt, um fertige Speisen zu ergänzen. Dazu zählen vor allem Kurzgebratenes, Gegrilltes, Schnitzel, Würstchen, Kartoffelspeisen wie Pommes Frites oder auch Nudelgerichte. Beliebt ist Ketchup auch als Würze für belegte Weißbrote wie Hamburger, Hotdogs und Sandwiches.

Das Wort Ketchup stammt aus dem Indonesischen, dort bedeutet kecap einfach Sauce, wird aber meistens für eine fermentierte Sauce aus schwarzen Sojabohnen verwendet. Diese Bedeutung stimmt mit den frühen Rezepten für Ketchup in englischen Kochbüchern überein. Mit Tomaten hatte Ketchup ursprünglich nichts zu tun. Das erste Rezept für „englischen Ketchup" wurde 1727 in einem Ratgeber für Hausfrauen veröffentlicht. Als Zutaten wurden Sardellen, Schalotten, Weißweinessig, Weißwein und verschiedene Gewürze angegeben. Das Rezept ähnelte dem für eine Fischsauce. 1812 erschien hier dann das erste Rezept für eine Würzsauce auf der Basis von pürierten Tomaten. Möglicherweise wurde es angeregt von Rezepten für italienische Tomatensauce, von denen das erste 1804 in Großbritannien erschienen war. Der Unterschied bestand darin, dass beim Ketchup Essig zugesetzt wurde und das Ergebnis eine haltbare fermentierte Sauce war. Mitte des 19. Jahrhunderts war Tomatenketchup in den USA bereits verbreitet. Der Ketchup wurde in den Haushalten überwiegend selbst hergestellt. Das änderte sich erst Mitte des 19. Jahrhunderts, als Ketchup als Nebenprodukt bei der Herstellung von Tomatenkonserven anfiel und zunehmend industriell hergestellt wurde. Die Zubereitung basierte auf den bekannten Rezepten der Kochbücher. Seit den 1950er Jahren ist Ketchup auch in Deutschland erhältlich.

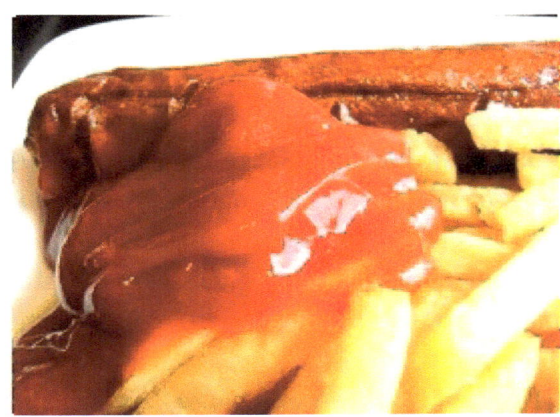

Ein Trick noch am Rande: In Flaschen abgefüllter zähflüssiger Ketchup wird nach ausgiebigem Schütteln der Flasche dünnflüssiger — dieses nicht auf Ketchup beschränkte Phänomen wird wissenschaftlich als Thixotropie bezeichnet. Vereinfacht heißt das, je länger man eine thixotrope Flüssigkeit umrührt, desto dünnflüssiger wird sie. Nach Beendigung der Scherbelastung steigt die Viskosität zeitabhängig wieder an.

Ketchup - Varianten

Es werden heute in Europa und den USA prinzipiell drei Sorten Ketchup unterschieden:

Tomatenketchup

Zwar ist für alle gängigen Ketchuparten die Tomate die Grundlage; der Tomatenketchup rückt die Hauptzutat jedoch in den Vordergrund. Durch moderate Würzung und einen hohen Anteil von Tomatenmark wird der Geschmack besonders „tomatig". Der Tomatenketchup ist in Deutschland mit 70 % des Gesamtangebotes die mit Abstand verbreitetste Ketchupsorte.

Gewürzketchup

Gewürzketchup umfasst alle Arten von Ketchups, deren Zutaten über den normalen Tomatenketchup hinausgehen, wie zum Beispiel durch Zugabe von Gurken, Paprikas, Chilischoten und Zwiebeln. Auch findet sich in Gewürzketchups häufig eine größere Menge an Zusatzstoffen.

Dazu gehört beispielsweise das Barbecue-Ketchup (meist mit der Bezeichnung „Barbecue Sauce"), die „Hot Chili Sauce", die „Steak Sauce" oder das sogenannte Zigeunerketchup, im Handel meist als Zigeuner-Sauce bezeichnet (nicht zu verwechseln mit der originalen Zigeunersauce). Er enthält unter anderem Schalotten, Senf, Sardellenpaste, Paprika und als Hauptcharakteristikum Knoblauch. Diese Variante stammt ursprünglich aus Ungarn, wobei es sich ursprünglich um eine Paprikasoße (Letscho) handelte. Erst als die Tomate dazukam, fand er als „echtes Ketchup" weite Verbreitung.

Curryketchup

Etwa 20 % des in Deutschland angebotenen Ketchups ist Curryketchup. Die Grundrezeptur wird mit darauf abgestimmten Curry-Mischungen ergänzt. Auch werden Curryketchups häufig scharf gewürzt, zum Beispiel durch Zugabe von Cayennepfeffer.

Ernährungsaspekte

Ein Liter industriell hergestellter Ketchup besteht aus etwa 20 Tomaten in Form von Tomatenmark und etwa 200 bis 300 Gramm Zucker. Außerdem enthält 100 g Ketchup etwa  1200 mg Kochsalz. Der Energiewert beträgt etwa 100 kcal auf 100 Gramm. Ketchup beinhaltet neben Vitamin C auch das Carotinoid Lycopin, das verstärkt durch die Erhitzung frischer vollreifer Tomaten bei der Verarbeitung freigesetzt wird. Diesem werden gesundheitsfördernde und krebsrisikosenkende Eigenschaften zugesprochen. Man sollte aber beachten, das große Menge Kalorien hinzukommen, wenn man mit Ketchup würzt. So wird aus dem mageren Putensteak mit der Folienkartoffel und gemischten Salat durch das würzen mit Ketchup und vielleicht noch Zaziki doch noch ein kalorienreiches Gericht.

Pro Jahr verbraucht der Deutsche mehr als drei Flaschen der Würzsauce. Allerdings ist der Genuss von Ketchup nicht das alleinige Problem: Die größeren Bedenken gelten den Nahrungsmitteln, die zusammen mit Ketchup gegessen werden - zum Beispiel Pommes frites oder Currywurst.

Die besten Rezepte mit Ketchup

Tomatenketchup

Der Klassiker. Ergibt ca. drei Flaschen und eignet sich auch als gutes Mitbringsel für die Grillparty.

Zutaten
1 kg Zwiebeln
500 g Staudensellerie
500 g Karotten
2 kg reife Tomaten
4 Chilischoten (Auswahl der Schärfe nach Geschmack)
je 1 TL zerstoßene Pfeffer- und Pimentkörner
6-7 Knoblauchzehen
1 El. Senfpulver
1/4 l Weißweinessig
400 g Rohrzucker

Zubereitung
Zwiebeln, Knoblauch, Sellerie und Karotten grob würfeln. Tomaten und Chili klein schneiden, und in einen ausreichend großen Topf geben.

Wein, Pfeffer und Piment hinzugeben. Zugedeckt etwa eineinhalb Stunden bei kleiner Hitze kochen. Die Masse passieren und Senfpulver, Essig und Zucker dazugeben und auf mittlerer Hitze etwa eine halbe Stunde dicklich einkochen. Bei Bedarf noch etwas nachwürzen mit Salz. Die noch sehr heiße Masse in Gläser oder Flaschen füllen und abkühlen lasse. Der Ketchup hält sich ungeöffnet mehrere Monaten, geöffnet im Kühlschrank rasch verbrauchen.

Schneller Tomatenketchup

Einfach vorzubereiten für die nächste Grillparty als Dipsauce.

Zutaten

1 EL natives Olivenöl

1 mittelgroße Zwiebel

1 Dose gewürfelte Tomaten

1/2 Apfel (z. B. Cox Orange)

1/8 L Apfelessig

1 TL Salz

50 g Zucker

Pfeffer aus der Mühle

2 TL Senf, mittelscharf

Je 1 TL getrockneter Basilikum und Oregano

2 TL mittelscharfer Curry

Zubereitung

Zwiebel würfeln und im Olivenöl glasig dünsten. Apfel grob würfeln und mit den Tomaten dazugeben. Mit Apfelessig auffüllen und mit Salz, Zucker, frisch gemahlenem Pfeffer, Senf, getrocknetem Basilikum, Oregano und Curry abschmecken. Bei mittlerer Hitze im offenen Topf ca. 45 min. ziehen lassen. Dabei öfters umrühren. Die Flüssigkeit soll verdampfen, sodass ein dicklicher Tomatenbrei entsteht. Flüssigkeit passieren und den fertigen Tomatenketchup in Twist off Gläser füllen. Der Ketchup hält ungeöffnet im Kühlschrank mehrere Wochen.

BBQ Ketchup raffiniert einfach

Zutaten

3 kg reife Eiertomaten
600 g Zwiebeln
1 St Knollensellerie
180 g brauner Zucker
4 EL Erdnussöl
0,2 l Rotweinessig
1 Stück Ingwerwurzel
Cayennepfeffer
1 Zweig Thymian
frisch gemahlener Pfeffer
Salz und etwas Hickory Rauchsalz
1 Chilischote, mild
1 TL Curry, mittelscharf

Zubereitung

Einen kleineren Topf mit ungesalzenem Wasser zum Kochen bringen. Die Tomaten kreuzweise einritzen und etwa 1 bis 2 min im kochenden Wasser blanchieren. Mit einem Sieblöffel aus dem Wasser heben, abschrecken, die Haut abziehen und den Stielansatz entfernen. Die Tomaten halbieren, Kerne mit dem Gemüsewasser entfernen und das Tomatenfleisch hacken. Chili fein zerhacken, Zwiebel, Knollensellerie, Ingwer schälen und klein würfeln. Das Gemüse etwa 10 Minuten in dem Fett dünsten lassen, die restlichen Zutaten zufügen und würzen. Nach weiteren 20 Minuten 150 ml Essig zufügen und eine weitere Stunde garen lassen, bis die Sauce dickflüssig wird. Die Sauce mit Essig abschmecken und eventuell nachwürzen. Den Tomatenketchup durch ein Feinsieb in eine Schüssel streichen.

Dann nochmals im Topf aufkochen lassen und vom Herd ziehen. Den Ketchup noch heiß in vorbereiteten Twist Off Gläser randvoll abfüllen. Die Gläser verschließen und etwa 30 Minuten auf einem Küchentuch auf den Kopf stellen. Nach dem Abkühlen die Gläser verstauen.

Ananas-Ketchup
Eine erfrischend andere Ketchupvariante

Zutaten
1 Dose Ananas oder ca. 500g frische

100 g Grüne Paprika

100 g Äpfel

2-3 EL Olivenöl

3 Zwiebeln

250 ml Weißweinessig

10 g Salz

10 g Rohrzucker

80 g Honig (Raps- oder Kleehonig)

1 TL mittelscharfer Senf

1/2 TL Curry (scharf)

2 TL feingehackte Minze

3 Zweige Zitronenmelisse

2 Nelken

Speisestärke

Zubereitung
Zwiebeln und Paprika grob würfeln und in einem großen Topf glasig dünsten. Frische Ananas quer zur Faser in Würfel schneiden und dazu-

geben. Bei der Verwendung von Ananas aus der Dose erst das Wasser abgießen. Jetzt die restlichen Zutaten dazugeben und alle Zutaten bei kleiner Hitze ca. eine Stunde garen lassen. Die Masse durch ein feines Sieb passieren und nochmals ca. 10 Minuten garen lassen. Sollte die Masse zu dünnflüssig sein, etwas Speisestärke einrühren. Nochmals abschmecken und den heißen Ketchup in Twist Off Gläser abfüllen.

Kürbis - Ketchup
Ketchup mal anders. Passt hervorragend zu gebratenen oder gegrillten dunklem Fleisch.

Zutaten
1 kg Kürbisfleisch
500 ml Apfelessig
400 g Gelierzucker, einfach
2 TL Lebkuchengewürz
2 TL Cayennepfeffer
1 TL Zitronenschale

Zubereitung
Das Kürbisfleisch klein schneiden und mit dem Essig ca. 20 Minuten kochen lassen. Die Masse mit dem Zauberstab pürieren. Jetzt den Gelierzucker und die Gewürze dazugeben. Unter gelegentlichen umrühren weitere 10 Minuten kochen lassen und den noch heißen Ketchup in die Flaschen füllen und verschließen.

Dipsaucen, Relihs, Marinaden und Rubs

Steak Marinade

*Die Marinade reicht für ca. 6 mittel-
große Steaks.*

Zutaten

1 Kg Hüftsteak

1 Bund Frühlingszwiebeln

3 Knoblauchzehen

1 Tasse Ketchup

1 halbe Tasse Weinessig

1 Teelöffel Worcestershire Sauce

1 halber Teelöffel Chilipulver

1 TL scharfer Senf

1 TL Salz

2 TL gemischte Kräuter (Oregano,
Thymian, Rosmarin, Basilikum z. B.)

Zubereitung

Die Frühlingszwiebeln und den Knoblauch in Stücke schneiden. In Butter glasig braten. Die übrigen Zutaten in eine flache Schüssel geben und
die Butter mit Zwiebeln und Knoblauch hinzugeben. Die Steaks in der
Marinade wenden. Ca. 6 Stunden marinieren.

Tomaten Chili Sauce

Zutaten

750 g reife Tomaten

1 bis 2 Chilischoten

2 Knoblauchzehen

60 g brauner Zucker

4 EL frischer Basilikum gehackt
Salz

Zubereitung
Frische Tomaten häuten und sehr klein schneiden. Den Knoblauch und die Chilischoten fein hacken. Die Tomaten zusammen mit dem Knoblauch und den Chilischoten langsam erwärmen. Den Zucker unterrühren, bis er sich aufgelöst hat. Die Relish-Sauce einmal kurz aufkochen und danach 20 Minuten bei schwacher Hitze eindicken lassen. Basilikum dazugeben und mit Salz abschmecken. Das Tomaten - Chili Salsa kalt oder warm servieren als Dipp zum Grillen.

Biermarinade
Marinade für ca. 1 kg Fleisch, z. B. Nackenkotelett oder Hüftsteak.
Zutaten
200 ml Becks Bier
3 EL Senf
1/2 Zwiebel
1 Lorbeerblatt
5 Wacholderbeeren
3 Knoblauchzehen
2 getrocknete Chilischoten
3 EL Sonnenblumenöl
Salz, Pfeffer

Zubereitung
Zwiebel halbieren und in feine Streifen schneiden. Den Knoblauch pressen. Die Chilischoten zerkleinern. Die Flasche Bier (0,33l) öffnen, einen großen Schluck nehmen und den Rest in eine Schüssel schütten. Alle weiteren Zutaten bis auf das Sonnenblumenöl in die Schüssel geben.

Verrühren, bis sich alles vermischt hat. Die Biermarinade mit Salz und Pfeffer abschmecken. Anschließen das Sonnenblumenöl hinzugeben und verrühren. Die Steaks (Rind oder Schwein) in die Schüssel mit der Marinade geben. Darauf achten, dass die Steaks von der Marinade umschlossen sind. Je länger sie in der Biermarinade ziehen, desto besser der Geschmack.

BBQ-Würzmischung

Die Zutaten reichen für ca. 1 kg Geflügel-, Schwein- oder Rindfleisch für den Grill.

Zutaten

2-5 EL Zucker, braun

2 TL Senf - Pulver

2 TL Zwiebelpulver

2 EL Paprikapulver

2 TL Knoblauchpulver

1.5 TL Basilikum, getrocknet

1 TL Lorbeerblätter, gemahlen

1 TL Koriander, gemahlen

1 TL Bohnenkraut, getrocknet

1 TL Thymian, getrocknet

1 TL Pfeffer, schwarz, frisch gemahlen

1 TL Pfeffer, weiß, frisch gemahlen

1 Msp. Kreuzkümmel, gemahlen

1-2 TL Rauchsalz

Zubereitung

Alle Zutaten in einer Schüssel vermengen. Dann das Ganze mit Olivenöl aufgießen, vermischen und es gut mit den Gewürzen, Fleisch, Geflügel oder Fisch vor dem Grillen mit der Mischung einreiben. Kann in einem luftdichten Behälter ca. 4 Monate aufbewahrt werden.

Klassischer BBQ Rub

Passt gut zu Geflügelfleisch. Menge reicht ca. für ein Kg.

Zutaten

1 Tasse Paprika edelsüß

1 Tasse Salz grob

2 EL Pfeffer bunt frisch gestoßen

2 EL Knoblauch Granulat

1 Tasse brauner Zucker

1 EL Cumin gemahlen (Kreuzkümmel)

3 EL Chili Flocken

Zubereitung

Einfach alles zusammen in den Mörser und zerdrücken.

Amerikanische Sauce für Rippchen

Reicht für ca. 1,5 kg Rippen.

Zutaten

1/2 Tasse Tomatenketchup

2 EL brauner Zucker

2 TL. Senf

1 TL. Oregano

1/4 TL. Cayennepfeffer

Salz

Zubereitung

Die Rippchen werden während des Grillens mit der Mischung bestrichen. Darauf achten, dass die Soße möglichst dick auf dem Fleisch antrocknet.

BBQ Marinade

Diese Marinade eignet sich für Pute, Kalb, Lamm, Schweinefleisch, Kaninchen und Hähnchen.

Zutaten

Ca. 1 kg Fleisch nach Wahl

250 ml Olivenöl

1 EL Salz

1El Zucker

2 EL Aceto Balsamico

1 Zwiebel

2 TL Oregano

2 Knoblauchzehen

2 EL Tomatenmark

Cayennepfeffer

Zubereitung

Öl, Salz, Zucker, Balsamico, Oregano, Tomatenmark und Cayennepfeffer verrühren. Das Fleisch in einen Behälter legen, die Zwiebel und den in Scheiben geschnittenen Knoblauch dazwischen geben. Anschließend mit der Marinade übergießen und einen Tag im Kühlschrank aufbewahren. Das Fleisch sollte mindestens einen Tag eingelegt werden.

Essig & Öl

Essig & Öl

Oliven und Olivenöl

Das Prinzip der Herstellung von Olivenöl wurde bereits vor ca. 1000 Jahren entwickelt. Mit Hilfe von Molazzen (Ölmühlen) wurden und werden heute noch die Oliven zerquetscht. Diese wurden früher von Tieren oder auch Wasserkraft angetrieben. Heute erledigen moderne Motoren diese Arbeit. Die Wannen, in der sich die Mühlensteine befinden, müssen mit einer gewissen Menge an Oliven gefüllt sein. Diese Menge beträgt je nach Größe der Wanne zwischen 250– 300kg. Nachdem die Paste etwa eine Stunde durchgemischt wurden ist, hat diese eine geschmeidige Konsistenz bekommen (Gramolatura). Jetzt kann die Olivenpaste in einen Behälter gefüllt werden und die Mühle eine weitere Menge Oliven bearbeiten. Die Paste wird nun auf Filterscheiben (Fiscoli) aufgetragen. Dabei werden ca. 20 Filterscheiben in einem gelochtem Stahlzylinder übereinander gelegt. Jetzt werden die Türme in eine hydraulische Presse gebracht, die mit einem Druck zwischen 180 und 400 Bar das Olivenöl hinaus presst. Öl und Wasser sammeln sich zusammen mit Pressrückständen in einer weiteren Wanne. In einer Zentrifuge wird alles, was nicht zum fertigen Produkt gehören soll (Wasser und Pressrückstände), entfernt. Das trübe Produkt dieses Vorgangs wird in Glasbehältern gesammelt und als Novello bezeichnet. Da es früher noch keine Zentrifugen gab, wurde das Novello in großen Becken aus Stein oder Marmor gesammelt. Aufgrund seiner hohen Dichte setzten sich das Wasser und die Pressrückstände am Boden des Steinbeckens ab. Von der Oberfläche konnte nun das Olivenöl abgeschöpft werden.

Die richtige Lagerung des Olivenöls ist ebenfalls wichtig. Olivenöl muss kühl und dunkel gelagert werden. Die Temperatur sollte die 8-°C-Grenze nicht unterschreiten, da das Öl ansonsten dickflüssig wird. Nach einer Zeit setzen sich die restlichen Pressrückstände ab und es wird klar. Erst jetzt kann es in Flaschen abgefüllte werden.

Die moderne Herstellung von Olivenöl

Da die traditionelle Herstellung sehr zeit- und kostenaufwendig ist, wird sie nur noch in wenigen Betrieben praktiziert. Heute arbeiten meist nur noch alte Familienbetriebe nach der traditionellen Methode. Die Mühlen sind durch modernste Geräte ersetzt, bedienen sich aber dem mechanischen Verfahren der der Ölgewinnung durch Pressung. Man kann mit diesen Pressen Qualität und Geschmacksrichtung bestimmen und mit einer einzigen Pressung herstellen. Die Dauer des Zerkleinerungsprozesses richtet sich nach der verwendeten Olivenhauptsorte. Je reifer die Olive, umso weniger Zeit wird für das Mahlen und Zerkleinern benötigt. Die Pressung ist kalt, und erreicht nur eine Wärme von etwa 28 °C. Eine warme Pressung gibt es nicht mehr. Heute werden Pressen mit 2-3 Endlossystemen genutzt. Darin wird die in der Olive enthaltende Flüssigkeit, bestehend aus Fruchtwasser und Öl, vom Restbrei getrennt. Zur besseren Trennung beim Zentrifugieren wird dem Saft noch kaltes Wasser zugegeben, ist dieses Wasser warm, dann erhöht sich die Ausbeute, das Olivenöl ist dann aber nicht mehr kalt gepresst. Das frisch gepresste Öl ist noch grasgrün und trüb. In diesem Zustand ist es noch nicht für den Verzehr geeignet. Es wird zunächst über eine Zeit von mehreren Wochen gelagert, damit sich die enthaltenen Schwebstoffe absetzen können. Nach anschließender Lager- und Filterung kann das auf diese Weise geklärte Öl unmittelbar in Flaschen abgefüllt werden. Die Lagerung erfolgt lichtgeschützt und gekühlt. Diese Methode beinhaltet keinerlei Qualitätsverlust, und ermöglicht eine kostengünstige und schnelle Verarbeitung der Frucht. Aus den Rückständen aus Presse und Zentrifuge lässt sich mit verfeinerten Methoden nochmals Öl gewinnen.

Mengen, Erzeugerländer und die Olivenöl- industrie

Der Olivenbaum kommt ursprünglich aus dem Süden von Vorderasien. Heutzutage findet man sie vor allem in Europa, aber auch vereinzelt in Nord- und Südamerika, Japan und Australien. Mit 215 Millionen Olivenbäumen ist Spanien weltweit größter Olivenölproduzent, dicht gefolgt von Italien und Griechenland. 82 % des spanischen Olivenöls kommt aus der andalussichen Hauptstadt Jaén. In der Provinz befinden sich auch die meisten der 22 Anbau- und Erzeugerregionen Spaniens. Aber auch in Portugal und Frankreich ist die Olivenölgewinnung fester Bestandteil der Wirtschaft.

Außerhalb der EU produzieren nur die Türkei, Syrien und Marokko nennenswerte Vorräte an Öl. Auf der ganzen Welt gibt es schätzungsweise 800 Millionen Olivenbäume. Mehr als 50 % davon wachsen in der EU. Die Olive wird fast ausschließlich als Öllieferant genutzt, nur 10 % der Oliven finden als Speiseoliven in den Regalen der Läden wieder. Spanien produziert ca. 955.200 Tonnen, Italien 626.800 Tonnen und Griechenland 438.500 Tonnen Olivenöl. Im Jahr werden im Durchschnitt circa 2,5 Millionen Tonnen Olivenöl produziert. Durchschnittlich 80 % dieser Menge kommt aus den Staaten der EU.

Die Klassifizierung von Olivenöl

Bei der Gewinnung von Olivenöl werden sehr unterschiedliche Qualitäten erreicht. Um Missbrauch zu vermeiden und den Verbraucher zu informieren bzw. zu schützen, wird in Europa nach EU-Verordnung 01/1513 das Olivenöl in neun verschiedene Güteklassen (Kategorien) klassifiziert.

Kategorie I

Natives Olivenöl Extra. Dies ist die beste Qualitätsstufe, die erreicht werden kann. Das Öl wurde naturrein und unbehandelt durch Kaltpressung und ohne großartige Temperatureinwirkung hergestellt. Es stammt aus der ersten Pressung. Der Säuregehalt darf die 1-%-Marke nicht überschreiten, es gibt sogar Öle, die weniger als 0,8 % Säure beinhalten. Diese sind besonders gesund und eignen sich sehr gut für den Verzehr. Doch nur Öle, deren Aroma, Geschmack und Farbe makellos sind, erreichen die erste Kategorie.

Kategorie II

Natives Olivenöl. Auch die zweite Güteklasse verspricht feinste Qualität. Das Native Olivenöl wird ebenfalls durch Kaltpressung hergestellt, und aufgrund der geringen Temperatureinwirkung sehr schonend. Auch hier dürfen Aroma, Geschmack und Farbe keine Makel aufweisen. Der einzige Unterschied besteht darin, dass das Native Olivenöl einen Säuregehalt unter 2 % haben darf. Es ist ausgezeichnet für den Verzehr geeignet.

Kategorie III

Gewöhnliches Natives Olivenöl. Dies ist genau wie seine beiden Vorgänger durch Kaltpressung hergestellt worden. Auch hat man es keiner enormen Temperatureinwirkung ausgesetzt, von daher war eine schonende Herstellung gewährleistet. Hierbei gibt es keine außerordentlich strengen Regelungen für den Säuregehalt (höchstens 3,3 %), doch auch dies kann man optimal genießen.

Kategorie IV

Lampantöl, ist deutlich fehlerhaft. Es entsteht aus verdorbenen und überreifen Oliven, welche vom Boden aufgesammelt und aufkehrt wurden. Nicht nur der Geschmack und Geruch dieses Öls halten vom Verzehr ab, sondern auch der hohe Säuregehalt. Lampantöl darf mehr als 3,3 % an gesättigten Fettsäuren enthalten. Dies macht einen Verzehr absolut unratsam. Zur Weiterverarbeitung muss das Öl raffiniert werden.

Kategorie V

Raffiniertes Olivenöl. Es wird durch Raffinieren von naturreinem Öl gewonnen. Doch dabei gehen Geschmacks- und Aromaanteile verloren, und man kann dieses Öl nicht so wie das der ersten drei Güteklassen genießen. Doch dies heißt nicht gleich, dass es nicht für den Verzehr geeignet ist. Denn beim Raffinieren entstehen recht hohe Temperaturen, von daher kann das Öl Temperaturen von bis zu 210 °C aushalten und ist somit sehr hitzebeständig. Deswegen ist es ausgezeichnet fürs Braten und Frittieren geeignet.

Kategorie VI
Olivenölmischung aus raffinierten Öl und nativen Olivenöl. Je nach Sorte treten verschiedene Mischverhältnisse auf. Wer besonders Wert auf den typischen Geschmack von Olivenöl legt, sollte von daher Acht geben, dass der Anteil von nativem Olivenöl möglichst hoch ist. Doch damit sich der Verkauf lohnt, werden höchstens 2 % Natives Olivenöl beigemischt. Der Säuregehalt darf die 1,5 % nicht überschreiten.

Kategorie VII
Rohes Oliventresteröl. Aus dem festen Rückstand der Kerne, Schalen und des Fruchtfleisches (auch genannt Trester), wird mittels verschiedener Lösungsmittel Öl gewonnen. Das Öl ist absolut nicht zum Verzehr geeignet.

Kategorie VIII
Raffiniertes Oliventresteröl. Rohes Oliventresteröl wurde raffiniert und dies ist das Endprodukt daraus. Dem Öl fehlt es an Geschmack und Aroma, von daher kann man es verzehren, doch es wäre nicht empfehlenswert. Dies hat ein Gehalt von 0,3 g pro 100g an freien Fettsäuren.

Kategorie IX
Oliventresteröl ist eine Mischung aus nativem Olivenöl und raffiniertem Oliventresteröl. Der Gehalt an freien Fettsäuren darf die ein Prozent Marke nicht überschreiten. Das Öl ist zum Verzehr geeignet, doch hat nicht die Qualität von Olivenöl der Kategorien 1,2,3 und 6.

Die kulinarischen Olivenölsorten

Mit einem guten Olivenöl ist es wie mit einem Wein. Die Lage, die Verarbeitung und die Sorte sind maßgeblich für den Geschmack. Kenner beschreiben Olivenöl deshalb wie Wein. Dabei sorgen außergewöhnliche regionale Unterschiede nicht nur für vielfältigste Aromen, auch die konkurrenzlose Vielfalt von mehr als 1000 Olivensorten, deren Aromen stark variieren, lassen Feinschmeckerherzen höher schlagen. Die gewonnenen Olivenöle können in Duft und Geschmack mild, fruchtig und süß sein, Kenner identifizieren „einen lebendigen Grünton" oder auch ein „zartes Mandelaroma". Einige Sorten ergeben ein aromatisches Öl mit kräftigen, holzigen oder pfeffrigen Noten. So sind z. B. Cornicabra, Empeltre, Picual und Arbequina spanische Sorten. Griechische Sorten sind z. B. Konservolia, Kalamon und Mastoidis . Türkische Sorten sind z. B. Cekiste, Domat, Erkence und Uslu. Italienische Sorten sind z. B. Taggiasca, Coratina, und Ogliorola. Französische Sorten sind z. B. Cailletier und Tanche. Inzwischen gehen manche Erzeuger von Spitzenölen sogar dazu über, auf dem Etikett Auskunft über Lage, Sorte usw. zu erteilen. Es gibt jährliche Wettbewerbe und prämierte Öle. Wer sich entsprechende auf dem Markt umschaut, wird auch erkennen das vielfach von kleinen Ölmühlen Spitzenolivenöle produziert werden. Es gleicht einer Wissenschaft das richtige Olivenöl auszusuchen, da einigen Sorten z. B. speziell für Salate oder für die Herstellung von Mayonnaise empfohlen werden. Grundsätzlich haben alle Spitzenöle ein gemeinsames Merkmal: Güteklasse I; Natives Olivenöl Extra!

Tropföl

Wird die Olivenpaste auf runde Matten aufgebracht und diese Matten zu Türmen aufgeschichtet, dann wird das Öl nur durch das Eigengewicht der aufgeschichteten Matten herausgepresst. Dieses Öl wird

Tropföl, bzw. etwas romantisch „Flor de Aceite" (dt. „Blume des Öls")
genannt. Dabei handelt es sich nicht um eine geschützte Güteklassifi-
zierung, sondern schlicht um Öl der Kategorie I. Tropföl wird heutzutage nur noch selten hergestellt. Hier spielen auch hygienische Gründe
eine Rolle.

Aromatisiertes Olivenöl

Es ist möglich, den Geschmack des Olivenöls nochmals zu verfeinern.
Aromatisiertes Olivenöl kann man entweder im Handel kaufen oder
selbst herstellen. Zur Selbstherstellung braucht man weder teure Ge-
rätschaften, noch besonders viele Fachkenntnisse.
Man benötigt hierzu eine verschließbare Weißglasflasche, Öl der Güteklasse I-III und den Geschmacks- bzw. Aromaträger. Dies sind dann die
verschiedenen Obst- oder Kräutersorten sein. Je nachdem mit welchem
Aroma man das Öl verfeinern will. Man sollte nur darauf achten, dass
die Menge reicht, um die Hälfte der Glasflasche aufzufüllen. Den Rest
mit Öl auffüllen und die Flasche verschließen. Die Glasfalsche sollte
dann für 2-3 Wochen an ein möglichst sonniges Fenster gestellt werden. Es gibt viele verschiedene Sorten, besonders bekannt sind Rosmarin, Basilikum und Salbei. Aber auch Trüffel, Steinpilze, Knoblauch, Zitrone, Chili und Gewürzmischungen finden ihren Weg in das Öl.

Die vielseitige Verwendung von Olivenöl

Den meisten ist die Verwendung des Olivenöls nur in der Küche ein Begriff, doch es wird auch noch in vielen anderen Bereichen eingesetzt. In der Küche benutzt, wirkt sich das Öl vor allem auf die Cholesterinwerte positiv aus. Doch nicht nur innerlich verfügt es über außerordentliche Heilkräfte, sondern auch äußerlich. Wird das Öl auf die Haut aufgebracht, bindet es auch in tieferen Hautschichten die Feuchtigkeit der Haut. Bei trockener Haut ist es sehr wirksam. Ein weiterer Anwendungsbereich ist die Möbelpolitur. Alte Holzbilderrahmen müssen nicht mehr auf den Sperrmüll gebracht werden, sondern man kann sie ganz einfach abseifen und mit Olivenöl einreiben. Das Endprodukt kann sich sehen lassen. Auch wird es als Fleckenentferner eingesetzt. Vorbei ist die Zeit, in der man sich mit ätzenden Stoffen säubern muss. Stattdessen sollte man es mit Olivenöl versuchen, denn dies ist nicht nur umweltfreundlich, sondern wirkt sich auch schonend auf die Haut aus. Ebenfalls kann man es zur Schuhpflege an einem trockenen Schuh verwenden. Dazu nimmt man ein Tuch und tränkt es in Olivenöl. Anschließend nutzt man dieses Tuch zum Polieren und der Schuh sieht wieder wie neu aus. Olivenöl wird außerdem auch als Medikament eingesetzt. Die Einnahme von zwei Esslöffeln lässt ihre Verstopfung schon bald verschwinden.

Die Olive zum Essen

Für Feinschmecker ist die Olive eine wichtige Zutat zum Essen, als Beilage ein Genuss oder einfach nur als Snack für zwischendurch ein wahres Geschmackserlebnis. Schwarze Oliven sind die voll ausgereiften Versionen der ehemals grünen bzw. olivgrünen bis bläulich-bräunlichen Früchte. Allerdings sind auf dem Markt auch viele unreife, mit Eisengluconat schwarz gefärbte Oliven erhältlich - die Kenntlichmachung auf der Zutatenliste ist vorgeschrieben. Die unreifen Oliven sind nach dem

Einlegen nicht weniger genießbar, schmecken jedoch anders, weswegen der Unterschied der oxidierten zu echten schwarzen für den Kenner deutlich ist. Speiseoliven werden eingelegt in würzige Kräuter, oder z. B. gefüllt mit Knoblauch, Feta, bzw. Paprika. Außerdem wird die Frucht z. B. zu Tapenade (Olivenpaste) verarbeitet, in Olivensauce mitgekocht, als Olivenbutter zubereitet oder einfach ganz auf das Essen gegeben. Der Geschmack der Olive vielseitig nutzbar. In der ganzen mediterranen Küche finden sich zahlreiche Rezepte mit Oliven als Zutat.

Frische Oliven selbst einlegen

Wer kann, sollte probieren Oliven selbst einzulegen. Es ist zwar nicht einfach frische Oliven zu bekommen, aber es lohnt sich. Alles was dazu benötigt wird sind Salz, Natronlauge, Gewürze und natürlich geeignete Oliven. Fragen Sie im zweifelsfrei nach, ob die Oliven zur Herstellung von eingelegten Speiseoliven geeignet sind. Einige Sorten eignen sich eher zur Speiseölherstellung oder lohnen sich geschmacklich nicht.

Die Zubereitung

Es gibt zwei Verfahren zur Herstellung von eingelegten Speiseoliven. Die Abkürzung, bzw. die kommerzielle und schnelle Lösung, ist das Einlegen in Natronlauge. Die zuvor verlesenen und gesäuberten Oliven in einen Behälter aus Ton, Glas oder Plastik geben. Dazu mischt man 100g Natronlauge auf 5L Wasser und übergießt die Oliven damit. Mit der ätzenden Natronlauge sollte vorsichtig umgegangen werden. Gut mischen und 24 Stunden stehen lassen. Dann die Lösung abgießen und frische Lösung einkippen. Das Ganze sollte mehrmals wiederholt werden. Nach 4 Tagen können dann die Oliven abgespült werden und in frisches Wasser eingelegt werden. Diesen Vorgang ca. 6 Tage wiederholen. Dann eine starke Salzlösung bereiten (ca, 7-8 EL Salz/L Wasser),

Kräuter o. ä. dazugeben und die gewaschenen und abgetropften Oliven ca. 2 Wochen zugedeckt stehen lassen. Jetzt sind sie fertig zum Essen.

Die andere Methode kommt ohne Natronlauge aus, dauert dafür aber wesentlich länger. Die verlesenen Oliven leicht anschlagen mit einem Stein oder Hammer. Waschen und in ein Gefäß aus Ton, Plastik oder Glas geben. Soviel dazugeben, bis die Oliven vollkommen bedeckt sind. Das Wasser sollte alle paar Tage gewechselt werden. Nach ca. vier Wochen schmecken die Oliven nicht mehr bitter. Jetzt kann wie bereits beschreiben eine Salzlösung mit Kräutern oder Früchten aufgesetzt werden und nach ca. einer Woche sind die Oliven dann fertig zum Essen. Tipp: Die Zugabe von unbehandelten Zitronen verhindert das dunkelwerden der Oliven. Sofern die Oliven immer mit Salzwasser bedeckt sind, halten sie etliche Monate. Falls sich oben eine weiße Schicht bildet, einfach abheben, die Schicht schadet den Oliven nicht.

Rezepte mit Oliven und Olivenöl

Eingelegte Oliven
Verfeinern Sie für die nächste Party die Oliven einfach selbst.

Zutaten
250 g große grüne und nicht gefüllte Oliven
2–3 Schalotten
3–4 frische Knoblauchzehen
3 EL Rotweinessig
3 EL natives Olivenöl
1 kleines Lorbeerblatt

Zubereitung
Die Oliven in ein Sieb geben und abtropfen lassen. Die Schalotten und
den Knoblauch schälen und fein hacken. Falls die Oliven nicht entkernt
sind, die Kerne entfernen.
Oliven, Schalotten und Knoblauch zusammen in einen kleinen Topf
geben. Den Essig, das Olivenöl und nach Belieben das Lorbeerblatt dazugeben, alles gut miteinander vermengen; und dann vorsichtig mit
Wasser auffüllen, bis die Oliven gerade so bedeckt sind. Zum Kochen
bringen, dann offen bei kleiner Hitze alles köcheln und das Wasser etwas verdampfen lassen. (Je länger, desto besser; von dem Wasser darf
nicht viel übrig bleiben.)
Alles in ein Einweckglas füllen, abdecken, einige Tage lang stehen lassen und durchziehen lassen.

Zum Anrichten die eingelegten Oliven in eine, oder mehrere kleine Schalen füllen; dabei nach Belieben etwas von der Essig-Öl-Marinade mit dazugeben.

Zitronen-Orangen-Oliven

Zitronen-Orangen-Oliven sind fruchtige Oliven, die man als Tapas oder als Beilage zu einem spanischen Menü reichen kann. Aber auch bei einer Grillparty kann man sie servieren.

Zutaten

2 TL Fenchelsamen
2 TL Kreuzkümmelsamen
250 g grüne Oliven
250 g schwarze Oliven
eine unbehandelte Orange
eine unbehandelte Zitrone
3 Schalotten
1 Prise Zimt
4 EL Weißweinessig
5 EL Olivenöl
2 EL Orangensaft
1 Stiel frische Minze
1 Stiel frische Petersilie

Zubereitung

Die Samen des Fenchels und des Kreuzkümmels in einer Pfanne ohne Fett unter ständigen Rühren anrösten, bis sie aufplatzen. Aus der Pfanne nehmen und abkühlen lassen. Die Zitrone und die Orange waschen und die äußere Schicht der Zitrone und der Orange abreiben. In einer

Schüssel die Oliven mit der Fruchtschale, den Schalotten, dem Zimt und den angerösteten Samen verrühren.

Die Minze und die Petersilie waschen und trocknen, die Blätter von den Stielen zupfen und klein schneiden. Essig, Olivenöl, Orangensaft, Minze und Petersilie in einer Schüssel verquirlen und über die Oliven geben. Gut verrühren und abgedeckt zwei bis drei Tage kaltstellen.

Olivenpesto

Der Klassiker zu Pasta, Penne und Co.

Zutaten

150 g schwarze Oliven
1–2 Schalotten
2 Knoblauchzehen
2 EL Parmesan oder Pecorino
1 EL Balsamicoessig
5–6 EL Olivenöl (Typ virgine)
1–2 frische oder getrocknete Chilischoten
1/2 Bd. glatte Petersilie
1/2 Bund Basilikum
frisch gemahlenes Meersalz, frisch gemahlener schwarzer oder weißer Pfeffer

Zubereitung

Die Oliven entkernen und vierteln, Knoblauch, Schalotten schälen und halbieren.

Die Petersilie und das Basilikum putzen, waschen, durch Ausschlagen trocknen und hacken.

Alle Zutaten in einen Mixbecher geben und fein mixen. Abschmecken und eventuell nachwürzen. Mit Zitronensaft nachsäuern. Die Pestomenge ist ausreichend für ca. 500g Pasta oder ca. 800 g Gnocchi. Zum aufbewahren das Pesto in ein gut verschließbares Glas geben und mit Olivenöl auffüllen. Hält ca. 2 Wochen im Kühlschrank.

Mediterrane Hühnerbrust

Mediterrane Hühnerbrust ist ein Rezept mit typischem mediterranem/spanischem Geschmack.

Zutaten

4 große Hühnerbrüste
0,1 l trockener Weißwein (alternativ auch Rotwein)
100 g schwarze geschnittene Oliven (im Sud)
1 Glas Kapern
1 Glas Pesto von getrockneten Tomaten
1 große Dose gewürfelte Tomaten
1-2 TL Instant-Hühnerbrühe
4 EL Olivenöl
frisch gemahlener Pfeffer und Salz aus der Mühle

Zubereitung

Die Hühnerbrüste entweder im Ganzen oder in Streifen geschnitten im Olivenöl 4–5 Minuten scharf anbraten und anschließend bei etwas reduzierter Hitze gar braten. Den Fond mit Weißwein ablöschen. Die Tomatenwürfel mit der Flüssigkeit und das Pesto hinzufügen. Etwa 5 Minuten unter leichtem Rühren köcheln lassen.
Die Oliven und die Kapern hinzufügen. Mit Pfeffer, Salz und Hühnerbrühe abschmecken.

Als Beilagen eignen sich Reis, besser Safranreis, Penne oder andere Nudelsorten und Weißbrot. Dazu passt ein gekühlter, trockener Rose Wein.

Oliven im Knuspermantel

Die ummantelten Oliven sind leckerer Fingerfood am Buffet.

Zutaten
150 g Mehl
125 g kalte Butter
250 g geriebener Parmesan
Salz
edelsüßes Paprikapulver
200 g entsteinte paprikagefüllte Oliven

Zubereitung
Mehl in eine Schüssel sieben und mit Butter, Käse, Salz und Paprika zu einem glatten Teig verkneten. Den Teig in Folie wickeln und eine Stunde im Kühlschrank ruhen lassen.
Den Ofen auf 220 Grad vorheizen. Die Oliven abtropfen lassen. Den ausgeruhten Teig zu Rollen, etwa 5 cm im Durchmesser, formen und etwa 1 cm dicke Scheiben abschneiden. In jede Scheibe eine Olive drücken, Teig darum legen und zwischen den Handflächen zu einer Kugel rollen.
Auf ein mit Backpapier belegtes Backblech im vorgeheizten Ofen bei 220 °C ca. 20 min backen. Heiß oder kalt servieren.

Olivenkuchen

Ein würziger Kuchen auf Pizzabasis.

Zutaten

250 g entkernte schwarze Oliven

250 g gekochten Parmaschinken, ersatzweise Kochschinken

4 Eier

250 g gesiebtes Mehl (Typ 405)

1 fein gehackte Zwiebel

Knoblauch

2 TL Backpulver

2 EL Weißwein

1 grobes Salz aus der Mühle

4-6 EL Olivenöl

125 Gramm geriebenen Parmesan

Zubereitung

Eiweiß und Eigelb trennen. Das Eiklar mit einer Prise Salz zu festem Schnee schlagen. Das Eigelb mit Salz und Wein schaumig schlagen. Olivenöl unter Rühren langsam einfließen lassen.

Gesiebtes, mit dem Backpulver vermengtes Mehl abwechselnd mit dem Eischnee unterheben. Oliven untermengen und die Hälfte der Masse auf das mit Backpapier ausgelegte Backblech streichen. Den Parmaschinken in Stücke gerissen darauf verteilen und mit dem restlichen Teig abdecken.

Mit dem geriebenen Parmesan bestreuen und mit etwas Olivenöl beträufeln.

Im vorgeheizten Backofen mit Heißluft bei 180 °C, bei Ober-Unterhitze 190–200 °C, für 45 Minuten goldgelb überbacken. Als Beilagen gemischter Salat oder Kopfsalat reichen.

Als Varianten können die Oliven und/oder der Schinken durch z. B. Paprika, Thunfisch, Artischocken oder anderes Gemüse bzw. Fleisch oder Fisch ersetzt werden. Der Teig kann mit Kapern oder Sardellen verfeinert werden und mit frischen Gewürzen wie Petersilie, Thymian, Basilikum, Oregano oder Salbei zusätzlichen Geschmack bekommen.

Der James Bond Cocktail oder "Martini"

Martini ist die Mutter aller Cocktails. Oder auch der König der Cocktails. Anders als man vermutet ist der Martini nicht nach der Herstellerfirma der in ihm enthaltenen Vermouth-Marke benannt, sondern nach seinem Erfinder Martini di Arma di Taggia.

Zutaten
6 cl Gin
1 cl Martini extra Dry oder ein anderer trockener Wermut
1 entsteinte grüne Olive
gestoßenes Eis

Zubereitung
Zerstoßenes Eis in ein Rührglas oder Shaker geben. Gin und Vermouth darüber geben. Gut verrühren oder schütteln im Shaker.
In ein Martini-Glas umfüllen und mit der Olive garnieren.

Noch mehr Öl

Erdnussöl

Die Erdnuss hat ihren Ursprung in den Ländern Indien, China, Afrika und in den USA. Aus den essbaren Keimen wird das Öl gepresst. Dieses ist gelblich, klar und dickflüssig.

Bei kaltgepressten und unraffinierten Zustand hat das Öl einen starken Geruch und im Geschmack merkt man intensiv die Erdnuss. Im Gegensatz dazu ist das raffinierte Erdnussöl geschmacks- und geruchslos.

Erdnussöl besteht aus 20 - 25 Prozent Linolsäure, sowie Ölsäure und Palmitinsäure. Es sind auch Vitamine und Mineralstoffe im Erdnussöl enthalten. Erdnussöl hat einen hohen Gehalt an ungesättigten Fettsäuren, die den Blutcholesterinspiegel beim Menschen senken. Man verwendet Erdnussöl in der Küche zum Beispiel beim Braten, Frittieren oder Grillen. Außerdem dient es zum Verfeinern von asiatischen Gerichten und als Salatöl.

Gegenüber anderen Ölen hat das Erdnussöl den Vorteil der sehr langen Haltbarkeit und ist zur cholesterinarmen Ernährung geeignet

Walnussöl

Der Konsum von Walnussöl bietet nicht nur ein kulinarisches Highlight in der Küche, sondern leistet auch einen wichtigen Beitrag zu einer gesunden und ausgewogenen Ernährung. Die Herstellung aus den reifen Samen der Walnuss erfolgt entweder durch chemische Extraktion oder durch Heiß- oder Kaltpressung, wobei die zuletzt genannte Methode die schonendste Variante im Bezug auf die Inhaltsstoffe darstellt. Im Gegensatz zu vielen anderen geschmacksneutralen Speiseölen, zeichnet sich Walnussöl durch einen besonders nussig intensiven Geschmack aus. Das volle Aroma des Öls wird vor allem bei Zimmertemperatur entfaltet. So können zum Beispiel Salate oder auch viele Gemüsesorten durch die Zugabe von Walnussöl geschmacklich aufgewertet werden. Starkes Erhitzen beeinträchtigt sowohl den Geschmack, als auch die Inhaltsstoffe und sollte deshalb vermieden werden. Auch bei der Anwendung im kosmetischen Bereich hat Walnussöl hervorragende Eigenschaften. Es zieht besonders schnell in die Haut ein und führt zu einem straffen, geschmeidigen Hautbild. Insbesondere bezüglich der physiologischen Wirkung hebt sich Walnussöl deutlich von anderen Speiseölen ab. Es besitzt einen hohen Anteil an ungesättigten Fettsäuren, die für den Menschen essenziell sind, da sie vom Körper nicht selbst synthetisiert werden können. Beispielsweise hat Walnussöl einen sehr hohen Anteil an Gamma-Linolensäure, einer ungesättigten Fettsäure, welche wesentlich an der Heilung von Entzündungsprozessen im Körper beteiligt ist. Außerdem lassen sich in den hochwertig produzierten Ölen eine Vielzahl von wichtigen Vitaminen finden. Der hohe Gehalt an Vitamin B1, B2 und B6 unterstützt die Gehirnfunktionen und steigert die Konzentrationsfähigkeit. Die Aufbewahrung des Öls sollte an einem kühlen Platz erfolgen, denn Walnussöl hat im Vergleich zu anderen Speiseölen nur eine begrenzte Haltbarkeit.

Rapsöl

Rapsöl wird aus bestimmten Sorten Raps gewonnen. Bei uns ist es überwiegend Winterraps. Es ist ein hochwertiges Speiseöl mit einem niedrigen Gehalt an Erucasäure und Bitterstoffen. Das Öl wird in der

Ernährung hauptsächlich als Margarine und als Speiseöl mit sehr hohem Rauchpunkt verwendet. Als Öl angepriesen findet es Einsatz sowohl in Salaten als auch als Fettzusatz bei gebratenen Gerichten. Es wird als hochwertiges Speiseöl gleichgesetzt mit Olivenöl gehandelt, teilweise sogar besser. Dieses Öl ist reich an einfach ungesättigten und mehrfach ungesättigten Fettsäuren. Gleichzeitig findet man in dem Produkt Linolsäure und Linolensäure. Das heißt, es ist reich an Omega 6- und Omega 3-Fettsäuren, welche im Rahmen einer gesunden und ausgewogenen Ernährung eine große Rolle spielen. Unterschieden wird bei der Ölgewinnung noch kalt gepresstes und raffiniertes Öl, wobei man das kalt gepresste Öl nicht so hoch erhitzen kann.

Sonnenblumenkernöl

Das Sonnenblumenkernöl wird aus den Samen der Sonnenblume gewonnen und ist ein sehr mild schmeckendes Öl. Es wird überwiegend zu Margarine und Speiseöl verarbeitet. Dieses Öl ist im Gegensatz zum Rapsöl nur reich an mehrfach ungesättigten Fettsäuren. Dieser Umstand ist aus ernährungstechnischer Hinsicht nicht förderlich. Kalt gepresst ist es nur minimal erhitzbar, sodass es Verwendung für Salatsoßen und in kalten Gerichten findet. Raffiniertes Sonnenblumenkernöl dagegen wird oft als Frittierfett verwendet, da es kostengünstig ist. In der vegetarischen Ernährung kann man das Öl der Sonnenblumenkerne sehr gut für das Herstellen der Brotaufstriche verwenden. Dazu werden lediglich die Kerne zermörsert und mit verschiedenen Zutaten vermengt.

Maiskeimöl

Maiskeimöl ist ein reines Pflanzenöl. Es wird aus den Keimlingen des Mais gewonnen und ist ein Nebenprodukt der Stärkeerzeugung aus Mais. Für einen Liter Maiskeimöl werden ungefähr 100 Kilo Mais benötigt. Unterschieden werden zwei Verfahren der Ölgewinnung: Pressen oder Extrahieren  (letzteres geschieht mittels chemischer Lösungsmittel). Anschließend wird das Öl raffiniert. Maiskeimöl ist fast geruchs- und geschmacklos und hat eine hellgelbe Färbung; es ist völlig cholesterinfrei und deshalb auch sehr gut geeignet für cholesterinarme Diäten. Extrahiertes Maiskeimöl wird zum Braten, Frittieren, Backen und zur Margarineherstellung verwendet. In der industriellen Lebensmittelerzeugung benutzt man Maiskeimöl auch zur Produktion von Mayonnaise und Babynahrung. Es findet daneben auch in der Kosmetikindustrie für die Herstellung von Shampoos und Seifen Verwendung. Das kalt gepresste Öl enthält besonders viel Palmitin und Linolsäure (59 %). Es ist ausgesprochen reich an ungesättigten Fettsäuren (bis zu 85 %, davon ein großer Teil mehrfach ungesättigte Fettsäuren). Daher ist der Vitamin-E-Gehalt des Maiskeimöls sehr hoch (ca. 30 mg pro 100 Gramm). Ähnlich hohe Werte erreichen nur Sonnenblumenöl oder Distelöl. Dieses hochwertige kalt gepresste Öl sollte nicht zum Braten oder Frittieren verwendet werden, da dadurch die wertvollen Rohstoffe verloren gehen. Es eignet sich hervorragend für Salate und Marinaden oder zum Backen. Maiskeimöl hält sich lange durch den hohen Gehalt an Vitamin E. Es sollte dunkel gelagert werden, dabei genügt normale Raumtemperatur.

Sojaöl

Sojaöl wird immer beliebter zur Zubereitung von Speisen. Aufgrund des billigen Rohstoffes wird es auch in der Industrie als Zugabe für Margarine, Back- und Frittierfette und sogar als Zusatz für andere Speise- und Tafelöle genommen. Das aus der Sojabohne gewonnene Öl ist sehr gesund. Es enthält mehrfach und einfach gesättigte Fettsäuren. Diese benötigt der Körper, kann sie aber nicht selbst herstellen. Zudem ist Sojaöl reich an Linolsäure. Auch der Cholesterinspiegel wird bei der Nutzung von Sojaöl nicht derart belastet wie bei anderen Ölen. Das Sojaöl ist auch für Mischungen gut geeignet. Dies wird bedingt durch seinen milden Geschmack und die hellgelbe Färbung, die es in einer Mischung wenig auffallen lässt. Hergestellt wird das Öl aus der Sojabohne, welche der Samen der Sojapflanze ist. Die Bohne enthält nur wenig Ölanteil. Soja wurde ursprünglich als Futterpflanze für das Vieh angebaut. Eine Kaltpressung rentiert sich nicht, denn hierbei würde zu wenig Öl gewonnen werden. So ist Sojaöl stets ein durch Raffination oder ein durch Extraktion gewonnenes Produkt. Der Hauptanbau von Sojapflanzen findet in Ostasien sowie Mittel- und Nordamerika statt. Aber auch in Deutschland wird aufgrund der steigenden Nachfrage nach Sojaprodukten mit dem Anbau dieser Pflanze begonnen. Die Nachfrage bezieht sich nicht nur auf Öl- und Futterprodukte, sondern zeigt sich auch in Milch und Joghurts mit Sojaanteil.

Kürbiskernöl- Mehr als nur ein Salatöl

Weich, mild, frisch, nussig und manchmal auch ein Hauch von geröstetem Brot. So beschreiben Gourmets in aller Welt den Geschmack des Kürbiskernöls. Doch nicht nur der Geschmack unterscheidet das Kürbiskernöl vom normalen Speiseöl. Das Kürbiskernöl fördert auch die Gesundheit. Es senkt nicht nur den Cholesterinspiegel, sondern wirkt auch wohltuend auf die Blase und Prostata. Das Kürbiskernöl hat eine dickflüssige Konsistenz und eine grüne bis dunkelbraune Farbe. Gewonnen wird das Kürbiskernöl aus ganz normalen Speisekürbissen. Nach der Ernte im Herbst werden die Kürbisse sofort entkernt. Die Kerne werden gewaschen damit sie ihre grünliche Farbe behalten und nicht anfangen zu gären. Im Anschluss werden die Kerne getrocknet, um sie dann zu pressen. Die ganze Masse wird mit Salz und Wasser zu einem Brei geknetet und danach geröstet. Das in den Kernen enthaltene Öl wird bei dem Vorgang aufgeschlossen. Zwischen 2 Steinplatten wird das Öl dann unter großem Druck gewonnen. Zuletzt werden Schwebeteile ausgefiltert und das Kürbiskernöl ist speisefertig. Das Kürbiskernöl eignet sich besonders für Zubereitungen von frischen Salaten oder Vorspeisen. Es empfiehlt sich, dass Kürbiskernöl kalt zu verwenden, da es sonst seine wertvollen Inhaltsstoffe verliert und einen bitteren Geschmack entfaltet. Daher sollte man das Öl auch beim Kochen nicht richtig erhitzten, sondern lediglich erwärmen.

Palmöl, ein Universalgut

Palmöl wird aus der Frucht von Ölpalmen hergestellt. Die Palmfrucht wird zunächst entkeimt und ausgepresst. Daraus entsteht das orangerote Palmöl, das eine hohe Konzentration an Carotin hat. Dieses wird im Zuge der Veredelung wieder entfernt und das Palmöl bekommt dann seine übliche klare und helle Farbe. Üblicherweise wird das Öl als Küchenfett beim Braten oder Frittieren verwendet, vor allem in der Indischen und der chinesischen Küche. Es dient aber auch als Rohstoff für die Produktion von Süßigkeiten, Margarine, Brotaufstrichen, Fertiggerichten sowie Waschmitteln, Seife, Kerzen und Kosmetikartikeln. Es zeigt sich aber auch, dass Palmöl ein Universalgut darstellt, denn mit der Hilfe der Ölpalme lässt sich auch Energie erzeugen, ein weiterer Grund, warum die Jahresproduktion von Jahr zu Jahr enorm zunimmt. In Zeiten der Globalisierung und dringenden Reformbedarfs der Umweltschutzmaßnahmen erhofft man sich durch Biodiesel, die Umwelt ein wenig zu entlasten. Dieser beinhaltet mindestens 5 % verestertes Palmöl. Man erwartet für das Jahr 2008/09 eine weltweite Produktion von 42,9 Millionen Tonnen, wobei der größte Teil nach Europa und Asien exportiert wird. Ölpalmen findet man vor allem in Malaysia und Indonesien sowie Brasilien und Kolumbien. Jedoch wird der Aufschwung der Ölpalme nicht überall mit offenen Armen empfangen. Umweltschützer beklagen das Abholzen von Teilen des Regenwaldes, um mehr Anbaufläche für Ölpalmen zu erhalten.

Sesamöl

Sesamöl gibt es in zwei verschieden Varianten. Einmal das helle und dann noch das dunkle Öl. Das helle wird aus den naturbelassenen Sesamsamen gewonnen. Das dunkle Sesamöl aus den gerösteten Samen. Die Samen werden gereinigt, gewässert und getrocknet, bevor sie dann für etwa eine halbe Stunde lang, für das dunkle Öl, geröstet werden. Dabei muss man darauf achten, dass man sie nicht zu stark röstet, denn das beeinflusst die Qualität des Öls. Nach dem Abkühlen werden sie, wie die naturbelassenen Samen, in die Ölpresse gegeben und danach noch von Verunreinigungen gefiltert. Da die Sesamsamen zu 50 % aus Öl und 30 % aus Eiweiß bestehen und der sogenannte zurückbleibende "Presskuchen" somit einen sehr hohen Eiweißgehalt hat, wird er als Tierfutter genutzt. Das helle Sesamöl ist blassgelb und Geruchs- und Geschmacksneutral. Man benutzt es vor allem in der asiatischen und orientalischen Küche als Speiseöl, oder es dient zur Herstellung von Margarine. Das dunkle Sesamöl ist bernsteinfarbig und hat ein feines, nussartiges Aroma. Es wird häufig zu Salaten serviert und ist ein fester Bestandteil vieler asiatischer Rezepte. Sesamöl gehört zu einem der reinsten und gesündesten Öle, die es weltweit gibt. Es enthält Linolsäure, eine der essenziellen Fettsäuren, die der Körper nicht selbst herstellen kann, er aber zum normalen Wachstum, für gesundes Blut, sowie gesunde Aterien, Nerven und für den Zellaufbau braucht.

Sauer macht lustig –Essig

Bestimmte Nahrungsmittel können die Stimmung heben und die Konzentrationsfähigkeit verbessern. Darüber sind sich die Wissenschaftler mittlerweile einig. Dass der Essig als Nebenprodukt bei der Alkoholherstellung sozusagen erfunden wurde, hat damit jedoch nichts zu tun. Vielmehr ist Essig ein Produkt aus dem misslungenen Gärvorgang von Obst zu Wein oder Schnaps entstanden. Die Geschichte der Essigherstellung geht eng mit der dem Genuss von Alkohol zusammen. Deshalb zählt die Essigzubereitung zu den ältesten Lebensmittelherstellungsverfahren der Menschheit. In Deutschland darf Speiseessig nach der Verordnung über den Verkehr mit Essig und Essigessenz von 1972 zwischen 5 % und 15,5 % Essigsäure enthalten; Essig aus dem Handel hat meistens eine Essigsäurekonzentration von 5 % bis 6 %. Auch mit Wasser verdünnte Essigsäure wird oft als Essig bezeichnet, in Deutschland darf allerdings im Speiseessig keine ohne Mikroorganismen chemisch hergestellte Essigsäure enthalten sein. Essig enthält höchstens geringe Mengen an Alkohol.

Essiggeschichte

Viele Hochkulturen des Altertums – Ägypter, Perser, Römer, Griechen und Babylonier – stellten bereits Essig her. Es gibt Überlieferungen aus Mesopotamien, in denen von „saurem Bier" die Rede ist. Dieses Produkt, von den Ägyptern „Hequa" genannt, wurde aus Gerste gebraut und durch den Essigstich sauer. Römische Legionäre hatten ein Gemisch aus Wasser und Essig in ihren Feldflaschen, das sie „Posca" nannten; das relativ stark verkeimte Trinkwasser dieser Zeit wurde so erst genießbar.

L. J. M. Columella, der bedeutendste Ackerbauschriftsteller des ersten nachchristlichen Jahrhunderts, berichtet in seinem Werk „De re rustica" sehr ausführlich über die Möglichkeiten, Essig herzustellen. Seine Ausgangsstoffe waren Wein, Feigen und Gerste.

Im Mittelalter galt insbesondere Kräuteressig als Heilmittel; Hildegard von Bingen, Nostradamus und Florenz von Venningen berichten in ihren Schriften über die Wirkungsweise und Verwendung der im Acetum sanum extrahierten Heilpflanzen. Vorwiegend zur Desinfektion wurde damals der menschliche Körper verschiedensten Einreibungen mit Essig unterzogen. Noch im 18. Jahrhundert versuchte man, der Pest mit Pestessig beizukommen. Behälter und Geräte, die in der Medizin Verwendung fanden, wurden mit Essig gereinigt.

Die Essigherstellung

Als Grundlage dienen viele alkoholhaltige Flüssigkeiten. Je nach Kulturkreis beispielsweise Wein, Apfelmost, Bier oder Reiswein, außerdem zuckerhaltige Flüssigkeiten wie Traubensaft (Aceto balsamico di Modena), oder Malzsud. Der Hauptanteil wird aus reinem destilliertem Alkohol nach Verdünnung hergestellt (White Vinegar).

Der Vorgang wird oft als Essigsäuregärung bezeichnet, ist jedoch eine teilweise Veratmung, da dabei – im Gegensatz zur alkoholischen Gärung – Sauerstoff aus der Luft nötig ist. Deshalb kann Essig nicht in geschlossenen, ungelüfteten Behältern produziert werden. Für die Herstellung gibt es mehrere Verfahren.

Das Orléans-Verfahren

Bei der offenen, auch Orléansverfahren genannten, Herstellungsweise wird die Ausgangsflüssigkeit mit Essigbakterien geimpft. Der Fermentationsvorgang wird in offenen Kesseln sich selbst überlassen, wobei man die Produktion in warmen Räumen durchführt, da die Reaktion dort beschleunigt abläuft. Nach einiger Zeit bildet sich auf der Flüssigkeitsoberfläche eine Kahmhaut aus Bakterien, die den Alkohol zu Essigsäure abbauen. So verwandelt sich das alkoholische Ausgangsprodukt langsam in nicht alkoholischen Essig. Ist der Alkohol vollständig in Essigsäure umgewandelt, wird der Essig unter der Haut vorsichtig abgelassen. Teilweise wird der Essig danach in Fässern gelagert, wodurch sich sein Aroma durch Reifungsprozesse nochmals verbessert. Dieses Verfahren ist zeitaufwendiger als das Schnellessigverfahren, birgt die Gefahr der „Fehlgärung" und eignet sich nicht für große Mengen.

Dieses ursprüngliche Verfahren wurde vermutlich zufällig entdeckt, da Wein, der offen steht, früher oder später von selbst zu Essig werden kann. Die Ursache wurde erst im 19. Jahrhundert entdeckt, als Louis Pasteur den Beweis dafür erbrachte, dass kleine Lebewesen, die nicht mit dem bloßen Auge erkennbar sind, diesen Umwandlungsprozess vollziehen. In seiner 1868 veröffentlichten Arbeit Études sur le vinaigre schrieb er, die „Essigsäuregärung" sei ein biologischer Prozess, der von bestimmten Bakterien, Acetobacter oder Gluconobacter genannt, durchgeführt wird. Diese wilden Essigbakterien siedeln sich bei offener Lagerung oft ganz von selbst an, auch die Essigfliege kann als Überträger fungieren.

Schnellessigverfahren

Da Essigbakterien aerob arbeiten, hilft ein schwimmendes Trägermaterial, in der Regel Holzspäne, aber auch Kunststoffkügelchen, auf denen sich die Bakterien ansiedeln und festheften. Da die Essigmutter auf dem Trägermaterial „gefesselt" wird, nennt man das Verfahren auch Fesselverfahren. Die Späne vergrößern die Oberfläche an der sich die Essigbakterien ansiedeln können, und die größere Menge an Bakterien beschleunigt die Umwandlung. Das neueste Fesselverfahren ersetzt die Späne durch Keramikscherben. Das verbilligt die Produktion, da die Keramik nicht nach etwa 20 Jahren ausgetauscht werden muss, sondern praktisch unbegrenzt verwendbar ist.

Umwälzverfahren

Bei dem Umwälzverfahren werden die Späne in einem Tank (Essiggeneratoren oder Großraumbildner) beständig mit der Ausgangsflüssigkeit (Maische) überrieselt. Von unten wird die von den Bakterien benötigte Frischluft eingeblasen. Dieses Verfahren eignet sich zur großtechnischen Herstellung, die Fermentation kann innerhalb weniger Tage bis Wochen abgeschlossen werden. Nachteil ist der hohe Aufwand; Temperatur und Belüftung müssen ständig reguliert werden. Bei zu starkem Lufteintrag kann es jedoch zu Aromaauswaschungen kommen.

Das Submersverfahren

Das moderne Submersverfahren arbeitet ohne Trägermaterial. Die Bakterien sind direkt in der Flüssigkeit suspendiert (sozusagen untergetaucht, daher auch der Name des Verfahrens). Die Produktion dauert je nach Technik im Venturiverfahren zwei bis drei Tage oder in Turbinenanlagen 24 Stunden. Turbinenanlagen bringen bei der industriellen Alkoholessiggewinnung die besten Ergebnisse, Venturiverfahren erhalten die Farbe und den Fruchtcharakter besser. Durch die kurze Produktionszeit ist eine hohe Wirtschaftlichkeit gegeben, weshalb die meisten Essigproduzenten weltweit auf das Turbinenverfahren umstellen. Die Luftzufuhr wird gesteuert, da es bei frühen Systemen bei zu starkem Lufteintrag zu Aromaauswaschungen gekommen ist. Bei Submersverfahren führt die Reinheit der verwendeten Essigkulturen zu sehr reintönigen Essigen, die bei Fesselverfahren durch die Vermischung mit anderen Bakterien nicht erreicht werden können.

Das Soleraverfahren

Solera-System auch Soleraverfahren genannt ist die klassische Vorgehensweise. Hierbei wird die Ausgangsessenz von Wein-Essig, welche z. B. nach dem Orléansverfahren hergestellt wurde, weiter veredelt, indem man in sogenannten Criaderas (übereinander liegenden Fassreihen) jeweils den schon gealterten Jungessig, mit einem bestimmten Prozentsatz von frischem Traubenmost der neuen Ernte ansetzt. Dieses Verfahren funktioniert in der Regel so, dass nur in der obersten Fassreihe der Literanteil frisch zugesetzt wird, welcher vorher für die nächste untere entnommen worden ist. Dieses System setzt sich kontinuierlich bis in die unterste Fassreihe fort, wobei nur in der obersten Reihe zur Impfung frische Flüssigkeit zugesetzt wird. In die Fässer darunter kommt jeweils die schon teilgealterte Essenz. In den Fässern der untersten Reihe befindet sich immer das fertige Produkt. Natürlich ist es im Zuge der Vergrößerung oder Erneuerung von solchen Fasslagern nicht immer möglich, das Verfahren nach dem klassischen System beizubehalten, sodass man sich auch öfter mit Umpumpen der Essenzen behilft oder die Fassreihen der ersten Jahrgänge gegenüber denen der Folgejahrgänge platziert.

Die verschiedenen Essigsorten

Weinessig

Rot- und Weißweinessig werden im Gegensatz zu anderen Weinessigen wie Branntweinessig, ausschließlich aus Traubenweinen gewonnen, wobei die Qualität des Ausgangsweines ausschlaggebend für die Qualität des späteren Essigs ist. Zur Herstellung von Weinessig wird der Ausgangswein mithilfe der Essigsäuregärung vergoren und der Alkoholgehalt so in einen Säuregehalt umgewandelt, der meist zwischen sechs und zehn Prozent liegt. Die Essigsäurebakterien wandeln, unter Einfluss von Sauerstoff, die Alkoholmoleküle im Verhältnis 1:1 zu Essigmolekülen um, sodass der Säuregehalt ausschließlich vom Alkoholgehalt des Ausgangsweines abhängig ist.Zur Herstellung von Weinessig gibt es zwei Verfahren. Die ursprüngliche und aufwendigere Variante ist das Orléansverfahren, bei dem der Wein zusammen mit Essigsäurebakterien meist in Holzfässer, manchmal aber auch in Steingutbehälter gegeben wird, um dort zu Essig zu reifen. Durch die Gärung in Holzfässern erhält der Essig ein sehr feines und blumiges Aroma, was ihn in der Haute Cuisine sehr beliebt gemacht hat. Beim Rieselverfahren wird der Herstellungsprozess durch mit Essigsäurebakterien versetzte Buchenholzspäne erheblich verkürzt. Der Wein rieselt durch die Späne, deren große Oberfläche eine schnellere Vergärung zu Essig ermöglicht. Der Weißweinessig ist in der Regel milder als die rote Variante, die durch ein kräftiges und starkes Aroma auffällt. In der Küche werden beide vor allem zur Zubereitung von Salaten verwendet. Dabei ist es wichtig den Salat bei einer Zubereitung mit Weinessigdressing, eine Weile ziehen zu lassen, damit sich das Aroma entfalten kann und der starke Essiggeruch den Genuss nicht stört. Beide Essige empfehlen sich zum Marinieren von Fleischspeisen. Wie auch bei den Weinen ist der Rotweinessig für dunkle Wildspeisen und der Weißweinessig für helleres Fleisch zuständig, wobei letzterer vor allem aufgrund seiner zartmachenden Eigenschaft sehr beliebt ist.

Kostbare Tropfen aus langer Tradition-
Balsamico Essig

Balsamicoessig gehört heute in jede moderne Küche. Die sorgfältige Herstellung sowie das spezielle charakteristische Aroma verfeinert jedes Gericht und ist eine wahre Delikatesse für den Gaumen. Erstmalig erwähnt wird der Balsamico im Jahre 1747, in einem Buch über die Weingärten und den Verkauf im ‚Geheimen herzöglichen Weinkeller'. Seit dieser Zeit wurde die Produktion und Herstellung sorgfältig gepflegt und verfeinert. Traditionell findet diese aufwendige Entwicklung des Balsamicoessigs in der italienischen Region der Emilia-Romagna sowie in der Provinz Modena statt. Über die Jahrhunderte wurde die Herstellung immer wieder ergänzt, um aus dem gekochten Traubenmost und zahlreichen Reifeprozessen mit verschiedenen Lagerungsmethoden diese Delikatesse herzustellen. Nicht zuletzt auch deshalb gehörte der Balsamicoessig in den früheren Jahrhunderten zu den kostbaren Geschenken der Reichen und Adligen.

Balsamicoessig heute

Aufgrund seiner Hochwertigkeit wurde der Balsamicoessig ursprünglich als Digestif angeboten. Eine köstliche Variante, die nach einem guten Essen gereicht werden kann oder aber auch in der Küche viele Anwendungsbereiche findet. Er wird aus weißen oder roten Trebbiano Trauben aus der italienischen Provinz Modena gewonnen und durch Kochen auf ca. 30-70 % konzentriert, sodass keine alkoholische Gärung stattfindet. Der daraus entstandene Sirup wird mehrfach gefiltert und ist dann in seiner Farbe unterschiedlich, von weiß bis dunkelbraun. Durch die Zugabe von mindestens zehn Jahren altem Balsamessig und ca. 10 % frischen Wein wird eine Vergärung erreicht, die dann mit der richtigen Lagerung seine Vollendung findet. Gerade die richtige Lagerung ist aber die Kunst, die den Balsamicoessig so kostbar macht. Die Fermentation und verschiedene Holzarten wie z. B. Kirsche, Esche, Maulbeere, Kastanie und Eiche sorgen dafür, dass durch jahrelange Lagerung und die Verdunstung des Wassers im Holzfass der Balsamico dickflüssiger und konzentrierter wird. Durch die jahreszeitlichen Temperaturschwankungen sorgt Hitze im Sommer für eine Reduzierung und Kälte im Winter für eine Klärung der Trübstoffe. Manche dieser Fässer werden bei dieser Methode schon seit mehreren hundert Jahre genutzt und fügen so beim Herstellungsprozess dem kostbaren Essig wunderbare Geschmackskomponenten hinzu.

Die Klassifizierung von Balsamico

Ein hochwertiger Balsamicoessig sollte mindestens 12 Jahre Reifezeit hinter sich haben und erreicht damit die höchste Qualitätsstufe. Man unterscheidet zwischen drei verschiedenen Stufen beim Balsamico. An erster Stelle steht der „Aceto Balsamico tradizionale di Modena", etwas minderwertiger ist der „Aceto Balsamico di Modena" und die gewöhnlichste Sorte ist der „Aceto Balsamico". Obwohl der Begriff ‚Balsamico' nicht geschützt ist, kann sich der Verbraucher trotzdem auf erstklassige Qualität verlassen, wenn ein Konsortium aus Modena den Verkauf nach strengen Regeln und Prüfungen freigegeben hat. Spezialisierte Fachhändler können hier bei Verköstigungen den detaillierten Unterschied herausstellen und dabei unterstützen, die Qualitätsstufen zu erkennen. In jedem Fall sollte ein hochwertiger weißer oder dunkler Balsamicoessig nie mehr als 6 % Säure haben, sonst schmeckt er zu sauer.

Ein erstklassiger Balsamicoessig sollte durchdringend aber angenehm riechen und aromatisch intensiv schmecken. Der volle Geschmack wird geprägt von einer sirupartigen Konsistenz und einer warmen Tönung. Nicht umsonst bezeichnen Fachleute den Balsamicoessig auch als teuerstes Gewürz der Welt. Gerade in diesem Zusammenhang liegt ein besonderer Fokus auf traditionelle Herstellung, Reifeprozess und die jeweiligen Gütesiegel. Strenge Qualitätskontrollen und viele Auszeichnung rechtfertigen den entsprechenden Preis. Denn ein industriell hergestelltes Produkt kann niemals diesem Qualitätsstandard gerecht werden. Als klarer Favorit und sogenannter König des Balsamicos wird der ‚Aceto Balsamico Traditionale' geführt. Auch wenn in diesem Bereich viele verschiedene Bezeichnungen den Verbraucher verunsichern können, so ist dieser ‚Traditionale' ein geschützter Titel und gilt als Garantie für traditionelle Herstellung und Produktionsweise. Die handwerklich korrekte Herstellung in einem aufwendigen und zeitintensiven Verfahren sowie aus strikten Auflagen eines Konsortiums rechtfertigen den hohen Preis, garantieren aber auch einen einmaligen Genuss. Viele Hersteller in der italienischen Region Modena haben sich dazu verpflichtet, auf Tradition und Qualität zu achten, um dem Kunden eine Art Garantiesiegel zu geben.

Egal ob der Balsamico aus der Region ‚di Modena' oder ‚Reggio Emilia' kommt, er muss mindestens 12 Jahre unter den strengen Auflagen gelagert und produziert worden sein. Gerade die noch länger gereiften Sorten, unter dem Begriff ‚extravecchio' im Fachhandel zu finden, sind zwar relativ teuer ein wahrer Genuss für den Kenner. Dafür hat man aber ein kostbares Gut mit einer Reifezeit von mindestens 25 Jahren in der eigenen Küche. Der Preis für einen guten Balsamico kann, je nach Alter und Menge, sogar zwischen 50 € oder 100 € liegen. Allerdings sorgt die seit einigen Jahren steigende Nachfrage auch hier für einen Marktwert, der so vorher noch nicht abzusehen war.

Bedingt durch diesen Boom hat auch die Industrie ihre Chance genutzt, um unter dem Begriff Balsamico teilweise billige, aber auch qualitativ minderwertige Produkte, auf dem Markt anzubieten. Industrielle Verfahrenstechniken können allerdings niemals dieses hochwertige Produkt ersetzen und der Verbraucher sollte hier auf Anbieter zurückgreifen, die sich dieser Tradition verpflichtet fühlen und auf die Typologie und Klassifizierungen im Handel genau achten.

Auch Produkte unter der Bezeichnung ‚Balsamico Bianco' haben rein gar nichts mit dem traditionellen Produkt gemeinsam. Dieser Essig stammt aus der Lombardei und wird nach der Gärung mit Traubenmost gesüßt. Die klassische Holzfasslagerung wird ignoriert und auch das Gütesiegel wird hier nicht vergeben. Der oft in Supermärkten verkaufte Balsamico kann niemals die Qualität eines echten ‚Tradizionale' erreichen, denn diese industriell hergestellten Produkte stehen in keinem Verhältnis zu Herstellungsqualität und Dauer. Unterschiedliche Qualitäten kann man aber auch gut auf den Produktangaben der Hersteller finden. Steht auf dem Etikett an erster Stelle als Zutat Weinessig, hat man ein nicht sehr hochwertiges Produkt. Deklariert der Hersteller allerdings Traubenmost zuerst, ist dieser Balsamico etwas höherwertiger.

Balsamico als Würzzutat

Vorab sollte man immer beherzigen, dass man einen hochwertigen und kostbaren ‚Aceto Balsamico Traditionale' niemals erhitzen oder gar zum Kochen verwenden sollte. Da dieses Produkt mit seiner einzigartigen Vielfalt an Aromen und Geschmacksvarianten viel zu kostbar ist, um diese Vielfalt durch Wärme beim Kochen zu vernichten, gibt es unglaublich interessante Möglichkeiten einen guten Tropfen zu genießen. Aufgrund der Verdunstung in den verschiedenen Fässern aus Kastanien, Kirschen und Eichenholz hat der ‚Aceto Balsamico Traditionale' einen dickflüssigen, fast sirupartigen Charakter. Eine feine Säure und ein vielfältiger Aromenkomplex macht es möglich, dieses Produkt für Süßspeisen, Früchte, Käse oder Salate zu verwenden. Echte Gourmets haben mittlerweile kulinarisch wahre Geschmacksreisen mit vielen Rezepten kreiert und mit ein paar Tropfen des köstlichen Balsamico so manches Dessert zu einem Highlight gemacht.

Der klassisch dunkle Balsamicoessig eignet sich hervorragend für Tomaten oder kräftigen Salat wie z. B. Rucola. Auch den kostbaren weißen Balsamico kann man wunderbar für Fisch oder Gemüsesoßen benutzen. Kurz vor dem Servieren ein paar Spritzer auf das Gericht und schon betont die milde Säure das Aroma auf unverwechselbare Weise.

Viele Rezepte findet man mittlerweile und auch direkt aus der Region der Hersteller kann man sich zahlreiche Anregungen holen. Kombinationen aus Olivenöl, Pfeffer, Salz und Balsamico lassen eine feine Vinaigrette entstehen. Besondere Spezialität in der Umgebung von Modena ist z. B. Rinderfilet in Balsamicosoße. Je nach Gusto ist es seit einiger Zeit auch in Mode gekommen, einen hochwertigen Balsamico zu trinken. Durch das feine Aroma und die leicht dickflüssige Konsistenz hat man einen hervorragenden aber alkoholfreien Aperitif oder Digestif. Einen guten Balsamico sollte man auch in der eigenen Küche immer etwas kühl und dunkel lagern, um so möglichst lange dieses kostbare Gut zu erhalten. Es lohnt sich also die kleinen und feinen Unterscheide eines guten ,Aceto Balsamico Traditionale' zu kennen, um dieses kostbare Produkt richtig genießen zu können.

Andere Essigsorten

Obstessig

Obstessig wird aus verschiedenen roten oder weißen Obstweinen gewonnen. Marillenessig ist Essig aus Aprikosenwein, dessen intensiver Geschmack besonders bei Süßspeisen erwünscht ist. Pfirsichessig stellt man aus Pfirsichwein her. Weil der Essig nicht scharf, sondern aromatisch ist, wird er gern zum Verfeinern von Süßspeisen und Käsegerichten verwendet. Palmenessig gewinnt man im asiatischen Raum aus Palmenfrüchten. Dieser Essig ist nicht besonders aromatisch, eher fade und wird nur zum Ansäuern genommen. Der Apfelessig ist besonders beliebt, weil er mild schmeckt. Er eignet sich zur bewussten Ernährung und man unterstellt ihm entschlackende, heilende Wirkung. Ein Esslöffel Apfelessig, ein Esslöffel Honig mit Wasser vermischt sollen den Stoffwechsel aktivieren.

Kräuteressig

Der Kräuteressig wird aus Weinen und verschiedenen Zutaten produziert. Es gibt Essig mit den Geschmacksnoten Bärlauch, Estragon, Walnuss oder einer Mischung unterschiedlicher Kräuter. Kräuteressig eignet sich besonders gut zum Würzen von Salaten, ist aber auch zum Einlegen, Marinieren oder würzen und Abrunden anderer Speisen geeignet.

Malzessig

Malzessig ist eine englische Spezialität, die aus Malz-Maische hergestellt wird, eine vergorene Mischung aus gekeimter Gerste und Malz. Das so gewonnene Bier wird mit Essigbakterien versetzt und so lange verdünnt, dass sich der Säuregehalt auf 6 % reduziert. In Deutschland ist Malzessig eher unbekannt, in skandinavischen Ländern, in England und in Südostasien ist er sehr beliebt und gehört zum Speiseplan. Sein Geschmack ist süßsauer mit malzigem Aroma, seine Farbe variiert von wasserklar bis dunkelbraun. Man verwendet ihn zu Fisch, Soßen, Eintöpfen und Salat.

Reisessig

Reisessig wird aus japanischem Reiswein hergestellt und schmeckt sehr viel milder als normaler Essig. Mit Reisessig werden Fisch und Fleisch mariniert und der Reis für Sushi gewürzt. Reisessig gibt es auch in Pulverform. Man fügt einen Teelöffel Pulver dem Kochwasser für Reis bei. Reisessig regt die Verdauung an, entschlackt und fördert den Leberstoffwechsel. Ein Glas Wasser mit einem Esslöffel Reisessig täglich getrunken soll beim Abnehmen helfen. Reisessig wir vorrangig in China und Japan erzeugt. Die Rezeptur wird wie bei dem berühmten Balsamico-Essig streng geheim gehalten. Die Herstellung von Essig hat in China eine mehrere Jahrtausende alte Tradition. Seine Rezepte wurden von einer Familiengeneration zur anderen weitergegeben. Am bekanntesten ist der Shanxi-Essig aus der gleichnamigen Provinz. Er besteht aus einer Mischung von Erbsen, Gerste und Hirse, der Essigbakterien zugesetzt werden. Dieser Essig wird von den Chinesen auch als Aperitif getrunken und ist für sie mehr als nur ein Nahrungsmittel. Sie sind überzeugt von dessen Lebenskraft für ein gesundes und langes Leben. Chinesische Essige sind sehr geschmacksintensiv – sauer und scharf. Die meisten Sorten sind klar und strohfarben. Dunkle Essigsorten werden aus braunem Reis erzeugt. Essige aus Japan sind weicher und werden für Delikatessen wie Sushi und Sashimi eingesetzt.

Rezepte mit Essig

Mixed Pickels in Essigmarinade

Die Essigmarinade ist die Basis zum Einlegen von verschiedenen Sorten Gemüse. Die Zubereitung ist einfach: Feste Zutaten kommen zum Gemüse, was flüssig oder löslich ist, wird erhitzt und über das Gemüse geschüttet. Je nach Gemüse werden die Zutaten der Marinade variiert.

Zutaten
500 ml Wasser

200 ml Essig Weinessig oder Apfelessig mit 5 % Säure

2 EL Salz

5 EL Zucker

2 Lorbeerblätter

10 Pimentkörner

10 Pfefferkörner, schwarz

1–2 EL Senfkörner

2 Knoblauchzehen

1 Packung Einmachhilfe

4-6 kleine Gurken

Ca. 200 g Blumenkohl

100 g grüne Bohnen

200g Möhren

Einige Meerrettichwürfel

50 g Perlzwiebeln

Zubereitung

Die Gurken reinigen und ca. 12 Stunden im Salzwasser (1 Liter Wasser+75 g Salz) einlegen. Dann abspülen und abtrocken. Die Möhren, den Blumenkohl und die Bohnen putzen und in kleine Röschen bzw. Stücke schneiden. Das Gemüse nun nacheinander im selben Wasser fast gar kochen. Die Gläser gründlich reinigen. Am besten Gläser und Deckel mit kochendem Wasser ausspülen. Das einzulegende Gemüse mit den Meerrettichwürfeln, Perlzwiebeln, Lorbeerblättern, Pfefferkörnern und Nelkenpfeffer in die Gläser schichten. Wasser mit Essig, Zucker und Salz zum Kochen bringen, die Einmachhilfe unterrühren und kochend in die Gläser füllen. Der Sud sollte das Gemüse dabei reichlich bedecken und etwa 1 Zentimeter hoch über dem Gemüse stehen. Gläser sofort verschließen. Einige Tage ziehen lassen und im Kühlschrank aufbewahren.

Varianten: Maiskölbchen, Paprika, Rosenkohl, Brokkoli oder Zucchini eignen sich genauso zum Einlegen. Die Gewürze lassen sich natürlich variieren. Z. B. schmeckt es auch wenn man anstatt den Pimentkörnern einige Zweige Dill und Estragon nimmt. Durch die verschiedenen Kombinationen von Gemüsesorten lassen sich tolle Farbeffekte erzielen.

Fish & Chips

Fish & Chips ist ein Gericht aus in Backteig oder Bierteig frittiertem Fischfilet und dicken frittierten Kartoffelstäbchen, den Chips. Es ist das inoffizielle Nationalgericht Englands und ist bis heute ein fester Bestandteil der englischer Küche und Esskultur. Chips sind die britische Variante der Pommes frites, sind aber meist dicker als die in Deutschland üblichen Pommes frites und eher weich statt knusprig. Die Besonderheit ist, dass die Engländer Fish&Chips traditionell mit Malt Vinegar (Malzessig) würzen.

Zutaten für Backteig

370 g Mehl

¾ Packung Backpulver

150 ml Wasser

200 ml Milch

1 leicht verquirltes Ei

2 EL Weißweinessig

Zutaten für Bierteig

250 ml Mehl

250 ml Bier (Hell oder Dunkel, Dunkel ist kräftiger)

2 Eier

5 EL Milch

1 Prise Salz

 1 EL Sonnenblumenkernöl

4 EL Weißweinessig

Restliche Zutaten

1 kg weißes Fischfleisch (z. B. Kabeljau, Schellfisch, Victoriabarsch oder Seelachs)

5 große alte Kartoffeln (alternativ TK Pommes oder Kartoffelspalten)

2 Zitronen

Öl zum Frittieren

Malzessig

Pfeffer und Salz

Zubereitung

Im Ergebnis sollte der Teig sollte möglichst dickflüssig sein, um das Frittiergut vollkommen zu umschließen. Für die Zubereitung des Teiges das Mehl in eine Schüssel geben und mit Salz und Pfeffer abschmecken.

In die Teigmitte eine Mulde eindrücken. Öl und Eigelb in die Mulde geben und nach und nach von der Mitte aus Bier bzw. das Wasser unter das Mehl mixen. Den Teig glatt rühren und ca. 30 Min. bei Zimmertemperatur quellen lassen. Kurz vor Gebrauch das Eiweiß zu steifem Schnee schlagen und unter den Teig mischen. In der Zwischenzeit die Kartoffeln schälen und in 1 cm dicke Scheiben schneiden, dann zu 1 cm dicken Stäbchen für die Chips. Diese bis zum Gebrauch in Wasser legen. Jetzt kann der Fisch vorbereitet werden. Je nach Zustand Gräten und Hautreste entfernen und in portionsgerechte Stücke schneiden. Der fertige Fisch kann dann durch den Teig gezogen werden. Das Frittieröl in einer großen Pfanne erhitzen (mittlere Hitze reicht!) und den gleichmäßig mit Teig überzogenen Fisch ca. 4-5 Minuten frittieren, bis der Teigmantel knusprig goldgelb ist. Auf einen mit Küchenkrepp ausgelegten Teller abtropfen lassen und zudecken. Jetzt die ein wenig Temperatur erhöhen und die Chips frittieren. Die Chips schwach goldgelb frittieren und ebenfalls auf Küchenkrepp abtropfen lassen. Alternativ kann natürlich auch eine Fritteuse verwendet werden. Auf Teller verteilen und mit Salz, Malzessig und Zitronenspalten servieren.

Putenfilet in Balsamico
Dieses italienische Rezept eignet sich auch für Wild, Hasen- oder Kaninchenfleisch.

Zutaten
1 Kg Putenfilet, Wild, Hasen- oder Kaninchenfleisch
70 g Butter
3 EL Olivenöl
200 g Schalotten
150 ml Bratenjus
2 EL Honig
100-200 ml Balsamico

6 – 8 Salbeiblätter, 2 Zweige Thymian
2-3 EL Parmesan oder Grande Pardamo, geraspelt
Mehl
Salz und Pfeffer, frisch gemahlen

Zubereitung
Für Balsamicozwiebeln die kleinen milden Schalotten verwenden. Schalotten pellen und längs halbieren. In einer beschichteten Pfanne Honig und Butter erhitzen. Thymianzweig und Schalotten hinzufügen und ca. 2 Minuten auf mittlerer Temperatur dünsten. Mit Pfeffer und Salz abschmecken. Balsamicozwiebeln mit dunklem Balsamico-Essig ablöschen. Auf niedrigster Stufe ca. 5 Minuten unter gelegentlichem Rühren garen lassen. Jetzt kann das Fleisch vorbereitet werden. Die je nach gewünschter Portionsgröße zugeschnittenen Filetstücke in Mehl wälzen und in einer Pfanne mit dem Olivenöl und ca. 30 g Butter je nach Fleischsorte etwa 2-3 Min. von beiden Seiten stark anbraten. Den Bratenjus, die eingelegten Zwiebeln, die Salbeiblätter und den Thymian zugeben und alles bei mittlerer Hitze 10 Min. schmoren lassen. Mit Salz, Pfeffer und mit dem restlichen Balsamico abschmecken. Für die Zubereitung der Sauce Fleisch und Zwiebeln herausnehmen und warm stellen. Die restliche Sauce etwas reduzieren lassen. Den Thymianzweig entfernen und die Sauce in ein hohes Gefäß umfüllen. Ca. 40 g. kalte Butterflocken dazugeben und mit einem Stabmixer schaumig aufschlagen. Gegebenenfalls mit Mehl andicken. Mit Salz, Pfeffer und Balsamico abschmecken. Die fertige Sauce über das Fleisch gießen, Käse darüber raspeln und sofort servieren. Dazu passen Polentaschnitten oder Gnocchi. Balsamico Zwiebeln eigenen sich auch als Beilage zu Gegrilltem.

Hot & Spicy

Paprika- Chili- Cayenne-Tabasco & Co

Paprika-Chili-Cayenne-Tabasco- & Co

Von fruchtigen Peperoni, über würzige Kirschpaprika bis zu feurigen Chili reicht die Auswahl der scharfen Gewürze. Sie sind üppig gelb, feurig rot, purpurfarben, sattgrün oder braun. Die Gattung Paprika (Capsicum), umgangssprachlich auch als Chili, Peperoni oder Pfefferoni bezeichnet, gehört zur Familie der Nachtschattengewächse (Solanaceae). Es wird sowohl die Pflanze als auch die Frucht als Paprika bezeichnet, vor allem für die Frucht gibt es noch weitere Namen, die Unterschiede in Schärfe, Größe und auch Farbe kennzeichnen. Die am weitesten verbreitete Art, zu der auch fast alle in Europa erhältlichen Paprika, Peperoni und Chilis gehören, ist Capsicum Annuum. Die meisten Paprika enthalten den für die Schärfe verantwortlichen Stoff Capsaicin, erst in den 1950er Jahren wurden mit den Gemüsepaprika milde Sorten gezüchtet, die fast keine Scharfstoffe mehr enthalten. Der Einfachheit halber ist im folgenden Text aufgrund der Begriffsvielfalt nur noch von Chili bzw. Chilischoten die Rede.

Mittlerweile gibt es ca. zweitausend unterschiedliche Sorten und Arten der Gattung Paprika. Botanisch gesehen wird noch zwischen Wild- und Zuchtform unterschieden. Chili, Peperoncini und Peperoni sind weltweit bekannt. Ihre Namen lauten klangvoll – Habanero, Tabasco, Cayenne, Jalapeno – und versprechen exotischen Genuss. Ihr Aroma ist nicht nur einfach scharf, es reicht von fruchtig über rauchig bis hin zu süßlichem Geschmack. Einfach zu merken: Je kleiner die Schote, desto schärfer ist sie. In Südamerika würzten die Ureinwohner ihr Essen bereits vor mehr als 7.000 Jahren mit scharfen Chilis. Das schließen Forscher aufgrund der Analyse von Speiseresten an antiken Kochgeräten verschiedener archäologischer Stätten in Südamerika. Die bei den Untersuchungen entdeckte Stärke stammt von fünf verschiedenen Chilisorten (Gattung Capsicum). Chilischoten enthalten viel Vitamin C und wurden von den Ureinwohnern Südamerikas als schmackhafte Ergänzung zu Fisch, Mais, Bohnen und Yamswurzeln geschätzt. Bis heute helfen die Inhaltsstoffe der Chilis vor allem in heißen Ländern dabei, Speisen haltbarer zu machen. Nach der Entdeckung des amerikanischen Kontinents verbreitete sich die würzige Chilischote schnell über den ganzen Globus. Sie wurde u.a. zum festen Bestandteil der indischen und thailändischen Küche. Die Schärfe der Chilischoten stammt von dem Wirkstoff Capsaicin. Dieser soll die Paprikaart vor Samenräubern schützen und andererseits bestimmte Tiere und Vögel anlocken, die gegen den „Scharfmacher" Capsaicin resistent sind.

Capsaicin ist chemisch gesehen für eine Reihe von Verbindungen verantwortlich, die - abgeleitet vom botanischen Pfeffer-Oberbegriff Capsicum - als Capsaicinoide bezeichnet werden. Hauptkomponente ist das Alkaloid Capsaicin. Capsaicin selbst ist farblos und - bis eben auf die Schärfe - geschmacklos. Es wird weder durch das Erhitzen beim Kochen noch durch das Einfrieren zerstört. Reines Capsaicin ist weißes Pulver, das in Alkohol und Fett, nicht aber in Wasser löslich ist. Dies ist u.a. auch der Grund dafür, das Wassertrinken nach dem Genuss zu scharfer Chilispeisen keine Erleichterung bringt.

Wie scharf ist eine Chili-Frucht?

Die meisten Angaben über die Schärfe
bestehen entweder aus einem typischen Bereich oder im Fall von Re-
kordmeldungen meist nur aus einer
Maximalzahl. Die Einheiten dazu sind
entweder der „Schärfegrad" oder Sco-
ville- Einheiten. Jedoch kann nicht davon ausgegangen werden, dass die
Schärfe einer einzelnen Sorte korrekt
angegeben werden kann.

Viele Faktoren wie Licht, Wasser, Boden und Erntezeitpunkt entscheiden
über den Anteil an Capsaicin in einer

Chili-"Schote". Dies kann so weit gehen, dass unter Sonnenlicht angebaut, extrem scharfe Sorten, wie Habanero, beim Winteranbau im Ge-
wächshaus keine wahrnehmbare Schärfe mehr aufweisen. Selbst
gleichzeitig von derselben Pflanze geerntete Chilifrüchte können unterschiedliche Schärfegrade aufweisen.

Für eine industrielle Nutzung ist eine möglichst exakte Messung und
Angabe der Schärfe nötig, um z. B. für eine Sauce eine gleichbleibende
Qualität garantieren zu können. Eine erste Indikation ist die subjektive
Einstufung in Schärfegrade. Die Skalierung erfolgt in Zahlen von 1 bis
10. Zur besseren Skalierung wird den Werten häufig noch + oder ++
angehängt. 10++ ist der höchste Schärfegrad. Da sich diese Einstufung
auf rein subjektiven Kriterien bezieht und die menschliche Wahrneh-
mung ab einem bestimmten Schärfegrad keine Unterschiede mehr

feststellt, bzw. sich auch ein Gewöhnungseffekt einstellt, wird der Schärfegrad heute mittels chemischer Verfahren festgestellt. Die Einheit dazu ist Scoville.

1912 hat der amerikanischer Chemiker Wilbur Scoville diese nach ihm benannte Skala entwickelt. Statt Testpersonen wird heute mithilfe der Hochdruck-Flüssigkeits-Chromatografie die Konzentrationen der Capsaicinoide im Fruchtfleischpüree ermittelt. Reines Capsaicin hat eine Schärfe von 16 Millionen Scoville-Einheiten. Dieser Wert ist gleichzeitig der höchste auf der Scoville Skala. Ein anderes Messsysteme ähnlich der Scoville-Skala ist die Pepper Hotness Scale oder Dremann Hotness Scale, welche Craig C. Dremann 1984 entwickelte. Die Skala beschreibt das Verhältnis zwischen der Menge an Salsa und der darin verwendeten Menge an Chilis, sodass gerade ein erkennbarer Grad an Schärfe vorhanden ist. Aufgrund dieser Definition ist die Skala in kulinarischer Hinsicht interessant, wird aber nur selten angewendet. Kreativer sind z. B. Restaurants und Lebensmittelhersteller. Sie verwenden häufig selbst erfundene Schärfeskalen wie z. B. verschiedenfarbige Chilischoten oder die Anzahl der Chilischoten variiert. Oftmals wird auch einfach nur der Hinweis "Scharf" oder „Mittelscharf" benutzt. Richtig scharfe Saucen haben häufig noch einen Warnhinweis das die Sauce nicht in die Hände von Kindern gehört und die Verwendung, bzw. der Verzehr des Inhalts, gesundheitliche Risiken mit sich bringt, sofern die Dosierung nicht äußerst vorsichtig erfolgt. Es gibt im Handel z. B. Saucen, oder vielmehr Capsaicin Extrakte die mit 1- 1.5 Mio. Scoville extrem scharf sind. Dementsprechend tragen diese Saucen auch schillernde Namen wie „One Million Scoville", „Ass Blaster" oder „Final Answer".

Wer Chili gerne roh ist, sollte wissen, dass das meiste Capsaicin in der Plazenta enthalten ist. Der Schärfegrad der Chili nimmt ab vom Stiel

(Fruchtansatz) bis zum Ende. Die Samen schmecken nur deswegen so scharf, weil sie in der Plazenta gelagert waren. Von daher empfiehlt es sich bei extrem scharfen Sorten vorher die Samen und die Plazenta zu entfernen und gegebenenfalls die Chilis in Honig einzulegen. Zum schneiden sollte man sich auf alle Fälle Gummihandschuhe anziehen und die benutzen Küchenutensilien gut mit Öl und Wasser säubern. Auf gar keinen Fall sollte man die scharfen Früchte mit nackten Händen schneiden und sich anschließend in die Augen, an die Nase oder an den Mund fassen. Bei wirklich scharfen Sorten kann es sogar zu Hautverbrennungen führen.

Die Entwicklung der verschiedenen Chili Sorten

Obwohl alle Chili – ob mild oder scharf – der gleichen Gattung angehören, gibt es oftmals eine begriffliche Trennung zwischen Paprika und Chili. Zudem gibt es Spielarten die eine bestimmte Gruppe von Paprika beschreiben, wie zum Beispiel Gewürzpaprika und Peperoni. Begriffe wie Spanischer Pfeffer, Roter Pfeffer oder Cayennepfeffer sind gebräuchlich. Historisch betrachtet handelt es sich um eine Verknüpfung mit dem Pfefferhandel und dem Wortstamm des Begriffs „Pfeffer".

In anderen Sprachen ist diese Verbindung noch stärker ausgeprägt, so bezeichnet im Spanischen mit „Pimienta" den Pfeffer, ferner aber auch das Chilipulver „Pimienta roja" als Cayennepfeffer, den Piment (Pimienta de Jamaica) als Nelkenpfeffer und mit Pimiento hingegen die milden Paprikafrüchte. Im Englischen ist bei Gemüsepaprika zumeist von Bell Pepper ('Glockenpaprika') oder Sweet Pepper, bei scharfen Paprika von Chili oder Hot Pepper die Rede. Auch das türkische Biber leitet sich über Piper vom gleichen Ursprung wie Pfeffer ab. Botanisch gesehen haben die Paprikaarten und Sorten ihren Ursprung in Mittel- und Südamerika. Die Gattung entwickelte sich wahrscheinlich im Gebiet des heutigen Südbrasilien bis Bolivien. Die einzelnen Arten wurden durch Vögel bis nach Mittelamerika ausgebreitet. Die Arten Capsicum annuum, Capsicum frutescens und Capsicum chinense entwickelten sich aus einem gemeinsamen Vorläufer, der im nördlichen Amazonasbecken (Nordwestbrasilien, Kolumbien) beheimatet war. Von dort fächerte sich die Entwicklung der Arten auf: Capsicum annuum und Capsicum frutescens breiteten sich nach Norden aus und wurden dort (in Mexiko bzw. Panama) in Kultur genommen. Capsicum chinense dagegen wanderte westwärts und wurde in Peru domestiziert. Ebenfalls eine westliche Ausbreitung erfuhren zwei weitere heute kultivierte Arten, die mit den vorherigen entfernter verwandt sind: Capsicum. baccatum im peruanischen Tiefland und Capsicum. pubescens im Andenhochland (Peru, Bolivien, Ecuador).

Die verschiedenen „Chilisorten"

Es gibt mittlerweile über 2000 Sorten bzw. Varianten oder Variationen der Gattung Capsicum. Die am meisten verbreitete Paprika Art ist die Capsicum annuum. Dementsprechend weist sie die meisten Kultursorten auf. Die bekanntesten Vertreter dieser Art sind u.a Anaheim, Cayenne, Gemüsepaprika, Dutch Red, Kirschpaprika und Serrano.

In Europa kaum angebaut werden hingegen die Sorten der Art Capsicum baccatum. Diese sind vor allem in Süd- und Mittelamerika sehr beliebt. Die Früchte sind besonders schmackhaft, benötigen aber eine relativ lange Zeit zum Ausreifen. Bekannteste Arten sind Ají Brazilian, Ají Pineapple, Lemon Drop und Japones. Wohl mit die schärfsten aller Chilis gehören zur Art Capsicum chinense, unter ihnen die weit bekannte Habanero. Doch es gibt auch weitere Vertreter dieser Art. Die populärsten sind Chocolate Habanero, Barbados, Caribbean Red, Red Savina, Scotch Bonnet und die schärfste Chili der Welt - Naga Jolokia rot auch Bhut Jolokia oder Bih Jolokia . Ob die Sorten der Capsicum frutescens wirklich als eigenständige Art angesehen werden kann, ist unter Botanikern noch umstritten. Fest steht, dass die Früchte sich fast ausnahmslos durch eine relativ hohe Schärfe auszeichnen. Bekannt sind z. B. der Thai Chili, Piri Piri, Tabasco oder Afrikanische Bird´s Eye. Die wohl auffälligsten Arten sind unter Capsicum pubescens vertreten. Mit behaarten Pflanzen, violetten Blüten und schwarzen Samen als auffälligste Merkmale, ist Capsicum pubescens die wohl interessanteste, aber auch die am geringsten kultivierte Paprikaart. Durch diese Tatsache und eine schwere Kreuzbarkeit mit anderen Paprika begründet, existiert auch nur eine geringe Anzahl an Sorten. Bekannte Sorten sind z.B. Chile de Caballo, Manzano Rojo, Mexican Red oder Rocoto Canario . Als Wildform finden sich nach wie vor viele Arten. Eine Relevanz für die Kultivierung ist nicht gegeben, allenfalls sind vereinzelt Samen erhältlich und wenn dann in Gärten von Chililiebhabern. Beispiele wären z. B. Capsicum dusenii, Capsicum eximium, Capsicum friburgense, Capsicum galapagoense oder Capsicum pereirae.

Chiliart	Schärfe-grad	Scouville Skala
Habanero	9-10	350.000 - 570.000
Scotch Bonnet	9-10	100.000 - 500.000
Scharfer Jamaika-Chili	8-9	100.000 - 500.000
Manzana	6-8	12000-300000
Cayenne (getrocknet)	8-9	100.000 - 500.000
Tepin	7-8	50.000 - 100.000
Ajipfeffer	7-8	35000 - 45000
Thailändischer oder Vogelaugen-Chili	7-8	50.000 - 100.000
Prik Chee Fa	5-8	30.000 - 50.000
Tabasco	6-7	30.000 - 50.000
Rocotillo	6-7	50.000 - 75.000
Serrano	6-7	15.000 - 30.000
Chipotle (getrocknet)	5-6	5.000 - 15.000
Holländischer Chili	5-6	3.000 - 5.000
Santa Fe Grande	5-6	3.000 - 5.000
Jalapeno	5-6	5000-15.000 (Early) 2.500 - 5.000 (Mi d)
Guajillo (getrocknet)	4-5	2.500-5.000
Ancho (getrocknet)	3-5	1.500 - 2.500
Poblano	3-4	1.500 - 2.500
Mulato	3-4	1.500 - 2.500
Anaheim	2-3	1.000 - 1.500
New Mexico (getrocknet)	2-3	500-1.000
Ungarischer Kirschpaprika	1-2	100 – 500
Süßer ungarischer Chili	0-1	0 – 10

Verwendung als Gewürz

Die wohl bekannteste Form, in der Paprika als Gewürz genutzt wird, ist das Paprikapulver. Zur Herstellung werden die Paprikafrüchte zunächst getrocknet und anschließend gemahlen. Je nach verwendeter Sorte und der damit verbundenen Schärfe, sowie den Anteil der Samen und Scheidewände kann Paprikapulver in verschiedene Kategorien eingeteilt werden. Ungarisches Paprikapulver wird (mit abnehmender Schärfe) wie folgt gegliedert: Rosenpaprika – Halbsüß – Edelsüß – Delikates – Extra. Daneben gibt es noch unter anderem die spanischen Paprikapulver Dulce (vergleichbar mit Edelsüß) und das kräftigere Picante. Scharfes Paprikapulver wird oft als Cayennepfeffer bezeichnet, verweist aber eigentlich auf die verwendete Chilisorte Cayenne.

Neben Paprikapulver wird eine Vielzahl an Würzsaucen und -pasten aus Paprika hergestellt. Wohl die bekannteste ist die durch Fermentation von Chilis hergestellte Tabascosauce. Oft wird auch eine Grundlage aus Essig und Gemüse (meist Tomaten) oder Früchten für Chilisaucen verwendet. Zu den bekanntesten Würzsaucen mit Paprika gehören Sambal Oelek (Indonesien), Erős Pista (Ungarn), Harissa (Nordafrika), Mojo (Kanarische Inseln), Mole und diverse Salsas (Mexiko).

Getrocknete Paprika sind grob gemahlen oder als ganze Früchte erhältlich. Diese können sowohl ähnlich Paprikapulver als auch nach Einweichen in Wasser wie frische Früchte verwendet werden. Doch gerade in der mexikanischen Küche nehmen getrocknete Chilis einen besonderen Stellenwert ein. Durch die Trocknung erhalten einige der verwendeten Sorten erst ihr besonderes Aroma und werden dementsprechend benutzt. Meist besitzen Chilis der gleichen Sorte unterschiedliche Namen, je nachdem, in welchem Zustand sie verwendet werden. So heißen unreife Ancho-Früchte „Poblano", getrocknete „Mulato"; Jalapeño sind zumeist unreif. Die Reifen, durch Räuchern haltbar gemachten und sehr aromatischen Jalapeño werden als „Chipotle" bezeichnet.

Nachdem durch Züchtung immer mildere Sorten verfügbar waren, setzte sich die Verwendung von Paprika als Gemüse mehr und mehr durch. Wie auch beim scharfen Paprika ist die Verwendung von Paprika als Gemüse sehr vielseitig. Rohe Paprika kann in Salaten, gefüllt, sauer eingelegt, gedünstet oder gebraten verwendet werden. Frische Paprika hält sich bei Zimmertemperatur etwa zwei bis drei Tage, im Gemüsefach des Kühlschrank etwa eine Woche. Vor der Verwendung sollten Stiel, Plazenta, Samenscheidewände sowie Samen entfernt werden. Grüne (unreife) Paprika sind etwas bitterer und kräftiger im Geschmack, während reife Früchte süßer sind.

Chili als Chilipulver oder Chilipfeffer ist eine scharfe US-amerikanische Gewürzmischung aus den Grundzutaten Cayennepfeffer, Kreuzkümmel, Knoblauch und Oregano. Je nach Rezept kann sie zusätzlich Zimt, Muskat, Gewürznelken, Koriander und weitere Zutaten enthalten. Chilipulver ist ein typisches Gewürz der Tex-Mex-Küche. Es ist nicht zu verwechseln mit feingemahlenen Chili, der im deutschsprachigen Raum als Cayennepfeffer gehandelt wird.

Die beliebtesten Chilisorten

Habanero-Pflanze -Capsicum chinense

Habaneros sind bekannt wegen der außergewöhnlichen Schärfe und werden mittlerweile in vielen Variationen gezüchtet. Die Red Savina hielt lange Zeit den Titel der schärfsten Chili der Welt. Dieser Rekord wurde dann von der Sorte Naga Jolokia gebrochen. Der Rekordwert lag bei 577.000 Scoville-Einheiten für Red Savina und 1.001.304 für Naga Jolokia. Habanero Chocolate oder Brown Habanero reifen braun ab und sehen dadurch oft täuschend schokoladeartig aus. Andere Sorten bieten den typischen Habanerogeschmack, aber ohne die extreme Schärfe. Dazu gehören u.a. Habanero St. Lucia Island, NuMex Suave und Aji Dulce, Fatalii - gelb, aus Afrika.

Jalapeno - Capsicum annuum

Die Jalapeño ist eine kleine bis mittelgroße Paprika, die nach der mexikanischen Stadt Xalapa benannt ist. Reife Früchte sind meist 7 bis 8 cm lang, bis zu 2 cm dick und durch die deutlich abgerundete Spitze meist leicht von anderen Sorten zu unterscheiden. Die unreifen Früchte sind meist grün, es gibt jedoch auch Zuchtformen, die dunkel-violette bis schwarze Früchte haben. Zur Reife verfärben sich jedoch alle Jalapeños in ein kräftiges Rot. Oft sieht man an den Früchten längliche Verkorkungen, die meistens kurz vor der Reife und dem Farbumschlag ins Rote entstehen. Diese, wie bräunliche Risse aussehenden Korkstellen, beeinträchtigen die Qualität der Früchte nicht. Vor allem in Mexiko werden diese sogar als Qualitätsmerkmal herangezogen. Auf der für die Schärfebestimmung gebräuchlichen Scoville-Skala liegen die Früchte zwischen 2.500 und 8.000 Einheiten. Obwohl der Geschmack einer

Jalapeño in der Regel bereits als sehr scharf empfunden wird, bleibt sie damit noch weit hinter dem Capsaicingehalt einer Habaneroschote.

Aufgrund des hohen Bekanntheitsgrades gibt es eine große Vielfalt an Jalapeño-Züchtungen und Selektionen.

TAM Jalapeño und False Alarm Jalapeño sind milde. Die NuMex Primavera ist eine Züchtung ohne jegliche Schärfe. Alle bieten jedoch das typische Aroma der Jalapeños.

Jalapeño Jumbo, Giant, Conchos und El Jefe zeichnen sich durch besonders große Früchte aus. Pflanzen der Early Jalapeño tragen besonders schnell die ersten Früchte.

Durch die Farbe der unreifen Früchte zeichnen sich Jalapeño Purple (violett), NuMex Pinata (gelb/orange) und Jaloro (gelb/orange) aus. Reif sind jedoch auch diese Jalapeños rot.

Jalapeños werden häufig grün geerntet und gefüllt. Auch als Salsa Zutat und als Gemüse wird die Schote gerne verwendet. In der Südstaatenküche sind „Jalapeno Poppers"(mit Käse gefüllte und frittierte Chilischoten) sehr beliebt.

Für gefüllte Jalapeños werden fast ausschließlich grün, also unreife verwendet und z. B. mit Schafskäse gefüllt verkauft. In der mexikanischen Küche werden sie vor allem für Salsas verwendet, wo sie sowohl als Gemüse als auch wegen der Schärfe als Gewürz verwendet werden. Geräucherte Jalapeños sind als „Chipotles" bekannt. Aufgrund des relativ dicken Fruchtfleisches eignen sich Jalapeños schlecht zum Trocknen an der Luft. In Mexiko werden die reifen Früchte daher durch Räuchern haltbar gemacht. Das dafür verwendete Holz des Mesquitebaumes verleiht den getrockneten Früchten einen typischen rauchigen Geschmack. Auf diese Weise geräucherte Jalapeños heißen Chipotles. Sie sind entweder als ganze Früchte, als Pulver oder eingelegt in Adobosauce erhältlich. Chipotles dienen vor allem als würzige Zutat zu

Schmorgerichten und Soßen. Ihr Aroma entwickelt sich erst bei längerem Kochen.

Tabasco - Capsicum frutescens

Tabasco ist der Name einer Chilisorte der Art Capsicum frutescens. Bekannt geworden ist sie vor allem durch die Tabascosauce. Obwohl der Name „Tabasco" auch der Name des mexikanischen Bundesstaates Tabasco ist, wurde die Sorte zuerst in Louisiana/USA in großem Rahmen angebaut, um die nach der Sorte benannte Tabascosauce herzustellen.Wie alle frutescens-Chilis besitzt auch die „Tabasco"-Pflanze einen typischen buschigen Wuchs. Die ca. 4 cm langen, vorn spitz zulaufenden Früchte, wachsen aufrecht, werden zunächst gelb, später leuchtend rot. Sie erreichen auf der Scoville-Skala Werte von 30.000 bis 50.000 Einheiten.

Kirschpaprika -Capsicum annuum

Als Kirschpaprika werden Chili mit kirschförmigen Früchten bezeichnet. Er ist eine spezielle Zuchtform der Art Capsicum annuum. Hauptanbaugebiete liegen in Ungarn und Mexiko. Die meisten Kirschpaprika reifen von grün nach rot ab, es gibt aber auch Pflanzen mit gelben oder braunen Früchten. Die Größe der Früchte schwankt zwischen 2 und 5 cm.

In der Küche werden frische Kirschpaprika oft zum Füllen verwendet, zum Teil danach sauer eingelegt. Getrocknete Kirschpaprika dienen als Gewürz zum Schärfen von Speisen, meist mexikanischen oder ungarischen Ursprungs.

Cayenne-Chilis Capsicum annuum

Die Früchte sind kegelförmig- aufrecht geformt und sitzen mit einer breiten Basis auf dem Kelch auf. Es existieren rote und gelbe Sorten. Die bekannteste Verwendung von Cayenne Chilis ist das Gewürzpulver Cayennepfeffer, welches aus getrockneten und gemahlenen Früchten der Pflanze gewonnen wird. Aber auch ganze Früchte sind getrocknet erhältlich, vor allem, weil sich diese Chilisorte durch ihre dünne Fruchtwand gut zum Trocknen eignet. Frisch wird die Frucht vor allem in der Cajun-Küche Louisianas benutzt. Auf der für die Schärfebestimmung gebräuchlichen Scoville-Skala liegen die Früchte zwischen 1.000 und 5.000 Einheiten.

Über Chiliheads und Chili con Carne Wettbewerbe

Weltweit wird ein regelrechter Kult um „Chilis" betrieben. Die Fans dieser scharfen Früchte widmen sich gleichermaßen der Zucht, als auch dem Verzehr der verschiedenster Sorten der Gattung Capsicum. Rund um diesen Kult hat sich eine ganz eigene Branche etabliert, die die „Chiliheads" ständig mit neuen Produkten

versorgt. Die Namensgebungen dieser Produkte erfolgt frei dem Motto „Auffallen um jeden Preis". Namen wie „Pain is Good", Devils Tongue", „The Source" sind durchaus nicht ungewöhnlich. Die Schärfe dieser Saucen reicht bis zu 1,5 Mio. Scoville.

In traditionellen Chili- und Paprika-Anbaugebieten finden hingegen regelmäßig Volksfeste statt, deren Mittelpunkt die Chili ist. In Kalabrien wird jährlich das „Peperoncino Festival" gefeiert, in New Mexico wird die Ernte mit dem „Chile Festival" gefeiert und aus Frankreich ist vor allem die „Fête du Piment" der Ortschaft Espelette bekannt. Hinzu kommen vor allem in den USA „Cook Off"-Wettbewerbe für Chili con Carne und eigene Messen für scharfe Lebensmittel.

Da beim Chili con Carne niemand so genau sagen kann wo das Gericht zum ersten Mal gekocht wurde, werden mittlerweile zahlreiche Varianten als das „Urrezpet" bezeichnet.

Nicht zu verleugnen ist allerdings der Einfluss der mexikanischen Küche, in der oft verschiedenste Arten von Chilischoten kombiniert werden, um ausgefallene Geschmacksvarianten zu erreichen. Bestes Beispiel dafür ist die Würzsauce Mole, die unter anderem für das typisch mexikanische Gericht Mole Poblano (wörtlich „Soße aus Puebla", eine würzige Schokoladensauce, die traditionell zu Truthahn und Huhn, aber

auch zu Schweinefleisch und Fisch gereicht wird) verwendet wird. Die einzigen gemeinsamen Zutaten aller Chili-Rezepte sind Fleisch und Chili. Doch bereits bei der genauen Auswahl dieser Zutaten gibt es große Unterschiede. Wahlweise werden Hackfleisch oder in Würfel geschnittenes Fleisch verwendet. Es kann sich um Schweinefleisch, Rindfleisch oder Wild handeln. Ebenso oft sind Kombinationen verschiedener Fleischsorten zu finden.

Ähnlich vielfältig ist die Auswahl der Chilisorten. Beliebt sind die kaum erbsengroßen Chiltepin, aber auch andere Sorten wie Jalapeno, Ancho oder Pasilla. Neben frischen Chilischoten werden auch getrocknete Chilischoten und diverse Chilipulver und -saucen verwendet.

Als typische Gewürze und Zutaten gelten Oregano, Kreuzkümmel, Zwiebeln, Knoblauch, seltener auch Koriander, Lorbeerblätter und Pfeffer. Um den Geschmack abzurunden, gibt man zum Teil kurz vor Ende der Kochzeit Zucker, Honig, Schokolade oder Kakao hinzu. Die beiden letzten Zutaten verleihen dem Gericht eine braune Farbe.

Trotz vieler Streitigkeiten um das Rezept gibt es jedoch einige Grundtypen, die bestimmte Eigenschaften gemeinsam haben. Ein Chili im Texas Style enthält neben den (möglichst ganzen, frischen oder getrockneten) Chilischoten keinerlei Gemüse. Das Fleisch ist meist in Würfel geschnitten und stammt von Rind oder Schwein, gelegentlich auch von Wild. Chili Verde ist eine aus New Mexico stammende Version, welche ausschließlich mit frischen, noch grünen Chilis gekocht wird. Meist ist ein Chili Verde auch flüssiger als ein Chili im Texas Style. Nach europäischen Maßstäben handelt es sich dabei um eine Art scharfes Gulasch.

Eine eigenständige Kategorie bildet das Chili im Cincinnati Style. Während Chili zunächst nur im Süden der USA beliebt war, wurde es wahrscheinlich durch griechische Einwanderer auch im Nordosten populär. Dabei adaptierten sie das Rezept jedoch an griechische Kochgewohnheiten, sodass es weniger scharf und mit Gewürzen wie Zimt, Piment oder auch Muskatnuss gewürzt ist. Serviert wird Cincinnati Chili meist auf Nudeln oder als Sauce zu Hot Dogs.

Chili- Nicht nur ein Gewürz

Die in den Chilis enthaltenen Capsaicinoide haben einen sehr hohen Vitamin C Gehalt und es hat sich herausgestellt, das sie durch Ihren mildernden Einfluss auf die Magenschleimhäute sogar das Risiko für Magengeschwüre senken. Die wichtigste Wirkung von Chili ist aber sicherlich das die Stoffwechselrate erhöht wird und somit der Kreislauf angeregt wird. Deshalb gilt Chili auch als Aphrodisiakum. Die Scharfstoffe erregen auch die Schmerz- und Wärmerezeptoren der Haut und Schleimhaut und bewirken dadurch eine gesteigerte Durchblutung. Dieser Effekt wird zur äußerlichen Behandlung schmerzhafter Muskelverspannungen im Schulter-Arm-Bereich sowie im Bereich der Wirbelsäule ausgenutzt, beispielsweise im ABC-Pflaster. Das C steht dementsprechend für Capsicum. Deshalb gelten scharfe Gewürze wie Chili auch als Kalorien – und Fettkiller. Durch den angekurbelten Stoffwechsel kann Fett besser verdaut werden. Da zudem die Magensäureproduktion angeregt wird, haben krankmachende Erreger weniger Chancen in dem sauren Milieu zu überleben. Dies führt dazu, dass scharf gewürzte Speisen helfen Infektionen und Durchfall vorzubeugen. Auch der Kreislauf profitiert von der anregenden Wirkung. Der Körper schüttet Adrenalin und Endorphine aus, die eine euphorisierende Wirkung haben. Nicht zuletzt bewirkt Chili nach einer durchfeierten Nacht als wahrer „Katerkiller".

Rezepte mit Chili

Gefüllte Chilis süss-sauer eingelegt

Rezept für Hobbygärtner um die Ernte sinnvoll zu verwenden. Auch als Mitbringsel für Grillabende und Partys sehr gut geeignet. Die Auswahl der Chilis hängt natürlich vom persönlichen Geschmack ab.

Zutaten

100-150 g Chili (möglichst eine größere Sorte wählen)

150 g Schafskäse in Salzlake

4-5 Oliven, schwarz ohne Stein

1 kleiner Petersilienstrauß

2-3 Limettenscheiben

3 EL Cherry

2 EL Honig (flüssig)

2-3 Lorbeerblätter

1-2 EL ganze Pfefferkörner, bunt

1 TL Senfkörner

Curry, rot

1 Einmachglas 500 ml mit Twist Off Deckel

Zubereitung

Chilis putzen und die Kappe abschneiden. Schafskäse aus der Lake nehmen und mit sehr fein gehackter Petersilie sowie den klein gehackten Oliven gut vermengen. Die Masse gut vermischen und in die Chilis stopfen. Die gefüllten Chilis mit der offenen Seite nach oben in das Einmachglas stecken. Etwa 200ml Wasser zum kochen bringen, den Honig, die Senfkörner, die Pfefferkörner, ca. 1TL Curry und den Cherry einrühren, bis sich alles im Honig aufgelöst hat. Den fertigen Sud in das

Einmachglas füllen, bis es randvoll ist. Jetzt die Lorbeerblätter zwischen die Chilis schieben und die Limettenscheiben obendrauf legen. Das Glas sofort mit dem Twist-Off Deckel verschließen und bei Zimmertemperatur abkühlen lassen. Ungeöffnet ca. ein Jahr haltbar.

Chili Con Carne - Das Original Rezept

Im Gegensatz zu den geläufigen Rezepten wird ein Original Chili con Carne mal mit Hackfleisch und mal aus Fleischwürfeln zubereitet, aber nie mit Kidneybohnen, Paprika oder Tomaten gekocht.

Zutaten

1 kg Rindergulasch
1 Gemüsezwiebel
5 - 6 frische rote scharfe Chilischoten
2-3 frische Peperonichili
5 EL Olivenöl
4 Knoblauchzehen
1/4 Liter Rinderbrühe
1-2 TL Rohrzucker
3 Lorbeerblätter
2 TL getrockneter Thymian
Salz und Pfeffer aus der Mühle
1/2 TL Kreuzkümmel, gemahlen
Cayennepfeffer
1-2 EL Worcestersauce
2-3 EL Maismehl

Zubereitung

Das Fleisch säubern, von Sehnen befreien und in etwa 2 cm große Würfel schneiden. Die Zwiebel schälen und klein würfeln. Die Chilischoten entkernen, waschen und in kleine Stücke schneiden. Das Öl in einem großen Topf erhitzen und bei mittlerer Hitze das Rindfleisch und die Zwiebelwürfel scharf aber kurz anbraten. Knoblauch schälen und dazupressen und die Chilis dazugeben. Mit der Brühe ablöschen und alles mit Zucker, Lorbeer, Thymian, Salz, Kreuzkümmel, Cayennepfeffer und Worcestersauce würzen. Den Topf zudecken und bei schwacher Hitze etwa 1 1/2 h schmoren lassen, zwischendurch mehrfach umrühren. Falles es zu dick wird noch etwas Brühe nachgießen. Zur besseren Bindung am Ende noch das Maismehl unterrühren. Nochmals abschmecken und mit den entkernten und in gröberen Ringen geschnittenen Peperonichilis garnieren zum Servieren.

Salsa Mexicana
Feuriger Dip zu gegrilltem Fleisch und Geflügel oder zu Fajitas und Co.

Zutaten
10 rote scharfe Chilis (Auswahl nach Geschmack)
3 Fleischtomaten
1 grüne Paprika
3 Zwiebeln
1-2 Knoblauchzehen
Salz, Cayennepfeffer
1 TL Rohrzucker
1 Bund Petersilie
3 EL Olivenöl
gemahlener Koriander

Zubereitung
Chilis entkernen, waschen und klein schneiden. Die Tomaten, Zwiebeln, Knoblauch und Paprika waschen bzw. schälen und in Stücke schneiden. Das gesamte zerkleinerte Gemüse mit Salz, einer guten Prise Cayenne-

pfeffer und dem Zucker im Mixer pürieren. Die Petersilie waschen, abtropfen lassen und fein hacken. Das Gemüsepüree mit dem Öl, der Petersilie und dem Koriander glatt verrühren und nochmals abschmecken.

Jailhouse Chili
Orginal Gefängnis- Chili aus Texas

Zutaten
500 g Rindfleisch

200 g Schweinehack

200 g Chorizo

100 g Speck

2 Zwiebeln

2 Knoblauchzehen

5-6 rote Chilischoten

100 g Tomatenmark

250 g gewürfelte Tomaten aus der Dose

1 TL Kreuzkümmel, gemahlen

1 TL Estragon, gemahlen

1 EL Rohrzucker

Pfeffer und Salz aus der Mühle

1 EL Oregano, gerebelt

Cayennepfeffer

1 EL Petersilie, gehackt

1 EL Worcestershiresauce

1 EL Essig

50 g Schokolade, zartbitter

330 ml Bier

200 g Augenbohnen oder Kidneybohnen

Zubereitung

Das Rindfleisch säubern und in ca. 3 cm große Würfel schneiden. Die Chirizo und den Speck in kleine Würfel schneiden. Einen kleinen Teil von dem Speck und der Chirizo zur Seite legen. Den Rest mit dem Rindfleisch in einem großen Topf in Schmalz scharf anbraten, aus dem Topf nehmen und zur Seite stellen. Gehacktes vom Schwein und die gewürfelten Zwiebeln im selben Topf anbräunen. Knoblauch und Petersilie feinhacken und dazu rühren, mit Bier ablöschen. Die restlichen Zutaten bis auf die Bohnen dazumischen und ca. 2 Std. auf niedriger Temperatur köcheln lassen, ab und zu umrühren, und wenn notwendig mit Bier und Wasser nachfüllen. In der Zwischenzeit die Bohnen quellen lassen und separat mit dem Rest von dem gewürfelten Speck und der Chirizo zubereiten. Da dies ein echtes Chili ist, werden die Bohnen nicht im selben Topf mitgekocht. Die Bohnen werden individuell in das Chili gegeben, um die Schärfe nach Bedarf zu mildern.

Chili - Tomaten - Honig - Grillsauce
Eine feurige Alternative zu Fertiggrillsaucen

Zutaten

4 rote Thai Chilis, bzw. je nach gewünschtem Schärfegrad Auswahl treffen

3 Knoblauchzehen

3 EL Fischsauce

50 g Tomatenmark

20 g Honig

Koriandergrün, frisches, ersatzweise Petersilie

Pfeffer

Zubereitung

Chilis entkernen und zusammen mit dem Knoblauch klein schneiden und hacken. Fischsauce, Knoblauch und Chilis in ein Gefäß geben. Eine handvoll Koriander oder je nach Geschmack Petersilie klein hacken. Tomatenmark, Honig und Koriander untermischen. Mit Pfeffer und Fischsauce abschmecken. Am besten über Nacht ziehen lassen.

Ananas - Chili

Süß-scharfe Variante für 6 Portionen.

Zutaten

1 gr. Dose Ananas (in Stücken)

750 g Schweinefleisch

1-2 Knoblauchzehen

Salz, Pfeffer aus der Mühle

1 Zwiebel

2-3 Peperoni Chilis, oder schärfer

225 g Tomatensaft

120 ml Rinderbrühe

1 Paprikaschote

Olivenöl

Zubereitung

Den Ananassaft aus der Dose in ein Glas abkippen. Schweinefleisch in ca. 2-3 cm große Würfel schneiden und in einer großen Pfanne in Öl scharf anbraten. Mit Salz, Pfeffer und würzen. Zwiebel klein hacken und dazugeben, ca. eine Minute mit andünsten. Mit der Tomatensauce, den aufgefangenen Ananassaft und Brühe ablöschen. Chili entkernen und in feine Stücke schneiden. Knoblauchzehen schälen und ebenfalls klein hacken. Beides zusammen mit in die Pfanne geben und gründlich verrühren. Etwa eine Stunde lang zugedeckt und bei geringer

Hitze garen lassen und gelegentlich umrühren. Erst zum Schluss Ananasstücke und Paprika zugeben und nochmals zehn Minuten mit niedriger Hitze ziehen lassen.

Himbeer - Chili – Sauce
Dipsauce zum Grillen oder für Fondue.

Zutaten
250 g Himbeeren (TK vorher auftauen und Flüssigkeit auffangen)
2 EL Rohrzucker
5 EL Chilisauce, süß-scharfe (China oder Thai)
3-4 frische rote Chilis (mittelscharf)
2 EL Reisessig oder Weißweinessig
Zitronenschale (aus einer Zitrone)
1 TL Speisestärke

Zubereitung
Himbeeren mit 1/8 l Wasser oder der aufgefangenen Flüssigkeit vom auftauen mit Salz und Zucker 5 Min. kochen lassen, dann durch ein Sieb streichen. Chilis entkernen und in sehr kleine Stücke schneiden. Chilisauce, Chilis, Essig und Zitronenschale dazugeben und aufkochen lassen. Speisestärke mit etwas Wasser anrühren, dazugeben und 2-3 Min. kochen lassen. Alles abkühlen lassen. Schmeckt am besten wenn man es noch 1-2 Tage im Kühlschrank stehen lässt. Ideale Dipsauce zu Fleisch, Fisch, Meeresfrüchten, Grillen und Fondue.

Chili - Dog Nachos mit Chipotle Hühnerflügel
Toller Snack für gesellige Abende.

Zutaten für Chili Dogs
500 g gemischtes Hackfleisch
1 EL Öl

Salz und Pfeffer

2 Wiener Würstchen

1 Zwiebel

2 TL Worcestershiresauce

4-6 frische rote Chilis (mittelscharf)

250 ml Tomatensauce

2 TL Kreuzkümmel (gemahlen)

150 g Käse, geriebener, z. B. Cheddar o. Gouda mittelalt

1 Tüte Tortilla Chips

Zutaten Chipotle Hühnerflügel

1 kg Hähnchenflügel

2 EL Rohrzucker

Saft einer Zitrone

Pfeffer und Salz aus Mühle

1 TL Kreuzkümmel gemahlen

1/2 TL Zimt

Piment gemahlen

3 EL Orangensaft

1 EL Orangenschale

Chipotle Sauce

Olivenöl

Zubereitung

Zucker, Salz, Zitronensaft, Kreuzkümmel, Zimt, Piment, Orangensaft und -schale, Chipotle-Sauce, Olivenöl und Pfeffer in einer großen Schüssel vermischen und die Flügel darin marinieren. Mindestens 1-2 Stunden im Kühlschrankziehen lassen und darauf achten, dass die Flügel gut eingerieben sind. Den Ofen auf 190 °C vorheizen. Die Flügel unter gelegentlichem Wenden etwa 1 Stunde backen, bis sie goldbraun sind, die Marinade karamellisiert und das Öl sich absetzt. In der Zwischenzeit die Zwiebel würfeln und zusammen mit dem Hackfleisch im Öl gut anbraten, bis das Hackfleisch fast gar ist. Mit Salz, Pfeffer und Kreuzkümmel ordentlich würzen. Die Würstchen in dicke Scheiben schneiden und dazugeben. Chilis entkernen, klein schneiden, dazugeben und ca. 3-5 Min. garen lassen. Mit der Tomatensauce ablöschen und die Worcestershire Sauce zugeben. Das Ganze ca. 5 Min. weiter ziehen lassen. Gegebenenfalls noch einmal nachwürzen. Die Tortilla Chips auf einem Backblech anrichten, Chilidogs drüber und mit Käse bestreuen. Zum Ende der Garzeit die Hühnerflügel mit in den Backofen schieben. Überbacken bis der Käse schmilzt und eine Kruste gebildet hat.

Coffee Chili
Kaffee Chili aus Amerika ist ein Chili mit ungewöhnlichen Zutaten. Ausprobieren lohnt sich. Das Ergebnis ist ein leckeres, dunkles Chili. Im Jahre 1999 gewann dieses Chili in Texas den "Statewide Chili Championship".

Zutaten
30 ml Olivenöl
2 Zwiebeln
3-4 Knoblauchzehen
500 g Rinderhackfleisch
500 g Rindfleisch
1 Dose geschälte Tomaten
250 ml dunkles Bier
200 ml starken schwarzen Kaffee
2 kl. Dosen Tomatenmark
200 ml Fleischbrühe
2 EL Rohrzucker

1 TL Chilipulver

1 EL Kakaopulver

1 TL Oregano

1 EL Kreuzkümmel

Salz und Pfeffer aus der Mühle

2–3 fein gehackte Chilischoten (Schärfe wie gewünscht)

2 Dosen Kidneybohnen

1 Dose Mais

1 rote oder grüne Paprikaschote

Zubereitung

Das Rindfleisch waschen, putzen und in ca. 2 cm große Würfel schneiden. Öl im Topf erhitzen, Zwiebeln, Knoblauch, Rindfleischwürfel und Rinderhackfleisch gut anbräunen.

Die geschälten Tomaten etwas zerdrücken und zusammen mit den restlichen Zutaten (außer den Kidneybohnen, dem Mais und der Paprika) in den Topf geben.

Mit Salz und Pfeffer abschmecken, nach Geschmack mit weniger Chilischoten anfangen.

Bei kleiner Hitze unter häufigem Rühren ca. 1 1/2 Stunden garen.

Anschließend die Kidneybohnen, den Mais und die klein geschnittenen Paprika dazugeben und noch mal ca. 30 Minuten köcheln lassen. Eventuell noch etwas Brühe oder Bier hinzufügen und abschmecken.

Besondere Würzsaucen aus aller Welt

Sojasaucen - Asiatischer Geschmack mit Tradition

Die Geschichte der Sojasauce begann vor über 3000 Jahren in China. Buddhistische Mönche verwendeten Sojasauce als erstes, um ihre fleischlose Kost geschmacklich zu verbessern. Dabei war die Entdeckung eher zufällig. Ursprünglich war die Sojasauce ein flüssiges Nebenprodukt der Miso Erzeugung. Miso ist eine Paste, die damals hauptsächlich aus Sojabohnen bestand. Zur Herstellung wurden gedämpften Sojabohnen in Holzfässern vergoren. Zur Gärung wurde der Kōji-Schimmelpilz verwendet. Die Mönche schöpften damals die braune Sauce (Tamari) ab und im Laufe der Zeit entwickelte sich eine regelrechte Nachfrage nach der Sauce und Miso wurde teils eigens zur Herstellung von Sojasauce angesetzt.

Den Weg nach Japan fand die Sojasauce im 6. Jahrhundert wiederum durch eine buddhistische Glaubensgemeinschaft, die den Verzehr von Fleisch und darauf basierenden Saucen verbot und deshalb die chinesische Sojasauce mit nach Japan nahm. Die chinesische Sojasauce wurde nach ihrer Einfuhr in Japan sehr schnell beliebt, da sie den Geschmack der damals recht eintönigen, auf Reis basierenden Nahrung ergänzte. Im 15. Jahrhundert wurde bei Versuchen mit der original chinesischen Sojasauce, die nur aus Sojabohnen hergestellt wurde, die japanische Sojasauce geboren. Auf die Idee, geröstetes und zerkleinertes Getreide mitzuverwenden, kamen zuerst die Japaner. Dieses sogenannte Shoyu ist dünnflüssiger und etwas milder im Geschmack als Tamari. Es wurde zusätzlich zu den Sojabohnen anfangs Gerste und später ein gleicher Anteil an Weizen zugeführt. Eine weitere Modifikation ist die Brauzeit. Die japanische Sojasauce wird länger gebraut als die chinesische. So konnten sowohl der Geschmack, als auch das Aroma und die Farbe der Sojasauce erheblich variiert werden. Mit holländischen Händlern kam die Sojasauce im 17. Jahrhundert nach Europa.

Die Tradition der Herstellung

Bei traditionell gebrauten Sojasaucen benötigen Mikroorganismen Wochen oder Monate für die Fermentation bzw. Gärung, bei der industriellen Herstellung kann diese durch Zusatzstoffe stark beschleunigt werden. Die Ausgangszutat sind Sojabohnen. Sie werden gemahlen, gedünstet und mit geröstetem sowie gemahlenem Reis- oder Weizenschrot gemischt. Durch die Anreicherung mit spezifischen Mikroorganismen entsteht koji, eine Trockenmaische. Anschließend wird Salz und Wasser zugefügt. Es entsteht ein Brei – in Japan „Moromi" genannt. Diese Mischung kommt anschließend in Fermentationsfässer (traditionell in Zedernholz), auch Muro genannt, in denen das Getreide fermentieren kann. Während die Mischung aus Soja, Weizen, Salz und Wasser in den Fermentationstanks ausreift, vollzieht sich die geschmacksprägende Enzymreaktion, bei der das Sojaeiweiß in einzelne Aminosäuren aufgespalten wird. Diese Inhaltsstoffe bestimmen Farbe, Aroma und Würze der Sojasauce. Die Reifedauer kann zwischen sechs und acht Monaten, aber auch mehrere Jahre, bei manchen Spitzensaucen sogar bis zu fünf Jahre betragen. Am Ende der Reifeperiode wird die jetzt fast fertige Sojasauce in Tücher gewickelt, ausgepresst, gefiltert und zum Schluss pasteurisiert, um eine längere Haltbarkeit zu gewährleisten.

Heutzutage werden zahlreiche Sojasaucen nicht mehr nach traditionellen Verfahren hergestellt. Es gibt neben dem traditionellen Verfahren die nicht gebraute Soja-Sauce. Diese wird in chemischen Hydrolyse-Anlagen produziert, in denen man Sojaprotein mit Salzsäure hydrolisiert. Anschließend werden Milchsäurebakterien und Hefen zugegeben. Auf diese Weise kann der gesamte Herstellungsprozess von Monaten und Jahren - wie bei der traditionellen Herstellung üblich - auf wenige Tage reduziert werden. Da sich so hergestellte Sojasaucen geschmacklich nicht mit den traditionellen messen können, werden sie z. T. noch mit hochwertigen Sojasaucen verschnitten. In vielen Fällen werden weitere Zutaten wie Aromen, Zucker, Konservierungsstoffe sowie Karamell zur Färbung hinzugefügt. Für den Export bestimmte Sojasauce wird meisten mit Natriumbenzoat (E211) konserviert.

Die verschiedenen Sorten im Vergleich

Es gibt zwei traditionelle Arten Sojasaucen herzustellen. Dabei unterscheidet man zwischen Tamari und Shoyu. Tamari entsteht aus der Fermentation von Sojabohnen und Meersalz und ist kräftig im Aroma, während bei der Herstellung von Shoyu noch Weizen beigegeben wird, wodurch das Aroma milder wird. Von allen Sojasaucen, die es auf dem Markt gibt, sind die japanischen und chinesischen Sojasaucen am bekanntesten. Man unterscheidet drei verschiedene Sorten Sojasauce. Die japanische Sojasauce ist eher braun, dünnflüssig und für europäische Zungen sehr vollmundig. Dunkle chinesische Sojasauce ist dickflüssiger, dunkelbraun und sehr salzig. Helle chinesische Sojasauce ist heller als die anderen Sorten, dünnflüssiger und weniger würzig. In der indonesischen Küche unterscheidet man zwischen zwei Sojasaucen: Ketjap Asin und Ketjap Manis. Ketjap Asin ist dünnflüssig und eher salzig, Ketjap Manis hingegen etwas dickflüssiger und süßer.

Eine besondere Variante ist die Teriyaki-Sauce. Teriyaki (japanisch) ist eine Zubereitungsart in der japanischen Küche, bei der Fisch, Fleisch (besonders Rindfleisch oder Geflügel) und Gemüse mit einer speziellen Teriyaki-Sauce mariniert und dann gebraten, gegrillt oder geschmort werden. Teriyaki-Sauce ist eine Mischung aus Sojasauce, Mirin (ein süßer japanischer Reiswein) oder Sake, Zucker, Essig sowie Gewürzen und Honig.

Um zu erkennen um was für eine Qualität es sich handelt, lohnt sich ein Blick auf das Etikett. Erstklassige Qualität verbirgt sich hinter der Aufschrift „natürlich gebraut" und einer kurzen Zutatenliste. Und selbstverständlich geben auch das Aroma, die Farbe, die Konsistenz und der Geschmack Aufschluss darüber, um welche Sojasauce es sich handelt.

Japanische Sojasauce

Zutaten: Wasser, Sojabohnen, Weizen, Salz

Farbe: Transparente, rehbraune Farbe.

Geruch: Leicht süßlicher, würziger, appetitanregender Geruch

Geschmack: neutral, geschmacksverstärkend, Umami

Konsistenz: dünnflüssig

Einsatz: Zum Kochen, Ablöschen und Dippen aller Speisen geeignet (Fleisch, Fisch, Gemüse), ob asiatisch oder europäisch

Herstellung: Schonendes, sechs Monate dauerndes natürliches Brauverfahren. Die Spaltung der pflanzlichen Proteine während des Brauprozesses erfolgt durch Mikroorganismen.

Helle chinesische Sojasauce

Zutaten: Wasser, Sojabohnen, Weizen, Salz und Zusatzstoffe, wie z. B. Geschmacksverstärker, Säuerungsmittel (weniger Weizen als in der japanischen Version)

Farbe: Helle Farbe.

Geschmack: Sehr salziger Geschmack. Nicht so vollmundig wie japanische Sojasaucen.

Konsistenz: dünnflüssig

Einsatz: Zum Würzen chinesischer Gerichte

Herstellung: Produktionszeit maximal ein Monat. Gebraut, oder eine Mischung aus industriell hergestellter und gebrauter Sojasauce.

Dunkle chinesische Sojasauce

Zutaten: Wasser, Sojabohnen, Weizen Zucker, Salz und Zusatzstoffen, wie z. B. Geschmacksverstärker, Säuerungsmittel, Karamell/Zuckercouleur, weniger Weizen als in der japanischen Version

Farbe: dunkel

Geruch: Schwerer, malziger Geruch

Geschmack: Salziger, starker Geschmack. Weniger vollmundig als japanische Sojasaucen

Konsistenz: dickflüssig

Einsatz: Zum Würzen und Färben von chinesischen Gerichten, wie z.B. gebratenen Nudeln, Chop Suey oder Suppen.

Herstellung: Kurze Produktionszeit. Teilweise erfolgt eine Verschneidung mit industriell hergestellter Sojasauce. Die dunkle Farbe ist auf den Zusatz von Zuckercouleur und auf hohe Temperaturen während des Produktionsprozesses zurückzuführen.

Industriell hergestellte Sojasauce

Zutaten: Basieren meist auf Öl-extrahiertem Sojaschrot, oft umfangreiche Zutatenliste. Statt eines natürlichen Fermentationsprozesses findet ein durch Hydrolyse und Beimpfung mit Mikroorganismen ein beschleunigter Prozess statt. Farbe, Geschmack und Aroma sind nicht vollständig auf die Fermentation und Reifung zurückzuführen, sondern basieren teilweise auf dem Hinzufügen von Maissirup, Glukosesirup, Melasse und Farbstoff.

Farbe: dunkle, trübe Farbe

Geruch: schwerer, säurehaltiger Geruch

Geschmack: aufdringliches, künstliches, süßes Aroma

Konsistenz: sirupartige Konsistenz

Einsatz: für pfannengerührte Gerichte (Wok)

Herstellung: sehr kurze Produktionszeit durch Verzicht auf den traditionellen Herstellungsprozess. Spaltung von Sojaeiweiß erfolgt durch säurekatalysierte Hydrolyse und nicht durch mikrobielle Fermentation.

Ein weiteres Merkmal zur Unterscheidung der verschiedenen Sojasaucen ist die Auswahl der Rohstoffe. Auf dem Etikett muss kenntlich gemacht sein, ob die Sojasauce wirklich nur aus natürlichen Rohstoffen besteht. Im besten Fall findet sich der Zusatz: „Ohne künstliche Farbstoffe und Geschmacksverstärker". Enthält eine Sojasauce Farbstoffe oder zugesetzte Geschmacksverstärker, muss dies auf dem Etikett bei den Zutaten aufgeführt sein. In Japan, dem Land der Sojasauce, ist die Klassifizierung wesentlich detaillierter:

Koikuchi

Beheimatet in der Region Kanto wird Kiokuchi Qualität in ganz Japan benutzt. Mit einem Anteil von über 80 % der in Japan produzierten Sojasauce ist die Koikuchi Qualität die typische japanische Sojasauce. Die Herstellung erfolgt mit gleichen Anteil Sojabohnen und Weizen. Diese Variation wird auch „Kijoyu" oder „Namashoyu" genannt, wenn keine Pasteurisierung erfolgt ist.

Usukuchi

Helle Sojasauce, die in der Küche der Kansai Region populär ist. Die Sauce ist salziger und farblich heller als Koikuchi. Die helle Farbe wird durch Zugabe von „Amazake", einem süßen Getränk aus Japan bestehend aus fermentiertem Reis erreicht.

Tamari

Tamari wird hauptsächlich in der Region Chubu in Japan produziert. Tamari ist dunkler und hat ein stärkeres Aroma als Koikuch . Tamari beinhaltet wenig bis gar keinen Weizen. Tamari ist die Original Sojasauce Japans. Das Rezept kommt der ursprünglich aus China importierten Sojasauce am nächsten. Diese Variante ist auch als Miso-Damari, das als Flüssigkeit bei der Miso Produktion anfällt, bekannt.

Shiro

Shiro ist eine sehr helle Sojasauce. Im Gegensatz zur Tamari besteht die Shiro Sojasauce hauptsächlich aus Weizen mit einem sehr geringen Anteil an Soja. Der Geschmack ist sehr leicht und ein bisschen süß. Shiro wird meistens in der Region Kansai eingesetzt, um z. B. Sashimi zu verfeinern.

Saishikomi (zweimal gebraut)

Diese Spezialität wird aus Koikuchi Sojasauce hergestellt, indem die Lake ein zweites mal gebraut wird. Von daher ist diese Sauce wesentlich dunkler und sehr aromatisch. Sie ist auch als „Kanro Shoyu" oder „Sweet Shoyu" bekannt.

Alle Varianten werden entsprechend des Herstellungsprozesses klassifiziert:

Honjōzō hōshiki : Wird aus 100 % natürlich fermentierten Zutaten hergestellt.

Shinshiki hōshiki: Wird aus 30-50 % natürlich fermentierten Zutaten hergestellt.

Tennen jōzō : Keine weiteren Zugaben außer Alkohol.

Entsprechend den Varianten werden die fertigen Produkte in drei offizielle Qualitätsstandards eingestuft:

Hyōjun: Standard, Pasteurisiert.

Tokkyū: Spezial Qualität, nicht pasteurisiert

Tokusen: Premium Qualität, normalerweise nur eine begrenzte Menge vorhanden

Der fünfte Geschmack "Umami"

Umami heißt der Geschmack, der Sojasoße charakterisiert und kommt aus dem Japanischen. Umami heißt so viel wie vollmundig oder vorzüglich. Umami hat wissenschaftliche Weihen: Neben süß und salzig, bitter und sauer ist es offiziell anerkannt als der fünfte Geschmack. Gemeint ist damit die pikant-würzige oder auch bouillonartige Note vor allem von eiweißreicher Nahrung wie Fleisch, Fisch und Käse. Genau genommen schmeckt aber vor allem ein Eiweißbaustein umami, nämlich die Aminosäure Glutamat. Dieser Stoff steckt natürlicherweise in der Sojasauce, je nach Sorte in unterschiedlicher Konzentration und hebt den Eigengeschmack der Lebensmittel. Dabei verhält es sich mit Sojasaucen wie mit Bier oder Wein. In jeder Region, in jedem Land gibt es unterschiedliche Vorlieben und Geschmacksrichtungen. Trotz gleicher Grundzutaten und einem „Asiatischen Reinheitsgebot" unterscheiden sich die fertigen Produkte grundsätzliche voneinander. Was beim Bier Wasser, Hopfen und Gerste sind bei der Sojasauce Soja, Wasser, Weizen und Salz. Das ist bei über 1000 verschiedenen Sojaarten, zig verschiedenen Getreidesorten, unter-schiedlichen „Brauzeiten", regionalem Klima, Bodengegebenheiten, Bakterien-kulturen, Mischungsverhältnisse usw. sicherlich nicht verwunderlich.

Glutamat ist aber nur eine Komponente. Die andere ist das spezifische Geschmacksbild der Soßen. Da kann sich eine leichte Note von Brühe bemerkbar machen oder ein Aroma von Edelschimmelpilz. Die sensorischen Merkmale der Soßen werden in Verkostungen beschrieben. Bewertet werden Fehler wie z. B. ein fremdartiger Geruch oder ein brandiger Geschmack. Auch die Ausgewogenheit der Komponenten und die Konsistenz spielen eine Rolle. Da kommt es auf die Eiweißmengen der Rohware Soja oder auch Weizen an. Insgesamt befinden sich im fertigen Produkt rund 300 Geschmacks- und Aromastoffe. Auch Mineralstoffe und Vitamine sind vorhanden, wie beispielsweise das in Sojabohnen reichlich vorhandene Eisen, Vitamin B2, Kalium und Kalzium.

Kochen und würzen mit Sojasauce

Sojasauce sollte erst zum Ende der Garzeit zum Würzen genutzt werden, sonst verflüchtigen sich viele Aromastoffe. Dabei gilt, dass ein wenig Sojasoße den Eigengeschmack verstärkt, beispielsweise bei Wirsingkohl oder in Salatsoßen. Sie gibt Marinaden eine spezielle Note und rundet z. B. eine Hühnersuppe geschmacklich ab. Bei der Dosierung ist eine gewisse Zurückhaltung manchmal mehr. Die Soßen enthalten teilweise reichlich Salz, bis zu 18 Prozent. Dies entspricht pro Esslöffel etwa 3 Gramm. Eine gute Sojasauce sollte und kann wie ein Gewürz unter vielen verwendet werden. Es sollte am Ende nicht mehr herauszuschmecken sein. Einige Tropfen reichen häufig aus. Insbesondere hochwertige Sojasaucen bestechen durch einzigartige Geruchs- und Geschmacksvielfalt und betonen die Aromen von Fisch, Fleisch, Gemüse, Geflügel usw. auf das Höchste.

Dabei schmecken helle Sojasaucen weniger intensiv und sehen in manchen Gerichten wie Salaten besser aus. Sojasauce sollte nach dem Öffnen im Kühlschrank aufbewahrt werden, außerhalb verlieren die Soßen mit der Zeit einen Teil des Aromas.

Rezepte mit Sojasauce

Bami Goreng

Bami Goreng bzw. Mie Goreng ist eines der bekanntesten Gerichte aus Indonesien. Es ist ein Nudelgericht mit gebratenen Nudeln (indonesisch: bami = Nudeln; goreng = gebraten), das im Wok zusammen mit verschiedenen Gemüsesorten und Fleisch zubereitet wird. Da dieses Gericht im eigentlichen Sinne der "Resteverwertung" dient, gibt es kein feststehendes Rezept, sondern sehr viele Variationsmöglichkeiten mit individuellen Zutaten und Würzungen. Wie auch das Pendant Nasi Goreng, ist Bami Goreng bei uns ein bekanntes und beliebtes asiatisches Gericht.

.

Zutaten
500 g Mie Nudeln

500 g Hühnerbrust

200 g geschälte TK Garnelen (vorher auftauen lassen)

2 Zwiebeln

1 St Knollensellerie

1 Karotte

1 Stange Lauch

3 Knoblauchzehen

1–2 EL Erdnuss- oder Sonnenblumenöl

6 EL Sojasauce (Koikuchi Qualität oder Ketjap Manis)

Pfeffer und Salz aus der Mühle

Zubereitung

Das Hühnerfleisch in kleine Streifen schneiden und mit Sojasauce marinieren. In einen Wok oder in eine große Pfanne etwas Öl geben und das Hühnerfleisch fast fertig garen lassen. Das Hühnerfleisch beiseitestellen und die Garnelen schälen, säubern, abwaschen und in derselben Pfanne kurz anbraten und ebenfalls in eine Schüssel separat bereitstellen. Die Nudeln nach Anleitung zubereiten und beiseite stellen. Die Zwiebeln schälen, halbieren und in dünne Streifen schneiden und bereitstellen.

Den Sellerie schälen, putzen; in kurze, dünne und schmale Streifen schneiden; getrennt bereitstellen. Die Karotte schälen, in sehr dünne Scheiben hobeln und getrennt bereitstellen.

Den Lauch putzen, in Streifen schneiden und getrennt bereitstellen. Die Knoblauchzehen schälen, fein hacken und getrennt bereitstellen. Abermals Öl in den Wok oder die die Pfanne geben und heiß werden lassen. Die Zwiebeln scharf anbraten, dann rasch aufeinanderfolgend den Sellerie, die Karotten, den Lauch und den Knoblauch dazugeben; alles kurz scharf anbraten; und etwa 3 Minuten dünsten lassen. Jetzt das Hühnerfleisch und die Garnelen dazugeben und etwa 3 Minuten mit schmoren lassen. Jetzt können die abgetropften Nudeln dazugegeben werden. Unter rühren noch ein paar Minuten schmorren lassen und mit Sojasauce, Salz und Pfeffer abschmecken.

Alternativ kann z. B. in Streifen geschnittener Chinakohl, Paprikaschote oder Brokkoli verwendet werden. Zusätzlich zum würzen kann z. B. auch Trasi, Chili, Ingwer, Curry, Fischsauce, Zitronengras oder Hühnerbrühe verwendet werden.

Nasi Goreng

Nasi Goreng ist wohl das bekannteste indonesische Gericht. Auf indonesisch bedeutet Nasi Reis. Die Zubereitung ist ähnlich wie beim Bami Goreng, nur das anstatt Nudeln, Reis genommen wird. Von Nasi Goreng (übersetzt: gelber Reis) existieren unendlich viele Rezepte.

Zutaten

400 g Reis

400 g Fleisch (z. B. Huhn, Schwein oder Rind)

200g Scampi

3 Eier

1 Stange Lauch

1/2 Knollensellerie

1 Karotte

5 Zwiebeln

3 Knoblauchzehen

6-8 EL Sojasauce (helle chinesische oder Ketjab Anis)

1/2 TL Trasi

3 EL Erdnussöl oder Sonnenblumenöl

1 Spritzer Zitronensaft

Salz und Pfeffer aus der Mühle

Zubereitung

Den Reis kochen und zur Seite stellen. Die Frühlingszwiebel, die Karotte und den Sellerie putzen und in schmale Streifen schneiden. Die Eier in eine Schüssel aufschlagen, mit Salz und Pfeffer würzen. Eine Pfanne mit Fett ausreiben und aus den Eiern Omeletts backen. Auf einem Teller auskühlen lassen. Die Omeletts übereinanderlegen und in feine Streifen schneiden. Die rohen Scampi aus der Schale lösen, den schwarzen Darm entfernen und längs halbieren. Das Fleisch in feine Streifen schneiden. Die Zwiebeln und den Knoblauch schälen, in größere Stücke schneiden und zusammen mit dem Trasi im Mixer pürieren.

Im Wok das Öl erhitzen, die Trasipaste zugeben, gar kochen und das Fleisch und die Scampi darin anbraten. Danach Frühlingszwiebel und das restliche Gemüse unterheben. Nach ca. 3-5 Minuten den Reis dazugeben. Alle Zutaten heiß werden lassen und schließlich die Sojasauce zugeben. Erst jetzt die Omlettstreifen dazugeben und kurz mit erwärmen. Mit Zitronensaft abschmecken und eventuell nachwürzen. Zum abschmecken kann auch ein wenig Currypulver genommen werden.

Scharfes asiatisches Kartoffelgulasch mit Ingwer

Deutsche Küche trifft Asien. Eine Variante für einfaches Wurstgulasch.

Zutaten

400 g Zwiebel

600 g Kartoffeln

400 g Wiener oder Frankfurter Würstchen

4 EL Sonnenblumenöl

4 EL Tomatenmark

4 TL Rosenpaprika

400 ml Rotwein (trocken)

600 ml Gemüsebrühe

4-6 EL Sojasauce (Koikuchi Qualität oder Ketjap Manis)

1-2 Chilischote (Auswahl nach gewünschter Schärfe)

1 kleines Stück Ingwer

Je 1 TL Majoran, Thymian und gemahlener Kümmel

½ TL Zitronenschale

3-4 mittelgroße Knoblauchzehen

Zubereitung

Die Zwiebeln und Kartoffeln schälen und fein würfeln. Die Zwiebeln in einem Topf mit dem Sonnenblumenöl hellbraun anbraten, das Tomatenmark hinzugeben und weiter rösten. Die abgeschütteten Kartoffeln dazugeben und das Ganze kurz weiter rösten, dann mit Rotwein und Gemüsebrühe ablöschen. Den klein gehackten Ingwer, Knoblauch und den Chili dazugeben. Den Majoran, das Thymian, die Paprika, die Zitronenschale und den Kümmel ebenfalls dazugeben. Nach ca. 30 Minuten Kochzeit bei mäßiger Hitze nochmals mit Sojasauce und abschmecken. Zum Ende der Garzeit die Würstchen in kleine schräge Scheiben schneiden und mit in das Gulasch geben. Das ganze nochmals ca. fünf Minuten köcheln lassen, bis die Wurstscheiben warm sind. Als Beilage eignet sich Fladenbrot, Naan Brot oder Ciabatta.

Putenrahmgeschnetzeltes mit Sojasauce
Ein klassisches deutsches Gericht verfeinert mit Sojasauce.

Zutaten
600 g Putenschnitzel

3 rote Zwiebeln

3 Lauchzwiebeln

3-4 mittelgroße Mohrrüben

350 g Champignons

1 rote und gelbe Paprika

4 EL Sonnenblumenkernöl oder Olivenöl

200 ml Brühe

100 g Crème fraîche

2 TL mittelscharfer Senf

1 Prise frisch gemahlener gemischter Pfeffer

10 EL Sojasauce vom Typ Usukuchi oder helle Chinesische

Zubereitung

Die Putenschnitzel in Streifen schneiden und in der Sojasauce marinieren. Zwiebeln in Ringe schneiden, Möhren schälen, waschen und in Stifte schneiden.

Champignons waschen, putzen und in Scheiben schneiden. Paprikaschoten halbieren, putzen, waschen und in Streifen schneiden. Öl erhitzen, Putenstreifen dazugeben und anbraten. Gemüse hinzufügen und andünsten. Die restliche Sojasauce und Brühe zum ablöschen verwenden und unter gelegentlichem rühren 5-10 Minuten garen. Geschnetzeltes mit Crème fraîche verfeinern und mit Senf und Pfeffer abschmecken.

Noch mehr fermentierte Saucen

Fischsauce

Die Fischsauce ist die würzende Zutat in vielen asiatischen Gerichten aus dem südostasiatischen Raum. Dabei beschreibt Fischsauce eine ganze Reihe von Saucen die aus fermentierten Fisch hergestellt werden. Fischsauce ist eine asiatische Würzsauce, die auf fermentiertem Fisch basiert. Der Begriff beschreibt eine Reihe von Saucen, die in verschiedenen Varianten von verschiedenen Kulturen benutzt wird oder wurde. Besonders in Ost- und Südostasien ist sie heute noch verbreitet. Sie gehört zu den wichtigsten Würzmitteln in der Thai Küche, wird aber genauso gerne in Laos, Kambodscha, Vietnam, Burma den Philippinen und Korea verwendet. Im Prinzip wird Fischsauce wie Salz oder Sojasauce benutzt. Eine gute Fischsauce besitzt ein eigenes und ausgeprägtes Aroma.

Die bräunlich-klare, sehr intensiv riechende Sauce besteht hauptsächlich aus Anchovis (Sardellen) und ähnlichen kleinen Fischen, Salz, Zucker und Wasser, manchmal auch noch aus Austern und Garnelen. Es gibt dabei sehr verschiedene Stärken, die unterschiedlich viel Fisch pro Liter fertige Sauce verwenden und entsprechend auch unterschiedlich zu dosieren sind. Oft wird sie zum Würzen noch mit Zitronensaft, Chili und/oder Knoblauch vermengt. Fischsauce verstärkt den Geschmack eines Gerichts, ohne ein eindeutiges Fischaroma zu hinterlassen. Da Fischsauce zu den ältesten Würzmitteln der Welt gehört, war die Herstellung schon im alten Rom bekannt.

Damals wurde Fischsauce unter dem Namen „Garum" bekannt und aus den Innereien der Makrele hergestellt. In kleinen Amphoren versiegelt, wurde das Garum in das gesamte römische Reich versendet und diente vor allem im Binnenland als Salzersatz.

Die traditionelle Herstellungsmethode beruht auf einer mehrere Monate dauernden Fermentation des eingesalzenen Fischmaterials durch Enzyme und Mikroorganismen, die zu einer Hydrolyse des Fischproteins führen. Heutzutage werden sowohl Salz- als auch Süßwasserfische genommen. Die Fische werden fangfrisch verarbeitet. Dies garantiert eine bestmögliche Qualität. Sobald die Fische gesäubert sind, werden sie in Salz eingelegt. Das Mischungsverhältnis beträgt etwa zwei Teile grobes Meersalz und drei Teile Fisch. Dann wird die Mischung in große Tongefäße gefüllt mit je einer Salzschicht unten und oben. Traditionell wird dann eine gewebte Bambusmatte genommen und auf die Mischung gelegt. Diese wird mit schweren Steinen bestückt. Durch das Gewicht der Steine wird die Masse langsam zusammengedrückt. Dadurch wird vermieden das der Fisch sich mit der aus der Fermentation entstehenden Flüssigkeit vermischt. Jetzt werden die Gefäße komplett verschlossen und nur von Zeit zu Zeit geöffnet, um durch Luft- und Sonneneinfluss einen besseren Geschmack und ein besseres Aroma zu erreichen. Nach einem mehrmonatigen Fermentations-prozess wird die Flüssigkeit durch einen Hahn am unteren Ende des Tongefäßes abgelassen, gefiltert und nochmals in saubere Behälter gefüllt. Dieses fertige Extrakt wird nun für einige Wochen relativ unbedeckt der Luft und der Sonnen ausgesetzt, um den strengen Fischgeruch abzumildern. Erst jetzt wird es in Flaschen abgefüllt. Das Ergebnis ist eine 100 % hochwertige Fischsauce mit der Güteklasse A. Bei Fischsaucen mit der Güteklasse B und C wird die fermentierte Masse einfach nochmals mit Salzwasser bedeckt und nochmals für zwei – drei Monate dem Prozess ausgesetzt. Die dadurch gewonnene Flüssigkeit wird gefiltert und in

Flaschen abgefüllt. Am Ende der Kette wird die verbleibende Masse abgekocht mit Salzwasser und filtriert um Sauce mit der geringsten Gütestufe zu erhalten. Eine andere Möglichkeit ist entsprechend der Verschnitt mit Fischsauce der Güteklasse A (authentisch). Das, was bei jedem Fermentationsvorgang an Aroma und Geschmack verloren geht, kann durch Verschnitt nur teilweise wieder erzeugt werden.

Inzwischen wird die Herstellung von Fischsauce aufgrund des aufwendigen und kostspieligen Fermentationsprozesses häufig durch Zusatz von Enzymen oder Essig beschleunigt. Da das Resultat nicht dasselbe ist wie bei dem natürlichen Herstellungsverfahren, werden häufig noch Zuckerstoffe, Glutamat oder andere natürliche oder künstliche Geschmacks- oder Farbstoffe zugesetzt.

Austernsauce

Austernsauce ist eine dickflüssige dunkelbraune Würzsauce der asiatischen Küche. Ursprünglich aus in Salzwasser fermentierten Austern hergestellt, besteht sie heute meist aus einer Mischung von Austernextrakt und Sojasauce, die vorher mit Salz, Knoblauch und Zwiebeln eingekocht wurde. Sie wird mit Maismehl angedickt, mit Zuckercouleur gefärbt und mit teilweise reichlich Geschmacksverstärker „umami" gemacht. Häufig werden noch Konservierungsstoffe verwendet.

Eine herkömmliche Austernsauce zeichnet sich durch ein strenges, salziges, leicht fischiges Aroma aus. Sie dient vor allem in der kantonesischen chinesischen Küche – häufig mit Sojasauce, Knoblauch oder anderen Zutaten vermischt – als Allzweckwürze. Man verwendet sie zum Marinieren, Abschmecken und zum Nachwürzen bei Tisch. Eine traditionelle Austernsauce wird durch das abkochen von in Salzlake fermentierten Austern hergestellt. Die Sauce wird solange reduziert, bis sich eine Flüssigkeit mit einer typisch braunen Farbe, ähnlich karamellisiertem Zucker, gebildet hat. 1888 wurde diese Sauce zum ersten Mal hergestellt. Es werden keine weiteren Zutaten wie Salz oder Ähnliches verwendet. Die Sauce bietet nur den natürlichen Geschmack und das Aroma der „Auster".

Inzwischen wird die Sauce auch als vegetarische Variante angeboten. Statt Austern werden Austernpilze verwendet.

Austernsauce
Zutaten
500 g Austern
1 Tasse Wasser
1 TL Meersalz
2 TL helle chinesische Sojasauce
½ Tasse dunkel Sojasauce (Tamari)

Zubereitung
Austern öffnen und die Flüssigkeit aufbewahren. Das Muschelfleisch säubern und zerkleinern. Die gehackten Austern mit der zurückbehaltenen Flüssigkeit in einen Topf mit einer Tasse Wasser geben, mit einem Deckel zudecken und das Ganze ca. 10 Minuten bei geringer Hitze köcheln lassen. Salz hinzugeben und die Flüssigkeit abkühlen lassen. Die Masse durch ein feines Sieb passieren und ca. 2 Teelöffel helle chinesische Sojasauce und ca. eine halbe Tasse dunkle Sojasauce dazugeben. Abermals ca. sieben Minuten reduzieren lassen und gegebenenfalls nochmals abschmecken. Auf Raumtemperatur abkühlen lassen und in ein steriles Gefäß geben. Die Sauce hält sich mehrere Wochen im Kühlschrank.

Worcestershiresauce und Original HP-Sauce

Worcesteshirersauce ist eine klassische englische Würzsauce die 1837 von der Firma Lea & Perrins in Worcester das erste Mal hergestellt wird. Heute werden Nachahmerprodukte unter dem Namen Worcestersauce auch von anderen Firmen angeboten.

Das Originalprodukt aus England besteht aus Essig, Melasse, Zucker, Salz, Sardellen, Tamarindenextrakt, Zwiebeln, Knoblauch, verschiedenen Gewürzen sowie natürlichen Aromen und reift über mehrere Jahre in geschlossenen Behältern. Die genaue Zusammensetzung und das Verfahren sind ein Firmengeheimnis. Worcestershiresauce ist das Ergebnis eines Fermentationsprozesses. Das Ergebnis ist ein dünnflüssiger, tiefbrauner und aromatischer Extrakt. Im Vergleich zur Worcestershiresauce bestehen die aus rechtlichen Gründen als Worcestersauce verkauften Nachahmerprodukte meist aus Sojasauce als Basis und können zusätzlich Wasser, Senf, Pfeffer, Chili, Fruchtmark und andere Gewürze enthalten. Oft enthalten diese Produkte zudem künstliche Aromastoffe, Konservierungsmittel sowie Verdickungsmittel und weichen geschmacklich oft stark vom

Original ab. HP Sauce ist eine bekannte britische Würzsauce, welche aus den Schoten des Tamarindenbaums hergestellt wird. Mit einem Marktanteil von 71 % ist HP Sauce die bekannteste Brown Sauce im Vereinigten Königreich. Sie wird vorzugsweise zu Fleischgerichten oder als Zutat in Suppen bzw. Eintöpfen verwendet. Das Originalrezept wurde von Frederick Gibson Garton, einem Kolonialwarenhändler aus Nottingham entwickelt. Er patentierte das Rezept unter dem Namen H.P. Sauce im Jahr 1869. Der Grund für die Namensgebung war das Gerücht, dass ein Restaurant in den Houses of Parlament damit begann, diese Sauce zu servieren. Viele Jahre lang trugen die Etiketten das Bild des Palace of Westminster. Garton verkaufte das Rezept und die Marke HP für £150. Eine andere Geschichte besagt, der Name HP Sauce käme von einem gewissen Harry Palmer. Diesem wurde nachgesagt, das Rezept unter "Harry Palmer's Famous Epsom Sauce" verkauft zu haben. Die Legende besagt, dass der begeisterte Glücksspieler das Rezept der braunen Sauce verkaufen musste, um seine Spielschulden zurückzahlen zu können. Es gibt jedoch keinen Beweis für die Existenz von Harry Palmer in der Firmengeschichte. Laut Hersteller enthält HP Sauce folgende Zutaten: Malzessig aus Gerste, Tomaten, Melasse, Branntweinessig, Traubenzucker-Fruchtzucker-Sirup, Datteln, Zucker, Salz, modifizierte Maisstärke, Roggenmehl, Tamarindenextrakt, Gewürze und Zwiebelextrakt. Neben The Original HP Sauce gibt es weitere Sorten wie zum Beispiel HP Chili, BBQ und Fruity.

Saucenrezepte aus Asien

Hoisin Sauce

Hoisin-Sauce ist eine dickflüssige, dunkle Sauce aus der chinesischen und vietnamesischen Küche, die vor allem zu Fleischgerichten gereicht wird. Sie schmeckt süßlich und recht kräftig. Sie besteht vor allem aus fermentierten roten Sojabohnen und Zucker, Weizenmehl, Knoblauch, Essig, Chilis. Dazu kommen Salz und Sesamöl. Traditionell enthält sie Süßkartoffeln. Diese bekannte Sauce gibt es fertig zu kaufen, kann aber auch leicht selbst hergestellt werden.

Zutaten
8 EL Sojasauce, dunkel (Tamari)
4 EL Schwarzbohnenpaste
3 EL flüssiger Honig
4 TL Reisessig
1-2 Knoblauchzehen
1 kleine Zwiebel
4 TL Sesamöl, schwarz
20 Tropfen Chiliöl
¼ TL gemahlener Szechuanpfeffer
¼ TL Fünfgewürzpulver

Zubereitung
Knoblauch und Zwiebel sehr fein hacken und mit allen Zutaten in einer Schüssel zu einer glatten cremigen Sauce verrühren.

Tamarindensauce

Tamarinden sind die Hülsen des Tamarindenbaums (Tamarindus indica) und finden Verwendung in der indischen, thailändischen, indonesischen oder auch afrikanischen Küche.

Tamarinden sind etwa 15 bis 20 cm lange flache Hülsen, in deren Innerem die Samen liegen. In Thailand und Mexiko wird Tamarinde kandiert und mit Chili gewürzt oder als ziemlich scharf schmeckendes Konfekt gegessen, häufig mit Garnelen. In Thailand ist die Tamarinde (makhaam) überaus beliebt, wird frisch und getrocknet, auch eingelegt (sowohl die Bohne als auch die gesamten Schoten), süß, sauer und salzig gegessen. Im Nahen Osten, vor allem im Libanon und in Ägypten wird eine Limonade aus Tamarinde hergestellt (tamar-händi), die dunkelbraun, ähnlich wie Cola aussieht. Eine solche hellbraun-rötliche Limonade namens Colombiana gibt es auch in Kolumbien. Tamarindenmark findet sich auch als Zutat in Würzsaucen. In Europa ist ein Tamarindenkonzentrat unter der Bezeichnung Asem erhältlich.

Die Tamarinde ist von Konsistenz und Farbe der Rosine ähnlich. Reife Tamarindenfrüchte enthalten neben Zucker (35 bis 50 %) große Mengen an Weinsäure (bis zu 20 %), die den sauren Geschmack bedingt. Der Geschmack von Tamarindensaft ist mild-säuerlich und frisch. Er erinnert an Zitronensaft, der den Tamarindensaft notfalls auch ersetzen kann.

Zutaten
60 g getrocknetes Tamarindenfruchtfleisch
280 ml Wasser
1/2 TL geröstete und gemahlene Kreuzkümmelsamen
4-5 TL flüssiger Süßstoff (z. B. Natreen)
Zitronensaft einer halben Zitrone

Chilipulver, Salz und Garam Masala

Zubereitung

Das Tamarindengranulat in ca. 140 ml erhitztes Wasser geben und ca. eine Stunde einweichen lassen. Die Masse zerreiben und kräftig durch ein Sieb passieren. Den Rest wegwerfen. In einer Pfanne ohne Öl den Kreuzkümmel anrösten und anschließend mahlen. Jetzt das Mus in einem Topf mit ca. 140 ml Wasser geben. Dann Kreuzkümmel und Süßstoff dazugeben. Je ¼ TL Garam Masala, Chilipulver und Salz unterrühren. Die Sauce zum Kochen bringen und ein paar Minuten köcheln lassen. Nun den Zitronensaft dazugeben und nochmals abschmecken, nach Belieben nachwürzen. Die Tamarindensauce wird als Dip gekühlt serviert.

Asia Sauce

Eine perfekte Sauce zum dippen von Frühlingsrollen oder zum abschmecken von Wokgerichten.

Zutaten

10 EL Sojasauce (helle chinesische)
4 EL Balsamicoessig (Aceteco de Moderna)
1 EL Rohrzucker
2 Knoblauchzehen
1 EL Butter
1/2 TL Kartoffel- oder Maisstärke

Zubereitung

Knoblauch pressen und sämtliche Zutaten außer der Stärke in einen Topf geben und erhitzen. Dabei die Stärke langsam einrühren, bis die Sauce eine cremige Konsistenz hat. Kurz aufkochen, fertig

Süß scharfe Sauce
Eine Dipsauce für Fleisch, Geflügel und Fisch. Passt hervorragend zu Gegrilltem.

Zutaten
¼ Paprikaschote, rot
½ Zwiebel
2 TL Honig oder Palmzucker
1 TL rote Currypaste
200 ml Tomatenmark

Zubereitung
Paprika und Zwiebeln ganz fein in Würfeln schneiden und mit dem Honig oder dem Zucker in einer Pfanne anbraten, bis der Honig bzw. der Zucker flüssig ist. Jetzt die Currypaste und das Tomatenmark dazugeben. Alles unter geringfügiger Hitze miteinander vermischen und gegebenenfalls nachwürzen. Die Asia Sauce wird kalt serviert.

Orientalische Sauce
Passt zu fast allen asiatischen Gerichten egal ob Fisch, Fleisch oder auch Gemüse.

Zutaten
100 ml Tasse Reisessig
½ Zwiebel gehackt
1 Knoblauchzehe
3 TL Limettensaft, frischer oder Zitronensaft
2 TL dunkle Sojasauce (Tamari)
1 TL Rohrzucker oder Palmzucker
4-6 EL Olivenöl
 Salz und Pfeffer

1 Stück Gurke

¼ grüne Paprikaschote

2 EL Sesamkörner

1 Chili mittelscharf

Zubereitung

Knoblauch, Zwiebel, Gurke, Chili und Paprikaschote sehr klein hacken. Essig, Zwiebeln, Knoblauch, Saft, Soja-Sauce und Zucker in einem Topf verrühren. Während des Erwärmens langsam das Olivenöl zugeben. Bei mittlerer Hitze kochen, bis alles sehr gut durchgewärmt ist und die Zwiebeln leicht angekocht sind.

Gurke, Paprika und Sesam zugeben. Nur noch ziehen lassen und warm stellen. Nicht mehr kochen.

Asiatische süß - saure Sauce

Beliebte Sauce in Asien, passt als Beilage zu vielen Gerichten, als Sauce oder kann als Würzmittel dienen.

Zutaten

4-5 EL Palmzucker

4 EL Kokosessig

3 TL Tomatenmark

4 EL Sojasauce (helle chinesische)

4 EL Sherry

2 EL Sesamöl

75 ml Wasser

2 TL Mais- oder Kartoffelstärke

2 EL in kleine Stücke geschnittene Ananas

Zubereitung

Stärke mit dem Wasser glatt rühren. Alle anderen Zutaten in einem Topf glatt rühren. Erhitzen, Stärke-Wasser-Mischung dazugeben und aufkochen.

Ananas - Sauce

Süß scharfe Sauce, passt gut zu Frühlingsrollen, als Dip zu Naan Brot oder Krupuk oder als Grillsauce.

Zutaten

2 Chilischoten (Schärfe wie gewünscht, z. B. Habanero!)
1 Paprikaschote, rot
5 Knoblauchzehen, geschält, gehackt
300 g frische Ananas
4 EL Kokosessig
1 TL Fischsauce
125 g Rohrzucker oder Palmzucker

Zubereitung

Rote Chilis, Paprika und Knoblauch sehr klein hacken und bei geringer Hitze ca. 5 Minuten in einem Topf unter Rühren anschwitzen. Danach zusammen mit der klein gehackten Ananas mit dem Mixer oder Zauberstab pürieren, bis eine Paste entstanden ist. Mit 3-4 Esslöffeln Wasser zum Kochen bringen, die restlichen Zutaten zufügen und solange köcheln, bis die Masse sirupartig eingekocht ist, gegebenenfalls nochmals abschmecken mit ein wenig Zucker oder Fischsauce. Danach abkühlen lassen.

Die Sauce sollte fruchtig scharf mit einer leicht säuerlichen Note schmecken. Sie ist im Kühlschrank ungefähr 3 Monate haltbar.

Erdnuss Sauce
Der Klassiker unter den asiatischen Saucen.

Zutaten
1-2 Chilischoten (Schärfe wie gewünscht, z. B. thailändische Vogelaugenchilis)

3 Knoblauchzehen

4 Schalotten

1 cm Ingwer

5 EL Erdnussöl

2-3 EL Palmzucker

Ca. 150 ml Kokosmilch

300 g unbehandelte Erdnusskerne

50 ml Sojasauce (Ketjap Manis z. B.)

Saft von 2 Limetten

2 EL Fischsauce

Zubereitung
Erdnüsse mit dem Pürierstab so lange zerkleinern, bis nur noch vereinzelt Stücke zu sehen sind. Nun die Chilischoten entkernen und zusammen mit dem Knoblauch, den Schalotten und dem Ingwer fein hacken und zu den Erdnüssen geben. Jetzt das Erdnussöl, die Kokosmilch, die Sojasoße, den Limettensaft und den Palmzucker hinzugeben und alles mit dem Pürierstab vermengen. Das Ganze mit Fischsauce abschmecken und die Erdnusspaste in einen Topf geben. Nochmals abschmecken mit Zucker und Fischsauce. Je nach gewünschter Konsistenz mit Kokosmilch verlängern und aufkochen lassen.

Zucker- Eine süße Welt

Der lange Weg zum Kristallzucker

Vor 200 Jahren galt Zucker noch als Luxusartikel. Der Nutzen der Zuckerrübe war zu diesem Zeitpunkt noch nicht bekannt. Rohrzucker konnte nur per Schiff aus Übersee eingeführt werden. Zur Süßung wurden Pflaumenmus oder Honig eingesetzt. Erst im 18. Jahrhundert gelang es der Landwirtschaft, Rüben mit hohem Zuckergehalt zu züchten. Ein von Franz Karl Achard entwickeltes Fabrikationsverfahren führte 1825 zur Entstehung der Rübenzuckerindustrie, die bereits Ende des 19. Jahrhunderts im Weltmaßstab ebenso viel Zucker erzeugte, wie die traditionelle Rohrzuckerindustrie. Ganze Landstriche, wie die Magdeburger Börde, stellten sich auf den Anbau von Rüben ein. Diese Monokulturen, die viel Dünger benötigten, stimulierten ihrerseits die Entwicklung der Düngemittelindustrie. Die Zuckerrübe ist eine zweijährige Pflanze. Sie bildet also erst im zweiten Jahr einen Blütenstand und Samen aus. Die Ernte erfolgt im ersten Vegetationsjahr, da in diesem Zeitraum die Speicherung von Reservestoffen erfolgt und damit der Zuckergehalt, der den wirtschaftlichen Nutzen bestimmt, am höchsten ist. Zum Erntezeitpunkt hat die Rübe ein Gewicht von ca. 700 bis 1200 g. Der höchste Zuckergehalt konzentriert sich im Mittelstück der Rübe. Die Zuckerrübe wird vorwiegend im gemäßigten Klimabereich kultiviert. Die Zuckerrübe ist weltweit eine der bedeutendsten Rohstoffquellen zur Gewinnung von Zucker.

Die Herstellung von Zucker aus der Zuckerrübe

Nach der Ernte werden die Rüben zunächst gereinigt und zerkleinert. Hierbei werden sie von anhaftenden Bodenbestandteilen getrennt und zu plattenförmigen Stücken zerteilt. Der zweite Schritt der Herstellung ist etwas komplexer und bezeichnet sich als Auslaugen und Ausfällen von nichtlöslichen Begleitstoffen.

Durch aufgießen von stark erhitztem Wasser wird der Zuckerrübe der Rohsaft entzogen. Das Wasser - Rohsaft - Gemisch mit einem Rohzuckergehalt von etwa 14 % wird Mithilfe der Kalk - Kohlensäure - Reinigung von Nichtzucker-stoffen getrennt, gefiltert und durch Verdampfen eingedickt. Chemisch gesehen entsteht durch die Reaktion von Kalziumoxid-CaO (gebrannter Kalk) und Wasser ein Gemisch, welches sich als Kalziumhydroxid (gelöschter Kalk) bezeichnet. Durch einblasen von Kohlenstoffdioxid reagiert der gelöschte Kalk zu Kalziumkarbonat (Kalk), der beim nun eintretendem "Ausfall" viele Fremdstoffe mitreißt. Erst jetzt erfolgt die Kristallisation. Aus dem entstandenen Dicksaft mit einem Zuckergehalt von ca. 65 % wird durch Temperatur der Zucker gewonnen. Die gewonnen Zuckerkristalle werden „raffiniert", d. h. in einem temperierten Silo eingelagert.

Die Eigenschaften von Zucker

Saccharose, besser bekannt als gewöhnlicher Haushaltszucker, setzt sich chemisch gesehen aus 12 Kohlenstoffatomen, 22 Wasserstoffatomen und 11 Sauerstoffatomen zusammen. Die zusammengesetzte Summenformel lautet folglich $C12-H22-O11$. Hierbei macht es jedoch keinen Unterschied ob der Zucker aus dem Zuckerrohr oder der Zuckerrübe gewonnen wurde. Saccharose bezeichnet sich als ein nicht reduzierbares Disaccharid (Zweifachzucker) und gehört wie auch die anderen Zuckerarten zu den Kohlehydraten. Es besteht aus jeweils einem Glucose Molekül und einem Fructose Molekül. Beide sind über eine sogenannte 1,2-glycosidische Bindung miteinander verbunden, welche sich durch den Austritt eines Wassermoleküls (Kondensationsreaktion) gebildet hat. Durch die Erhitzung von Saccharose auf 185 °C schmilzt sie und bildet eine dickflüssige, braune Substanz. Diese wird auch als Karamell bezeichnet. Durch die vollständige Verbrennung entsteht Zuckerkohle. Die Wasserlöslichkeit ist im Gegensatz zu manchen anderen Feststoffen sehr gut. Je höher die Temperatur des Wassers ist, desto schneller kann sich der Zucker im Wasser auflösen. Bei einer Wassertemperatur von 20 °C beträgt die mit zuckergesättigte Lösung etwa 66 %. Bei kochendem Wasser, beziehungsweise einer Wassertemperatur von 100 °C, erhält man hingegen eine 84%ige Lösung. Ein großer Bestandteil der Kohlenhydrate ist der Zucker. Die Ausgangsbasis aller Kohlenhydrate ist der " Einfache Zucker " beziehungsweise das Monosaccharid. Enthalten ist er überwiegend in Weißmehlprodukten oder bestimmten Sorten des Haushaltszuckers. Bei der Verbindung zweier Monosaccharide entsteht der Zweifachzucker auch Disaccharid. Hierbei handelt es sich nun wieder um die Saccharose, also die Verbindung zwischen Fructose und Glucose wie im Zuckerrohr oder der Zuckerrübe einhalten ist. Als dritte Verbindungsmöglichkeit bezeichnet sich die

Verbindung zwischen mehreren Monosaccharide als Polysaccharid. Bei dieser Verbindung zwischen den einzelnen Glucosemolekülen entsteht bei Pflanzen beispielsweise die Stärke.

Zuckersorten auf Basis des weißen Kristallzuckers

Farinzucker
Farinzucker ist ein feiner, braun gefärbter Zucker. Seine Farbe kommt während der Herstellung durch die Zugabe von Sirup zustande.

Kandiszucker
Kandiszucker zeichnet die unterschiedliche Kristallgröße und die braune Farbe aus. Diese kommt durch langsames Auskristallisieren in der Produktionsphase zustande. Durch die Zugabe von karamellisierendem Zucker färbt er sich komplett braun.

Läuterzucker
Läuterzucker ist ein klarer, jedoch dickflüssiger Sirup aus Wasser und Zucker. Besonders für die Herstellung von Mixgetränken ist der Läuterzucker durch die schnelle Löslichkeit sehr praktisch.

Brauner Zucker
Nicht jeder Zucker mit brauner Farbe ist ein Rohrzuckerprodukt. Als brauner Zucker bezeichnen sich alle Zuckerarten, welche zum Beispiel durch die Karamellisierung ihre braune Farbe erhielten.

Zuckerhaltige Süßungsmittel auf Basis des weißen Kristallzuckers

Fondant

Die Bezeichnung Fondant kommt aus dem französischen Sprachgebrauch. Sie beschreibt eine weiche, pastöse Zuckermasse, die zur Herstellung verschiedener Süßwaren, wie zum Beispiel dem Fondant verwendet wird. Die Herstellung dieser Süßware setzt sich aus Wasser, Saccharose sowie aus Glucosesirup, Invertzuckercreme und Zuckeralkoholen zusammen. Durch das Aufkochen der Masse und schnelles Abkühlen entsteht dann unter Zugabe verschiedener Aromen eine weiche Paste - das Fondant. Häufig werden sie auch als Glasur von Gebäck, Pralinen und Konfekt verwendet.

Gelierzucker

Der Gelierzucker setzt sich, wie der Name schon andeutet, aus einer Mischung von Zucker und Geliermittel zusammen. Es eignet sich besonders für die Herstellung von Konfitüren, Gelees und Marmelade. Früchte, die wenig Pektin enthalten und sich nicht zum gelieren eignen, können mit dem Gelierzucker zubereitet werden.

Vanillezucker

Die wahrscheinlich schnellste und einfachste Art und Weise zuckerhaltige Süßungsmittel zu produzieren, ist die Herstellung von Vanillezucker. Dieses Süßungsmittel ist gewöhnlicher Kristallzucker, welcher mit Vanille aromatisiert wurde. Der schnellste Weg Vanillezucker herzustellen ist die Verwendung einer Vanillestange, dessen Schale man zusammen mit Kristallzucker mehrere Tage in ein luftundurchlässiges Glas stehen lässt.Klar zu unterscheiden ist allerdings der im Handel erhältliche „Vanillezucker". Vanillezucker ist aromatisierter weißer Kristallzucker. Das Aroma ist künstlich und um ein vielfaches stärker als das natürliche Vanillearoma.

Vanillin

Größtenteils wird Vanillin als Beimengung zu Vanillezucker verkauft und ist unter anderem in Speiseeis, Backwaren oder Schokolade enthalten. Aber auch die Parfümindustrie benutzt Vanillin zur Herstellung von Düften.

Natürliche Vanille

Das sanft-süßliche Aroma aus der exotischen Orchideenpflanze verfeinert Gebäck, Puddings, Joghurts, Eis. Doch ein genauer Blick in die Zutatenliste zeigt, dass echte Vanille oft gar nicht dabei ist. Mit originalem Aroma ist nur zu rechnen wenn "Vanilleextrakt", "Vanillearoma", "echte Vanille" oder auch "Bourbonvanille" auf der Zutatenliste zu finden. Natürliches Aroma muss keinesfalls aus der Vanillepflanze stammen. "Natürlich" heißt nur, dass das Aroma aus pflanzlichen oder tierischen Ausgangsstoffen gewonnen ist. Es kann zum Beispiel auch aus Lignin (Holz) stammen. Die schwarzen Punkte im Zucker oder Vanilleeis sind oft zerkleinerte Vanilleschoten, die vor allem zur Optik beitragen. Die Aromastoffe wurden bereits extrahiert, die aromaträchtigen Schoten sind also praktisch geschmacklos.

Die süße Welt jenseits des Kristallzuckers

Zuckeraustauschstoffe

Häufig sind Zuckeraustauschstoffe in der Natur zu finden. Sie kommen zum Beispiel in Früchten, Pilzen, Gemüse oder Algen vor. Besonders für Diabetiker sind Süßstoffe von großem Vorteil, da sie den Blutzuckerspiegel weniger erhöhen und der Körper somit weniger Insulin ausschüttet. Zuckeraustauschstoffe sind zwar kalorienärmer als der normale Zucker, eignen sich jedoch nur begrenzt, um Kalorien beim Süßen einzusparen, da wegen der meist nur geringen Süßkraft häufig nachgesüßt werden muss. Bei den Zuckeraustauschstoffen unterscheidet man die fünf am häufigsten vorkommenden:

Isomalt (E953)
Isomalt ist nur halb so süß wie der herkömmliche Zucker, kann jedoch vom Körper nur sehr langsam aufgenommen werden und es ist weniger belastend.

Lactit (E966)
Die Herstellung von Lactit erfolgt durch den Milchzucker. Es ist leicht löslich und körperlich lagerfähig.

Mannit (E421)
Mannit ist mit dem herkömmlichen Zucker fast identisch, verfügt jedoch nur über die Hälfte der Süßkraft.

Sorbit (E420)

Auch das Sorbit ist nur halb so süß wie der herkömmliche Zucker, hat stattdessen allerdings ein Drittel weniger Kalorien. Es ist koch- und backfest und verhindert den Feuchtigkeitsverlust von Lebensmitteln.

Xylit (E967)

Xylit ist fast identisch mit dem Zucker und verfügt jedoch nur sehr wenig Süßkraft. Dafür ist Xylit kariesvorbeugend, indem er das Bakterienwachstum im Mund eindämmt.

Fructose

Fructose (umgangssprachlich häufig Fruchtzucker) gehört als Monosaccharid (Einfachzucker) zu den Kohlenhydraten.

Glucose

Glucose, auch Dextrose genannt, ist ein Einfachzucker (Monosaccharid) und gehört damit zu den Kohlenhydraten. Ein Bestandteil wird als D-Glucose bezeichnet werden. In der Natur kommt ausschließlich D-Glucose vor. Diese wird umgangssprachlich häufig auch als Traubenzucker bezeichnet.

Süßstoffe

Süßstoffe sind synthetisch hergestellte oder natürliche Ersatzstoffe für Zucker, die eine wesentlich stärkere Süßkraft haben (je nach Süßstoffart 10- bis 3000-fach süßer). Die Süßkraft der Süßstoffe wird immer auf

Saccharose bezogen, die demnach die Süßkraft 1 hat. Es zeigen sich z. T. Synergismen zwischen verschiedenen Süßstoffen, wie z. B. zwischen Aspartam und Acesulfam, was zu einer noch höheren Süßkraft führen kann. Auch werden häufig Süßstoffe untereinander oder mit Zuckeraustauschstoffen kombiniert, um einen Süßgeschmack wie bei Saccharose zu erzielen. Dies ist nötig, da einige Süßstoffe erst etwas verzögert oder auch sehr schnell süßen. Bei einigen verbleibt die Süße auch sehr lange im Mund, oder es tritt bei höherer Konzentration Beigeschmack (z. B. lakritz- oder mentholartig) auf.

In der EU sind folgende Süßstoffe zugelassen:

Name	Relative Süßkraft (Saccharose = 1)
Acesulfam (E 950)	130-200
Aspartam (E 951)	200
Aspartam-Acesulfam-Salz (E 962)	350
Cyclamat (E 952)	30-50
Saccharin (E 954)	300-500
Sucralose (E 955)	600
Thaumatin (E 957)	2000-3000
Neohesperidin (E 959)	400-600

Honig

Reiner Honig wird in Imkereien aus den Produkten des Bienenvolkes gewonnen. Es werden keine fremden Substanzen hinzugefügt oder dem Honig irgendwelche Inhaltsstoffe entzogen. Bienenhonig ist ein rein natürliches Produkt. Die Herstellung des Honigs unterliegt in Deutschland einer sehr strengen Qualitätskontrolle. Somit kann der Endverbraucher davon ausgehen, auch wirklich ausgezeichneten Honig zu bekommen.

Kein Honig ist wie der andere. Er unterscheidet sich in Konsistenz, Farbe, Duft und Geschmack. Der Honig enthält sehr viele wertvolle Inhaltsstoffe. Es stecken reichliche Vitamine in ihm drin. Neben dem Vitamin C enthält er Vitamin B 1, den Vitaminkomplex B 2, Vitamin B 6 und Vitamin H. Des Weiteren liefert er wichtige Spurenelemente wie Kalzium, Eisen, Magnesium, Kalium, Natrium, Phosphor, Schwefel und weitere Substanzen. Auch stecken jede Menge Kohlenhydrate im Honig. So unter anderem Glucose – Traubenzucker und Fructose – Fruchtzucker. Ein geringer Wasseranteil im Honig ist sehr wichtig, denn er bewahrt den Geschmack und das Aroma, verhindert zudem, dass sich zu viel Hefe bildet.

Honig als Lebensmittel

Laut deutschem Recht zählt Honig zu den Lebensmitteln. Honig ist heute aus der Küche nicht mehr wegzudenken. Er hat sehr weitreichende, vielseitige Anwendungs-möglichkeiten gefunden. Nicht nur als Aufstrich auf dem Frühstücksbrötchen ist er Genuss pur. Auch viele andere Gerichte bekommen durch den Honig eine ganz besondere, exquisite Note. Salaten verhilft er, unter das Dressing gerührt, zu einem besonders aromatischen Geschmack. Quark mit Akazienhonig ist nicht nur lecker und sondern auch gesund. Bratäpfel werden mit Blütenhonig erst richtig schmackhaft. Als Zuckerersatz im Tee wird der Honig ebenso gern genutzt. Es gibt jedoch noch viele weitere Möglichkeiten Honig beim kochen und backen mit ins Spiel zu bringen. Vor allem jedoch ist es eine gesunde Art des Kochens aufgrund seiner wertvollen Inhaltsstoffe. Zudem lassen sich unter Verwendung des Honigs, im Vergleich zum herkömmlichen Zucker, jede Menge Kalorien sparen. Doch auch auf die knusprige Kruste des Gänsebratens, die durch das Bestreichen mit Honig erst so richtig schön wird, sollte niemand mehr verzichten. Das einzige worauf man achten sollte, ist, dass der Honig den warmen Speisen erst nach dem Kochen zugeführt wird, da er sonst seine wertvollen Inhaltsstoffe verliert. Deswegen den Honig niemals aufkochen oder mitkochen, stattdessen lieber im Wasserbad erhitzen. Am besten bewahrt man den Honig bei Zimmertemperatur auf, so wird er nicht fest. Nicht jede Sorte eignet sich zum kochen und backen. Honigsorten, die über ein sehr intensiv ausgeprägtes Eigenaroma verfügen, können so manches Gericht sogar verderben. Besonders beliebt sind sehr süße, geschmacksneutrale oder milde Sorten. Rapshonig aber auch Akazienhonig beispielsweise. Zum backen eignet sich Honig mit einem starken Aroma ausgezeichnet. Der Honig in all seiner Artenvielfältigkeit hat mit Sicherheit für jeden Geschmack etwas zu bieten. Die Vielzahl der Honigsorten ist enorm groß. Honig wird in drei Klassen eingeteilt.

Gemischte Blütenhonige

Der Blütenhonig wird aus dem Nektar der verschiedensten Blüten gewonnen, welchen die Bienen je nach Blütensaison, Jahreszeit und Region sammeln. Dieser Nektar wird von den Bienen eingedickt und mit ihren körpereigenen Stoffen in der Honigblase vermischt. Er wird solange von Zelle zu Zelle herumgetragen, bis er am Ende zu Honig geworden ist. Der Blütenhonig wird nach sehr strengen Güterichtlinien kontrolliert. Je nach Blütensorte variiert der Honig in den verschiedensten Geschmacksrichtungen. Der Blütenhonig ist ein reines Naturprodukt, dem keine Fremdstoffe hinzugefügt werden dürfen. Es gibt z. B. Waldblütenhonig oder Sommerblumenhonig.

Die wichtigsten Blütenhonigsorten

Kleehonig

Kleehonig ist fast weiß und sehr fest. Kinder lieben Kleehonig als Brotaufstrich. Doch nicht nur als Brotaufstrich verwendet man Kleehonig. Man benutzt ihn auch zum Süßen von Getränken.

Tannenhonig

Wie es der Name schon sagt, sammeln Bienen den Nektar von Tannen für diesen Honig. Er ist dem Waldhonig ähnlich, nur dunkler und herber. Wie der Waldhonig passt der Tannenhonig gut zu Fleischgerichten.

Akazienhonig

Akazienhonig ist sehr dünnflüssig und relativ durchsichtig. In der Küche kann man Akazienhonig für alles einsetzen, wofür man Honig so einsetzt. Ein klassischer Allrounder. Durch seine Konsistenz lässt er sich dazu noch gut dosieren. In Tees, Müslis oder Desserts fühlt sich Akazienhonig wohl.

Sonnenblumenhonig

Dieser Honig hat seine Farbe von den Sonnenblumen, aus denen sein Nektar stammt. Besonders in der asiatischen Küche wird Sonnenblumenhonig eingesetzt, weil er sehr fruchtig schmeckt. Deshalb eignet er sich zur Abrundung von Früchten, Fruchtsalaten und Fruchtsäften.

Orangenblütenhonig

Mit Orangenblütenhonig kann man sehr einfach süße Gerichte und Getränke veredeln. Anstelle von Zucker verwendet man diesen Honig und erreicht zusätzlich noch eine sehr fruchtige Note. Da Orangenblütenhonig sehr flüssig ist, ist dieses Mischen auch sehr einfach. Und da er auch recht wenig Farbe mitbringt, verändert er die Farbe des Desserts oder Getränkes auch nur wenig. Dafür bringt er einen sehr angenehmen Duft mit.

Kastanienhonig

Kastanienhonig ist sehr dunkel und zähflüssig. Er ist leicht bitter. Deshalb ist er in der Küche auch nicht so gefragt, weil er sich zum süßen nicht so eignet. Er schmeckt aber sehr lecker zu Gans oder Ente, zu Käse, zu Nüssen und auf Vollkornbrot.

Honig aus Honigtau

Es gibt verschiedene pflanzensaugende Insekten, die vorwiegend auf Bäumen leben und sich vom Saft der Blätter ernähren. Was sie jedoch nicht mehr benötigen, scheiden sie wieder aus. Diese Ausscheidung wird Honigtau genannt. Wenn die Bienen vorwiegend Honigtau gesammelt haben, setzen sie in ihrem Honigmagen, dem Honigtau körpereigene Stoffe zu. Diesen angereicherten Honigtau übergibt die Biene dann den anderen Bienen. Der Vorgang der Übergabe wiederholt sich im Stock mehrere Male, bis es schlussendlich zur Einlagerung des Saftes in den Wabenzellen kommt. Dort bleibt der Honigtau solange, bis er gereift ist. Anschließend wird er jedoch noch einige Male umgelagert. Wenn am Ende die Waben mit einem luftdurchlässigen Wachsdeckel verschlossen sind, ist der aus Honigtau gewonnene Honig fertig. Dieser Honig hat meist eine deutlich dunklere Farbe als Honig aus Blütennektar und bleibt lange flüssig.

Waldhonig oder Tannenhonig

Waldhonig wird von Bienenvölkern gesammelt, die an Waldrändern leben. Der Honig wird also von den verschiedensten Pflanzen gesammelt. Waldhonig ist der typische Honig, der zum Frühstück serviert wird. Aber auch beim Kochen hat er seine Bedeutung. Er harmoniert sehr gut zu Fleischgerichten, sowohl zu Schwein als auch zu Rindfleisch. Er rundet Saucen sehr schön ab. Aber auch zu Salaten passt dieser Honig. In einem Dressing darf ein Teil Süße nicht fehlen. Anstelle von Zucker benutzt man besser Honig, weil er gleich auch eine Menge Aroma mitbringt. Waldhonig eignet sich für Dressings hervorragend. Damit wird im Allgemeinen der Honig von der Weißtanne (Abies alba) bezeichnet, von der es größere Bestände im Schwarzwald, aber auch im Schwäbischen und im Bayrischen Wald gibt. Der typische Tannenhonig hat einen kräftig würzigen Geschmack und hat im Glas gegen das Licht gehalten einen grünlich-schwarzen Farbton. Davon abweichend gab es zum Beispiel im Jahr 2003 einen Tannenhonig mit rötlichem Farbton. Weißtannenhonig bleibt mehrere Monate, manchmal sogar jahrelang flüssig.

Im allgemeinen Sprachgebrauch wird oft nicht zwischen Wald- und Blatthonig unterschieden. Beide Begriffe bezeichnen Honig, der aus Honigtau entstanden ist.

Blatthonig

Blatthonig ist der Honigtauhonig von Laubbäumen, wie etwa Eiche und Ahorn. Er ist ebenfalls kräftig, manchmal sogar karamellartig im Geschmack.

Honig aus aller Welt

Fleißige Bienen gibt es überall. Somit ist es möglich, nicht nur einheimische Honigprodukte zu genießen, sondern auch die Vielfalt aus aller Herren Länder kennenzulernen. Ein sehr reichhaltiges Honigangebot hat vor allem Italien. Dort gibt es eine erlesene Auswahl, von hellen bis dunklen Honig. Akazien- als auch der Zitrushonig, Rosmarinhonig oder

Meerkirschenhonig. Diese Sorten stammen aus allen Regionen des Landes.

Eukalyptushonig

Eukalyptushonig ist ein würziger Honig, der besonders gerne zum Süßen von Kräutertees bei Atemwegsinfekten verwendet wird. Der Honig riecht leicht nach Eukalyptus, schmeckt aber nicht danach.

Jellybush-Honig aus Australien

Jellybush-Honig stammt wie Manukahonig von einer Teebaumart (Leptospermum polygalifolium). Auch ihm wird gesundheitlicher Nutzen nachgesagt. Aufgrund dieser Gemeinsamkeiten spricht man auch vom „Australischen Manuka". Der Name Jellybush für die Pflanze rührt daher, dass der Honig geleeartig kandiert.

Manukahonig aus Neuseeland

Manukahonig ist eine Honigsorte, die von dem neuseeländischen Manukastrauch Leptospermum scoparium (einer Teebaumart) stammt. Diesem Honig wird eine besondere Heilwirkung nachgesagt. Nachweislich hat er eine mehrfach höhere antibakterielle und antimykotische Wirkung als andere Honigsorten.

Moltebeerhonig (Hillasuonhunaja) aus Lappland

Eine der seltensten Honigarten der Welt. Der Nordpolarkreis wird als Honiglieferant gern unterschätzt, ist aber letztlich schon seit 60 Jahren im Geschäft. Hier sind pro Jahr bis zu drei Honigernten möglich. Jede Jahreszeit hat ihre eigenen Blütentrachten.

Tasmanischer Lederholzhonig

In Australien wird der tasmanische Lederholzhonig aufgrund seines einmaligen Geschmacks geschätzt.

Tupelohonig vom Ogeche-Tupelobaum

Aus Florida stammt der Tupelohonig, der Süße mit einem schweren würzigen Aroma verbindet. Seine Farbe ist hellgold mit grünlichem Schimmer. Der reine Honig hat doppelt soviel Fruchtzucker (46 %) wie Traubenzucker mit 23 % und kandiert deshalb nicht.

Weitere Sorten

In Australien, Asien und Amerika wird nicht nur der Honig der auch bei uns beheimateten westlichen Honigbiene genutzt. Auch exotische Bienenarten liefern dort hochwertige Honige, die als seltene Spezialitäten gelten, aber bisher kaum in den internationalen Handel gelangen.

Rohrzucker- ein blutiger Süßstoff

Der Name Rohrzucker ist entstanden, weil er aus Zuckerrohr gewonnen wird. Zuckerrohr ist ein Gras mit 4-6 cm dicken Stängeln und stammt ursprünglich aus Polynesien. Zuckerrohr war bis 1800 die einzige Pflanze aus der Zucker gewonnen werden konnte. Erst später wurde entdeckt, dass auch die in Europa heimische Runkelrübe ein wertvoller Zuckerlieferant ist. Glaubt man der Geschichte, wurde erst im Jahr 1493 durch

Columbus der Zuckerrohr aus der Südsee nach Mittelamerika gebracht. Den Wert des Zuckerrohres erkannten die Europäer sehr schnell. Sie zwangen die Einheimischen zur Arbeit in den Zuckerrohrplantagen. Da die orts-ansässigen Indios den erbärmlichen Schikanen und der körperlichen schweren Arbeit nicht gewachsen waren, gingen sie regelrecht zugrunde daran. Ganze Volksstämme wurden auf diese Weise faktisch ausgelöscht. Doch die Europäer suchten sofort neue Opfer und schleppten Afrikaner nach Amerika. Die Schwarzen wurden zu Leibeigenen gemacht und verrichteten nun die Arbeit in den Plantagen. Über 10 Millionen Afrikaner wurden zwischen 1450 und 1850 zur Sklavenarbeit auf den Zuckerrohrplantagen gezwungen. Wenngleich die Sklaverei im 19. Jahrhundert abgeschafft wurde, so sind die Arbeitsbedingungen auf den Plantagen heute auch nicht viel besser geworden. Die schwere Arbeit in den Zuckerrohrplantagen wird sehr schlecht bezahlt, stundenlang müssen die Arbeiter schuften, für einen Hungerlohn. In einigen Ländern arbeiten viele Familienmitglieder mitunter in den Plantagen, um so wenigstens ein gewisses Einkommen zu erzielen, um den Rest der Familie ernähren zu können. In El Salvador werden sogar Kinder zur Mitarbeit in den Zuckerrohrplantagen angehalten. Sie müssen in der Erntezeit schneiden und die Blätter vom Strunk entfernen. Bei glühender Hitze und bis neun Stunden täglich verrichten die Kinder ihre Arbeit, hantieren mit Macheten und scharfen Messern. Die Verletzungsgefahr ist sehr groß. Dabei sind die meisten der Kinder noch nicht einmal 18 Jahre alt. So süß der Geschmack des Zuckerrohres, so bitter und hart sein Weg zum Genuss.

Herstellung des Rohrzuckers

Um reinen kristallisierten Zucker aus dem Zuckerrohr zu gewinnen, bedarf es einiger Arbeitsschritte. Zunächst einmal muss die bis zu vier Meter hohe Zuckerrohrpflanze knapp über der Erdoberfläche abgeschnitten werden. Anschließend werden die Blätter der Pflanze entfernt. Im Inneren des Halmes befindet sich das Pflanzenmark mit dem süßlichen Saft. Jetzt wird das Rohr in gleichlange Teile geschnitten und durch sogenannte Zuckerrohrmühlen verarbeitet. Durch die „Pressextraktion" wird der Saft des Zuckerrohrs mit dem Einsatz der Mühlen herausgepresst. Durch die Weiterführung des gewonnenen Saftes in einen Absetzer werden Schwebestoffe auf einfacher Art durch Schwerkraft getrennt. Der Rohrzucker ist vom Rübenzucker durch die einfache Filterung nur anhand der bräunlichen Farbe zu erkennen. Geschmacklich gibt es hierbei keinen besonderen Unterschied.

Qualität, Arten und Einsatz des Rohrzuckers

Der aus dem Saft des Zuckerrohrs gewonnene Zucker unterteilt sich in zwei Zuckerarten. Vollrohr- und Rohrohrzucker. Bei dem Vollrohrzucker handelt es sich um getrockneten, gemahlenen Zuckerrohrsaft. Der Rohrohrzucker ist aus dem kristallisierten Zuckerrohrsaft gewonnen wurden. Rohrohrzucker hat aufgrund des Melasseanteiles einen höheren Mineralstoffgehalt. Wie hoch dieser ist, richtet sich nach dem Melasseanteil im Zucker. Dieser Rohrohrzucker ist zumeist dunkler, wird oft mit braunem Zucker verwechselt und hat einen leicht karamelligen Geschmack. Der Vollrohrzucker ist zu 95 Prozent aus Saccharose und enthält einige Vitamine, Mineralstoffe und Spurenelemente. Rohrzucker eignet sich hervorragend zum Backen. In vielen Backwaren kann der weiße Kristallzucker durch Rohrzucker ersetzt werden. Auch für Cocktails und Mixgetränke eignet sich Rohrzucker sehr gut. Aufgrund seines Geschmacks gibt er den Getränken noch den letzten Schliff. Auch im gastronomischen Bereich wird Rohrzucker sehr gerne eingesetzt. Seine Würfel sehen nicht nur optisch gut aus, sie setzen auch schöne Farbkontraste in weiß und braun, sind zudem ein süßer Genuss zu Kaffee und Tee gleichermaßen. Vor allem in der exotischen Küche kommt Rohrzucker sehr oft zum Einsatz. Dort kommt er in herzhaft, pikant süßen Marinaden, selbst in Fisch- und Fleischgerichten zum Einsatz. Charakteristisch für diesen Zucker ist der karamellartige Eigengeschmack. Eine dunklere Version des Rohrohrzuckers mit großen Kristallen und ca. 2 bis 3 % Melassegehalt nennt man Golden Brown oder Demerara.

Ahornsirup

Ahornsirup wird auch als Saft der Indianer bezeichnet. Bevor die Indianer überhaupt etwas vom Zuckerrohr oder der Zuckerrübe wussten, hatten sie schon die Qualitäten des Zuckerahorns erkannt und ihn sich zunutze gemacht. Der Ahornsirup ist ein natürliches Süßungsmittel und wird aus dem eingedickten Saft des Ahornbaumes hergestellt. Der Sirup hat einen Zuckergehalt von ca. 65 Prozent und enthält keine Vitamine, dafür jedoch einige Mineralstoffe, wie Kalium, Kalzium, Eisen und Thiamin. Weltweit größter Produzent ist Kanada.

Nicht jeder Zuckerahornbaum eignet sich zur Ernte. Die Bäume sollten ein Mindestalter von 30 bis 40 Jahren haben. Die Erntezeit ist Februar bis April. Um an den Saft zu kommen, wird ein winziges Loch in den Baum gebohrt, der Saft wird mit Eimern aufgefangen. Auf den großen kanadischen Plantagen werden heutzutage Plastikschläuche angelegt, die über ein Leitungssystem, direkt mit dem Sammeldepot verbunden sind. Der süße Nektar der Bäume wird bis an die 50 Mal gekocht, erst dann hat der Saft die richtige Konsistenz, um sich Sirup nennen zu dürfen. Neuerdings wird auch Umkehrosmose verwendet, um den Sirup herzustellen. Farbe und Geschmack eines derartigen Sirups unterscheiden sich allerdings vom Originalprodukt. Echten, qualitativen Ahornsirup erkennt man an seinem hellen, bernsteinfarbenen Aussehen. Sein Geschmack zeichnet sich durch sein sehr mildes Aroma aus. Sind Farbe und Geschmack jedoch abweichend, ist nicht mehr von einer reinen Qualität auszugehen, da Zusatzstoffe eingebracht wurden. Es gibt eine einheitliche Klassifizierung in Europa mit folgender gültigen Einteilung: (AA–D) verwechselt werden:

Qualitätsstufen in der EU	Qualitätsstufen in den USA / Kanada	Helligkeit	Geschmack	Lichtdurchlässigkeit
AA	No. 1	Extra light- Sehr hell	Fein-mild	100–75 %
A	No. 1	Light (clair) - Hell	Mild aromatisch	74–60 %
B	No. 1	Medium - Mittel	Kräftig	59–44 %
C	No. 2	Amber - Dunkel	Sehr kräftig	43–27 %
D	No. 2	Dark - Sehr dunkel	Fast unangenehm	26–0 %

Palmzucker

Der Palmzucker stammt aus dem Blütensaft der Attapalmen- und Zuckerpalmen. Die Bäume werden dafür eigens auf Plantagen angepflanzt. Ist die Palme mindestens 3 – 4 Jahre alt, kann die Ernte beginnen. Der Vorhang ist sehr aufwendig und bedarf Geduld. Der Zucker ist hell- bis dunkelbraun, vom Geschmack her ist er erinnert er ein wenig an Zuckerrohrsirup, ein leichtes Karamellaroma. Er eignet sich sehr gut zum verfeinern von Desserts und Gebäck.

Traubenzucker

Traubenzucker (Glucose und Dextrose) ist ein rein natürlicher Fruchtzucker. Er befindet sich ursprünglich in sehr vielen Früchten und wird nicht, wie angenommen, aus den Weintrauben gewonnen. Traubenzucker gilt als zuverlässiger Energielieferant, weil er sofort ins Blut geht und die Zellen aktiviert. So fördert er das Konzentrationsvermögen, vertreibt Müdigkeit und motiviert zu Höchstleistungen.

Süße Rezepte

Lachsfilets mit exotisch fruchtiger Sauce

Das Gericht ist schnell zubereitet und wird Gäste gerade wegen seiner Einfachheit begeistern.

Zutaten

4 Lachsfilets
600 ml Schmand
+2-3 EL mittelscharfer Senf oder Fruchtsenf, z. B. Orangensenf
2–3 TL Curry (mild)
Saft einer reifen Orange
1 EL Honig (z. B. Sonnenblumen- oder Orangenblütenhonig)
1 großer Bund Dill
3 EL natives Olivenöl
Pfeffer und Salz aus der Mühle

Zubereitung

Den Dill waschen und mit dem Wiegemesser zerkleinern. Parallel den Schmand in einem Topf erhitzen. Den Curry, den Orangensaft, den Dill und den Senf in den warmen Schmand einrühren und kurz aufkochen. Anschließend mit ein wenig Gemüsebrühe abschmecken.

Die Lachsfilets mit kaltem Wasser gut reinigen und anschließend trocknen und ganz leicht salzen und pfeffern.

Das Olivenöl in der Pfanne stark erhitzen und anschließend auf niedrige Temperatur schalten. Lachs von beiden Seiten gut anbraten und kurz vor dem Ende den Deckel noch für ca. 2 min auf die Pfanne geben. Als Beilagen eignen sich Reis oder Bandnudeln.

Melonensorbet

Der oder das Sorbet, auch Halbgefrorenes genannt, hier ein Melonensorbet (frz. Sorbet de Melon), ist eine Eisspeise aus einer Masse aus Fruchtsaft, Fruchtpüree, Zucker, Zuckersirup und Aromastoffen (auch Alkoholika) und eventuell zur Auflockerung etwas Eischnee. Im Unterschied zu Eiscreme enthält es keine Milchprodukte (Milch, Sahne) oder Eier.

Läuterzucker (aus Rohrzucker) dient als Basis für die Herstellung von Sorbets sowie zum Süßen von Obstsalaten. Im Vergleich zu weißem Raffinadezucker hat er einen etwas herberen sowie leicht karamellartigen Eigengeschmack. Für die Herstellung von Läuterzucker werden 500 g Brauner Rohrzucker, unraffiniert ("Brown Cane Sugar, unrefined") und 500 ml Wasser benötigt.

Die Zutaten einfach zusammen in einem kleinen Topf kurz aufkochen lassen. Abkühlen lassen, dann weiterverarbeiten, oder in einem geschlossenen Behältnis bzw. in Flaschen abgefüllt in den Kühlschrank stellen. Der auf diese Weise hergestellte Läuterzucker hält sich wochenlang im Kühlschrank. Wer öfter z. B. Obstsalat, Sorbet, Cocktails oder Eis genießen möchte, sollte Läuterzucker auf Vorrat in größeren Mengen herstellen, in Flaschen abfüllen und kühl stellen.

Zutaten

ca. 600 g Melonenfruchtfleisch
ca. 400 g Läuterzucker
Saft einer Zitrone o. Limette
1 EL Akazienhonig

Zubereitung

Den Läuterzucker herstellen und abkühlen lassen. Die Zitrone auspressen. Die Melone(n) halbieren, die Kerne mit einem Esslöffel entfernen und das Fruchtfleisch auslöffeln.

Fruchtstücke, Läuterzucker, Honig und Zitronensaft gut verrühren. Durch ein Feinsieb streichen und die Masse gut 2 Stunden in einem Eisschrank herunterkühlen lassen. Die Eismaschine vorkühlen. Die Eismasse in die Eismaschine geben. Das fertige Sorbet dann für 2 Stunden in die Tiefkühlung geben. Sollte keine Eismaschine zur Verfügung stehen, die Eismasse in den Eisschrank stellen und alle 20 Minuten die Masse mit einem Schneebesen kräftig durchschlagen, solange bis das Sorbet eine cremige Konsistenz bekommen hat.

Gegrillte Bananen mit asiatischer Karamellsoße

Gegrillte Bananen mit asiatischer Karamellsoße sind der Beweis dafür, dass es beim Grillen nicht immer Fleisch sein muss. Dies ist ja bekannt. Gegrillte Desserts rufen aber bei Gästen häufig noch eine gewisse Verwunderung hervor. Bananen zu grillen ist auch nicht neu, aber die Soße dazu gibt den gewissen Kick und wird auch gern noch ausgelöffelt, wenn die Bananen und das obligatorische Eis dazu schon längst vertilgt sind.

Zutaten für die Soße

500 ml Kokosmilch
150 g braunen Rohrzucker
1 Zimtstange
1 Stange Zitronengras
1 TL Speisestärke
1 EL Wasser

Zutaten für die gegrillten Bananen

6 reife und feste Bananen
250 ml Kokosmilch
250 g braunen Rohrzucker

Zubereitung Soße

Den Zucker im Topf bei mittlerer Hitze langsam schmelzen und nicht zu dunkel karamellisieren lassen. Den Topf vom Herd nehmen und die Kokosmilch einrühren .

Den Topfinhalt solange durchkochen lassen, bis sich das Karamell vollständig aufgelöst hat.

Zimtstange und Zitronengras (etwas angequetscht) dazugeben und 10 Minuten köcheln lassen. Speisestärke in Wasser auflösen. Zimtstange und Zitronengras entfernen und die Sauce mit der Speisestärke binden. Die Soße kaltstellen. Den Grill vorheizen, die Bananen schälen und vierteln, d. h. 1 x längs und 1 x quer schneiden. Die Stücke in Kokosmilch und Zucker panieren. Die Bananenstücke etwa 6 bis 10 Minuten bei mittlerer Hitze grillen.

Mit obiger Karamellsoße und Vanilleeis servieren.

Pizzabrötchen

Leckere ultimative Pizzabrötchen, mit herzhaftem Speck gefüllt, die am besten schmecken, wenn sie frisch aus dem Ofen kommen und mit frisch gehobeltem Parmesan serviert werden.

Zutaten

800 g kräftiges Weizenmehl (Typ 550)

250 g Hartweizengrieß

500 g Speckwürfel

2 Päckchen Trockenhefe

1 EL Meersalz oder grobes Salz

2 EL Rohrzucker

1 Schalotte

100 g Kürbiskerne

650 ml warmes Wasser

1 EL natives Olivenöl
Parmesan Käse oder Grande Pardamo
Pfeffer aus der Mühle
Je 1 TL getrocknetes Oregano und Basilikum

Zubereitung

Zucker in warmem Wasser auflösen und Hefe hinzufügen (ca. 10 Minuten stehen lassen).

Speck und Schalotte in feine Würfel schneiden und mit einem Schuss Olivenöl kurz kräftig anbraten. Hefemischung in das Mehl geben und zu einem geschmeidigen Teig kneten.

Speck und Gewürze einkneten und den Teig 30 Minuten ruhen lassen. Brötchen formen und mit Kürbiskernen und geraspelten Käse bestreuen. Im vorgeheizten Backofen bei Heißluft mit 200 °C, bei Ober- u. Unterhitze mit 220 °C für ca. 12 bis 15 Minuten goldbraun und knusprig backen. Als Beilagen empfehlen sich Aioli sowie schwarze oder grüne Oliven.

Hähnchenbrustfilet in Honigsenfsauce

Zutaten

500 g Hähnchenbrustfilet
4-5 EL natives Olivenöl
2 Schalotten
2 Knoblauchzehen
3 TL Honig (z. B. Waldblüte Waldblüte)
300 ml Weißwein, trocken
150 ml Geflügelfond
2 TL Senf (Dijon)
frischer Basilikum
Salz und Pfeffer, frisch gemahlener weißer

Zubereitung

Hähnchenbrustfilet säubern, in grobe Würfel schneiden und mit etwas Öl anbraten. Aus dem Topf nehmen. Jetzt die fein gewürfelte Schalotte mit zwei zerdrückten Knoblauchzehen glasig dünsten. Den Honig dazugeben und leicht karamellisieren lassen, mit dem Weißwein ablöschen und den Geflügelfond auffüllen. Bei niedriger Temperatur köcheln lassen, bis die Schalotten weich sind. Knoblauch entfernen und mit Senf, Salz und Pfeffer abschmecken.

Hähnchenbrustfilet zugeben und bei geringer Hitze fertig garen. Basilikumblätter kurz vor dem Servieren zugeben dekorativ auf dem Teller verteilen. Mit Reis, Bandnudeln oder einfach nur Baguette servieren.

Makronen aus Ligurien
Edle Gebäckspezialität aus Italien zum Cappuccino

Zutaten

300 g Haselnüsse; gerieben
150 g Akazienhonig
Fein abgeriebene Schale einer halben Orange
1 TL Rohrzucker
Oblaten

Zubereitung

Die Haselnüsse in einer beschichteten Pfanne ohne Öl rösten. Etwas abkühlen lassen. In der Zwischenzeit den Honig mit der Orangenschale und den Zucker aufkochen, dabei ständig umrühren. Hitze reduzieren und die Haselnüsse dazugeben. Ca. noch fünf Minuten weiterrühren. Die Honigmasse ist nun fertig. Mit einem Holzlöffel kleine Portionen abstechen, auf Oblaten setzen und mit Oblaten zudecken. Die Makronen auf ein Backblech setzen und eine halbe Stunde bei 100 Grad Celsius backen.

Honigbällchen mit Zimt

Loukoumádes sind eine beliebte griechische Süßigkeit. Die Bezeichnung stammt von dem türkischen Wort lukum ab, das soviel wie Süßigkeit bedeutet.

Zutaten für ca. 40 Stück
20 g frische Hefe
1/4 l lauwarme Flüssigkeit (entweder reines oder mit Milch gemischtes Wasser)
250 g Mehl
 Salz
Fritteuse oder eine Pfanne mit reichlich Pflanzenöl
150 g Akazienhonig
gemahlener Zimt
100 g fein gehackte Walnusskerne

Zubereitung
Mehl in eine Schüssel sieben und die Hefe in einem Glas mit einem Teil der lauwarmen Flüssigkeit zerbröckeln und auflösen. Salz dazugeben und zusammen mit der restlichen Flüssigkeit in die Schüssel mit Mehl geben. Das Ganze ordentlich durchkneten und mit einem Tuch abgedeckt ca. 3 Stunden an einem warmen Ort ruhen lassen, bis sich der Teig verdoppelt hat und Bläschen wirft.

In einem tiefen Topf oder einer Fritteuse soviel Öl auf 180 Grad Celsius erhitzen, dass die Hefebällchen bequem darin schwimmen können. Mit einem kalt abgespülten Esslöffel vom Teig etwas Masse abnehmen und in das Öl gleiten lassen.

Sobald die Honigbällchen goldbraun gebacken sind, mit einem Schaumlöffel aus dem Öl heben, etwas abtropfen lassen und zum Entfetten kurz auf Küchenpapier legen.

Die noch warmen Kugeln auf einer Platte anrichten, mit Honig übergießen, mit Zimt bestäuben und mit den gehackten Walnusskernen bestreuen. Warm servieren.

Kartoffel-Mandeltorte mit Honig
Zutaten

300 g Kartoffeln

6 Eier

200 g Honig (Waldhonig z. B.)

15 g Kakaopulver

100 g Mandeln, gerieben

Salz und Pfeffer aus der Mühle

100 g gehackte Haselnüsse

Zitronenschale

Zubereitung

Kartoffeln kochen, abkühlen, schälen und durch die Kartoffelpresse drücken. Eiweiß und Eigelb trennen. Mandeln, Nüsse, Eigelb und Honig cremig rühren und ein wenig Zitronenschalen hinzufügen. Die Masse mit einem Schneebesen gut verrühren. Jetzt das Eiweiß steif schlagen und vorsichtig unterheben. Eine Springform mit Backpapier auslegen, den Kuchenteig einfüllen und glatt streichen. Bei 200 Grad C ca. 45 Minuten backen. Die abgekühlte Torte mit Kakao bestäuben.

French Toast

„French Toast" oder auch bekannt als „Armer Ritter" ist schriftlich bereits seit dem 1. Jh. überliefert. Es ist ein europaweit verbreitetes Eiergericht ähnlich des sogenannten Eierblatz, allerdings in einer süßen Variante und mit Toast, statt alten Brötchen.

Zutaten

8 Toastbrot-Scheiben
ca. 4 EL Vollmilch
ca. 5 mittelgroße/große Eier
Zimt und Zucker oder auch Vanillezucker
Salz und Pfeffer aus der Mühle
Ahornsirup
Schweineschmalz oder Sonnenblumenöl

Zubereitung

Zuerst die Eier mit Zimt, Zucker und Milch in der Schüssel verquirlen. Diese etwas ziehen damit die Eier den Zimt- oder Vanillegeschmack gut aufnehmen. Jetzt zwei Toastscheiben in die Eiermasse legen und warten, bis sich das Brot damit vollgesogen hat. Das dauert einen Moment. Wartet man zulange, brechen sie ab. Währenddessen etwas Öl oder Schmalz in die Pfanne geben und bei mittlerer Stufe des Herdes erhitzen.

Jetzt die zwei Toastbrote in die Pfanne legen und beide Seiten knusprig backen, bis sie goldbraun und außen leicht knusprig sind. Die restlichen Toastbrote fertig backen und warm servieren, zum Beispiel als Frühstück oder als Nachspeise. French Toast wird mit Ahornsirup gereicht, mit Vanillesauce, einem Zimt-Zuckergemisch oder Puderzucker.

American Pancakes

Pancakes sind ein beliebtes Frühstück in Nordamerika und werden dort mit Butter und Ahornsirup oder mit Speck gegessen.

Zutaten

450 g Mehl (Typ 405)

100 g Rohrzucker

15 g Backpulver

Salz und Pfeffer aus der Mühle

350 ml Milch

250 g Saure Sahne

4 Eier

80 g Butter

Ahornsirup

Zubereitung

Mehl, Zucker, Backpulver, Salz, Pfeffer sowie Milch, Sauerrahm, Eier und Butter in einer Schüssel mit dem elektrischen Rührgerät gut vermischen. Die Mischung ungefähr fünf Minuten quellen lassen. In einer antihaftbeschichteten Pfanne drei bis vier kleine Kleckse geben und bei niedriger bis mittlerer Hitze langsam backen. Ist die untere Seite schön goldbraun, Pancakes wenden und fertig backen. Mit der restlichen Masse genauso verfahren. Am besten direkt servieren oder zum warmhalten in das ca. 80 °C heiße Backrohr geben. Als Beilagen eignen sich Ahornsirup, Speck, Marmelade oder Nougatcreme.

Sebadas

Frittierte gefüllte Teigtaschen mit Käse und Honig

Zutaten

300 g Mehl

100 g Zucker

25 g Schweineschmalz

Salz aus der Mühle

100 ml Wasser

250 g Schafskäse

150 ml Olivenöl

Saft einer halben Zitrone

150 g Heidehonig, Lindenblütenhonig oder Thymianhonig

Zubereitung:

Aus Mehl, Zucker, Schmalz, Salz, Zitrone und Wasser einen glatten, glänzenden Teig kneten. Unter einer umgedrehten Schüssel mind. 30 Min. ruhen lassen. Den Teig 5 mm dick ausrollen. Rechtecke (ca. 10 x 20 cm) ausschneiden. Eine dicke Scheibe Schafskäse auf eine Hälfte des Rechtecks legen und die andere Hälfte darüber klappen. Den Rand festdrücken und überschüssigen Teig mit einem Teigrädchen halbrund abschneiden. In Olivenöl bei 180 Grad etwa 4 Min. frittieren. Die Sebadas sind fertig, wenn sie oben schwimmen. Den Honig leicht erwärmen und über die Sebadas geben. Sebadas sollten heiß serviert werden.

Die Welt der Gewürze

Safran und Basilikum, Curry und Chili, Anis und Muskatnuss, Zimt und Vanille. Gewürze sind die große weite Welt. Gewürze verkörpern Genuss. Gewürze sind exotische Geschmacksnuancen in abendländischen Kochtöpfen. Bis die aromatischen Zutaten diese jedoch erreichten – und erreichen –, war und ist es ein weiter Weg.

Ohne Gewürze wäre die heutige Kochkunst eine fade Angelegenheit: Gewürze verleihen Geschmack, Geruch, Optik – Gewürze sind eben „sinnliche" Zutaten. Und nicht nur das. Auch als Heilmittel haben sie ihre Berechtigung. Nelken wirken antiseptisch und schmerzbetäubend, seit jeher verwandt bei Zahnschmerzen. Zimt und Anis sagt man eine antibakterielle Wirkung nach, der Muskatnuss eine berauschende. Und wer verleiht dem Wärme-Pflaster, das bei Verspannungen so gut hilft, seine „Hitze"? Das Capsicum, die feurige Chilischote.

Samen, Rinden, Früchte, Wurzeln, Blätter, Blüten oder Nüsse. Gewürze sind originäre Naturprodukte, bestehend aus verschiedensten Pflanzenteilen mit aromatischem Charakter. Auch Kräuter und Pilze zählen hierzu. Und: Gewürze sind eine Frage des guten Geschmacks – und der ist so alt wie die Menschheit selbst. Kümmel oder Kerbel schätzten die Sippen der Jungsteinzeit. Die Ägypter würdigten Gewürze nicht nur in ihren Speisen, sondern nutzten sie auch bei der Einbalsamierung ihrer Toten. Seit vielen Tausend Jahren gehören die aromatischen Zutaten in die Küchen Asiens, Arabiens und des Mittelmeerraums.

Von Gewürzinseln und die Entdeckung des Seewegs nach Indien durch Vasco da Gama

Über Jahrhunderte war der Gewürzhandel so finanzkräftig, dass viele Seefahrer des Mittelalters nur ein Ziel kannten: die sagenumwobenen Gewürzinseln. Sobald ein Land den Gewürzhandel kontrollieren konnte, scheffelte es unermessliche Reichtümer und wurde zum gefährlichen Kriegsgegner. Diese Position hielten zunächst die Stadtrepubliken Genua und Venedig, dann die Portugiesen. Denn Vasco da Gama umschiffte 1498 das Kap der guten Hoff-

nung, entdeckte den Seeweg nach Indien und konnte so den arabischen Landtransport umgehen. Die Holländer und später die Engländer lösten die Portugiesen in erbitterten Kämpfen ab. Der Gewürzhandel erreichte seinen Zenit. Waren die Gewürze durch ihre „gepfefferten Preise" lange Zeit nur einer privilegierten Elite zugänglich, öffneten sie sich Anfang des 17. Jahrhunderts einer breiteren Käuferschicht. Die europäische Gewürzeinfuhr stieg, die Monopole zerfielen, die Zeit der unermesslich reichen „Pfeffersäcke" war abgelaufen. Die aromatischen Zutaten wurden ein erreichbarer Luxus. Allein die Faszination ausgefallener Gewürze ist bis heute geblieben. Ihre Exotik und auch ein Hauch ihrer weltgewandten Exklusivität.

Der Seeweg der Gewürze

Gewürze sind Naturprodukte. Da Menge und Güte ständig schwanken, bedarf der Importeur viel Erfahrung und guter Handelsbeziehungen. Nationale Aufkäufer in den Produktionsländern zentralisieren zunächst die Bestände. Die Rohware ist in Säcken verpackt, farbige Etiketten kennzeichnen die unterschiedlichen Qualitäten. Nach erster Klassifizierung erreichen sie Europa per Schiff. Eine Fahrt, die zu Zeiten Vasco da Gamas Monate und Jahre brauchte, benötigt heute etwa zwölf Tage von Indien aus.

Bei den weltweiten Importeuren in London, Rotterdam oder Hamburg bestellen die Gewürzwerke ihre Partien. Der Handel ist ein typisches Warentermingeschäft. Da der Weltmarktpreis schwankt, gehört das kaufmännische Gespür auch heute noch zum Gewürz.

Nordamerika ist der weltweit bedeutendste Importeur, gefolgt von Deutschland, Japan und Frankreich. Über 90.000 Tonnen Gewürze führte Deutschland im Jahr 2010 ein. Tendenz steigend. 28.722 Tonnen waren davon Pfeffer. Gefolgt von Paprika, mit gut 13.000 Tonnen, Koriander, Kümmel und Muskatnuss.

Gewürze in der Industrie heute

Was sich der Verbraucher vor allem wünscht, ist abgesicherte Qualität. Die sogenannten ESA-Spezifikationen (European Spice Association) legen Normen für ganz Europa fest. Sie schreiben exakt vor, wie viel ätherisches Öl und wie wenig Feuchtigkeit oder Asche in den Stichproben enthalten sein dürfen. Moderne Gewürzwerke übertrumpfen diese

Richtlinien mit eigenen Qualitätsstandards. Sie beschäftigen Wissenschaftler und haben sich eigene Laboratorien eingerichtet. Sie erkennen geringste Mengen Schimmelsporen oder auch nur Spuren eines Pflanzenschutz-mittels, sie prüfen Frische und chemische Inhaltsstoffe. Aber auch das Aussehen, die natürlich warme Farbe, die den Gewürzen zu eigen ist, wird zum Qualitätsbaustein.

Ziel der Gewürzindustrie ist es, reine, gut abgewogene und gebrauchsfertige Produkte zu liefern. Das Deutsche Lebensmittelbuch gibt hierzu Leitlinien vor. Laborkontrollen begleiten den gesamten Verarbeitungsprozess. Vom dampfentkeimten Rohstoff, noch bevor eine Partie das Werk erreicht, bis zum Endprodukt.

In modernen Gewürzwerken läuft die Veredelung vollautomatisch innerhalb eines geschlossenen Systems. Noch im Sack verpackt, kommen die Gewürze im Werk an. Jetzt wird zum letzten Mal „Hand" anlegt: Sack öffnen, Inhalt in die Reinigungsanlage leeren. Alles, was jetzt geschieht, übernehmen Maschinen und Computerprogramme: Mittels gereinigtem Luftstrom trennen die High Tech-Anlagen die Rohgewürze von Sand, Schmutz, Stielen und halbfertigen Früchten. Magnete entfernen mögliche Metallteile. Siebe übernehmen die Feinsortierung. Jetzt kann das Gewürz zum ersten Mal ins Verkaufsregal wandern. Die weitaus größere Menge steuert jedoch auf weitere Arbeitsgänge zu: Feine Nadelwalzen zerreißen die Körner in kleine Bröckchen, oder Hammermühlen schlagen sie zu Pulver. Um Aroma und Würze nicht zu gefährden, greift hier die schonende Kaltvermahlung, auf minus 75 Grad herunter gekühlt, rasselt das Mahlgut in die Spezialmühle.

Bei 2.000 Umdrehungen pro Minute erhitzt sich der Inhalt gerade einmal auf 16 Grad. Eine ideale Temperatur: Nur ganz geringe Teile des ätherischen Öls gehen verloren. Außerdem entsteht keine Feuchtigkeit, die sich auf dem fein gemahlenen Gewürzpulver niederschlagen könnte.

Die Kunst der Mischung

Ist das Gewürz gereinigt und zerkleinert, wartet es in einem Edelstahlsilo auf seine weitere Verwendung. Nur ein geringer Teil wandert jetzt schon in den aromasicheren Aluminiumbeutel oder die dosierbereite Kunststoffdose. Der große Teil wird erneut zum Rohstoff; diesmal für zahllose Gewürzmischungen und -zubereitungen, individuelle Gewürzpräparate und sonstige Würzmittel. Dass die Hersteller der Verarbeitungsgewürze zum festen Partner der Fleisch verarbeitenden Branche wurden, verwundert angesichts der 1.500 deutschen Wurstsorten kaum. Sogar Zusätze, die das Herstellungsverfahren – etwa die Reifung – verbessern, entwickelt und vermischt die Gewürzindustrie. Ausgeklügelte Rezepturen und eine abgesicherte Veredelung gehören dazu.

Aber auch am heimischen Herd macht erst die Mischung den wahren Reiz des Würzens aus. Umso einfacher, wenn die typischen Geschmacksnoten schon zusammengestellt sind. Man denke nur an das indonesische „Sambal Oelek" oder die chinesische „Fünf-Gewürze-Mischung" (Fenchel, Gewürz-nelken, Sternanis, Fagara, Kassie oder Zimt). Die moderne Forschung erweitert die traditionellen Geschmacksbräuche. Der Blick ins moderne Gewürzregal setzt der Phantasie keine Grenzen: Pizza, Gyros, Texas, Sauerbraten, Barbecue und Lebkuchen. Die Mischung macht's!

Pfeffer & Salz

Von Pfeffersäcken und falschen Pfeffer

Pfeffer- botanische Wunderpflanze und wirtschaftliche Macht

Der echte Pfeffer (Piper nigrum) ist eine Pflanze aus der Familie der Pfeffergewächse (Piperaceae), deren Früchte ein durch das darin enthaltene Alkaloid (Piperin) ein scharf schmeckendes Gewürz liefern.

Pfeffer war früher noch ein Sammelbegriff schlechthin für exotische Gewürze. Die Kultur- und Handelsgeschichte des Pfeffers bis zur Entdeckung des Seeweges nach Indien ist deshalb zugleich allgemeine Gewürzgeschichte. Es gab Pfefferkartelle und Monopole. Selbst Fugger handelte mit Pfeffer.

Pfeffer sind Beerenfrüchte der in Indien heimischen Pfefferpflanze, eines an Bäumen oder Stützpfählen gezogenen Kletterstrauchs. Die Beeren wachsen ähnlich wie Johannisbeeren in Rispen bzw. Fruchtständen.

Je nach Reifegrad sind die oft fälschlich Körner genannten Beeren grün, rot oder gelb. Schwarzer, weißer, grüner und roter Pfeffer wachsen an derselben Pflanze.

Verbreitung und Verarbeitung

Die ursprüngliche Heimat dieser Pflanze ist Indien, speziell die Malabarküste. Im Zuge der Indisierung Südostasiens verbreitete sich der Pfefferanbau vor circa 1000 Jahren in das heutige Indonesien und Malaysia.

Die größten Anbauländer von Pfeffer sind Vietnam, Indonesien, Indien, Brasilien und Malaysia. Weltweit werden auf einer Gesamtanbaufläche von 350.000 ha etwa 200.000 Tonnen Pfeffer jährlich produziert, wobei jedoch starke jährliche Schwankungen auftreten. Der Wert einer gesamten Jahresweltproduktion von Pfeffer wird auf 300 bis 600 Millionen Dollar geschätzt.

Schwarzen Pfeffer gewinnt man, wenn man die Beeren noch grün in unreifem Zustand pflückt. Gehäuft bleiben sie einige Tage zum Fermentieren liegen. Danach breitet man die Beeren auf Matten aus und lässt sie in der Sonne trocknen, bis sie runzelig und schwarzbraun geworden sind. Zu weißem Pfeffer werden die ausgereiften, kurz vor der Rotverfärbung stehenden gelblich-grünen Beeren verarbeitet. Sie werden in Säcke gefüllt und in schwach fließendem Wasser etwa 8 Tage lang gewässert. Anschließend breitet man die Beeren aus und entfernt, meistens durch Trampeln, das aufgeweichte Fruchtfleisch vom Samen. Die grauen Pfefferkörner wäscht man danach noch einmal und legt sie für mehrere Tage zum Trocknen in die Sonne, bis sie zur cremig-gelblich-weißen Handelsware des weißen Pfeffers geworden sind.

Außer schwarzem und weißem Pfeffer wird seit Jahren in immer größeren Mengen grüner Pfeffer auf den Markt gebracht. Dabei handelt es sich wie beim schwarzen Pfeffer ebenfalls um die unreif geernteten Beeren, die man entweder in eine Salz- oder Essiglake eingelegt und konserviert hat oder die in Spezialverfahren getrocknet, manchmal auch gefriergetrocknet wurden.

Rote Pfefferkörner sind vollreife, ähnlich dem grünen Pfeffer in Essig oder Salzlake eingelegte gefriergetrocknete Früchte. Ihr Geschmack ähnelt dem des Schwarzen Pfeffers.

Kulinarische Übersicht nach Herkunftsgebieten

Weißer Muntok Pfeffer gehört zu den besten Pfeffer Sorten der Welt. Er kommt von der indonesischen Insel Bangka, südöstlich von Sumatra. Der Muntok Pfeffer ist ein aromatisch- scharfer Pfeffer und eignet sich hervorragend zu Fisch, Salat und Geflügel.

Penja Pfeffer wächst auf Vulkanerde. Da die Vulkanerde besonders reichhaltig an Mineralien ist, verleiht sie dem Pfeffer aus Penja, Kamerun, seinen außergewöhnlichen Charakter und sein kräftiges Aroma. Dieser Pfeffer wird heute noch nach alten Traditionen in Handarbeit von den Frauen des Dorfes angebaut und gepflückt.

Der Schwarze Pfeffer Tellicherry (Extra Bold) gehört zu den Besten Pfeffer Sorten der Welt. Er kommt aus der indischen Provinz Thalassery. Nur 10 % der Ernte (die größten Körner) tragen den Namen Tellicherry welcher ein aromatisch, scharfer Pfeffer ist. Sein Aroma ist so intensiv, da er sehr spät geerntet wird, wenn die Beeren sich gelborange färben. Der Tellicherry hat außerdem einen eher bräunlichen als schwarzen Farbton durch diese Spätlese.

Der indische Malabarpfeffer zu den kulinarisch attraktivsten Sorten. Der schwarze Pfeffer mit einem leichten Grünstich ist aromatisch und scharf. In der Vergangenheit wurde Malabarpfeffer auch unter dem Namen GOA und ALEPPI gehandelt.

Pondicherry-Pfeffer -Echter roter Pfeffer stammt jedoch von der indischen Malabarküste und wird in der Regel in Form reifer, in Lake eingelegter Pfefferfrüchte unter der Bezeichnung Pondicherry-Pfeffer angeboten.

Sarawak weiß (Malaysia) - Einer der seltensten Pfeffertypen. Wunderbare schwarze Pfefferkörner mit einer besonders feinen, frischen Note von Limonen, exotischen Früchten, Blüten und Lakritz.

Celan (Sri Lanka) - Geschmeidiger Pfeffer reich an ätherischen Ölen. Spannendes Bouquet von Hölzern. Sehr lang am Gaumen und intensiv im Abgang.
Es gibt noch weitaus mehr Anbaugebiete. Kulinarisch gesehen sind aber diese Sorten die berühmtesten.

Küchentipps

Schwarzer Pfeffer ist aromatischer als weißer Pfeffer. Da der schwarze Pfeffer noch die Fruchtschale besitzt, enthält er noch besonders viele Aromastoffe. Deshalb sollte man schwarzen Pfeffer dem weißen vorziehen. Grüner Pfeffer eignet sich besonders als Einlage für Pfeffersoßen, bei Pfeffersteaks o.ä. Da grüner Pfeffer durch das unreife Ernten und das spätere Einlegen in Flüssigkeit besonders weich ist, kann und sollte man ihn als ganze Körner verwenden. Schwarzer, weißer oder roter Pfeffer sollte gemahlen bzw. geschrotet verwendet werden. Nur beim Ansetzen von Suppen und Soßen gibt man ganze Pfefferkörner hinzu. Diese sollten dann aber durch ein feines Sieb gegossen werden. Pfeffer sollte man grundsätzlich als ganze Körner einkaufen und aufbewahren und erst bei Bedarf frisch gemahlen oder gemörsert verwenden. Gemahlener Pfeffer verliert schon nach kürzester Zeit an Aroma und die damit gewürzten Speisen schmecken nur noch scharf und lassen jedes Pfefferaroma missen.

Gewürzmischungen und Rezepte mit Pfeffer

Grüner Zitronenpfeffer

2-3 EL getrocknete Zitronenschalen

2-3 EL getrocknete grüne Pfefferschalen

Getrocknete Zitronenschalen im Mörser klein brechen und mit grünen Pfefferkörnern mischen. Passt gut zu Fisch, Salat und Gemüse.

Levantinische Pfeffermischung

3 EL schwarze Pfefferkörner

2 EL Pimentkörner

1 EL Zimtpulver

1 EL Paprikapulver

2 TL geriebene Muskatnuss

Pfeffer und Piment separat rösten und mahlen. Dann alles zusammenmischen und in einem luftdichten dunklen Gefäß aufbewahren. Kommt aus dem östlichen Mittelmeerraum und passt zu Hülsenfrüchten und geschmortem Gemüse.

Schwarzer Orangenpfeffer

2-3 EL zerkleinerte und getrocknete Orangenschalen

2-3 EL schwarze Pfefferkörner

Orangenschalen im Mörser kleinbrechen und mit den schwarzen Pfefferkörnern mischen. Ein Geheimtipp aus der Pfeffermühle. Passt zu frischen Tomaten, Suppen und Salaten.

Pfeffersteak
Vier Portionen

Zutaten
4 TL grüne Pfefferkörner in Salzlake, abgespült und abgetropft
2 TL schwarze Pfefferkörner, gemörsert
4 Filetsteaks a 175 g
4 EL Butterschmalz
2 EL Weinbrand
125 ml Crème Fraiche

Zubereitung
Von den grünen Pfefferkörnern einen Esslöffel zur Seite stellen. Filetsteaks mit den restlichen grünen und schwarzen beidseitig Pfefferkörnern einreiben. Butterschmalz erhitzen und die Steaks beidseitig zwei bis drei Minuten braten. Steaks salzen und warmhalten. Fett aus der Pfanne gießen, und den Bratensatz mit dem Weinbrand auskochen, Creme Fraiche und die grünen Pfefferkörner dazugeben und eindicken lassen. Steaks auf Teller portionieren und mit der Soße übergießen.

Erdbeeren mit Pfeffer (Konfitüre)

Zutaten
3 EL Balsamicoessig
2EL eingelegter grüner Pfeffer
250 g Gelierzucker 2:1

1 Apfel

500 g geputzte Erdbeeren

Zubereitung

Erdbeeren waschen, putzen und pürieren. Apfel schälen, Kerngehäuse entfernen und reiben. Beides in einem Topf mit Gelierzucker mischen, zugedeckt 2 Std. ziehen lassen. Unter gelegentlichem Rühren zum Kochen bringen. Pfeffer hinzufügen und 4 Min. sprudelnd kochen lassen. Nach der Gelierprobe den Balsamicoessig unterrühren und die Konfitüre in 2 heiß ausgespülte Gläser à 300 ml füllen.

Pfefferähnliche Gewürze

Neben dem Piper Nigrum gibt es noch eine stattliche Anzahl pfeffer-
ähnlicher Gewürze. Um Verwechselungen vorzubeugen eine tabellari-
sche Übersicht, die allerdings keinen Anspruch auf absolute Vollstän-
digkeit erhebt.

Originalbe-zeichnung	Lateini-scher Name	weitere Namen	Vor-kommen
Sichuanpfeffer	*Zanthoxylum piperi-tum,simulans, bungeanum, rhetsa, acanthopodium und andere*	Anispfeffer, Szechuan Pfeffer, Zitro-nenpfeffer	Japan, Ko-rea, Nordchi-na, Indonesi-en
Paradieskörner	*Aframomum melegueta*	Mele-guetapfeffer, Guineapfeffer, Malegatten-pfeffer	Liberia, El-fenbeinküste, Togo, Nigeria und Kamerun
Tasmanischer Pfef-fer	*Tasmannia lanceolata*		Australien
Wasserpfeffer	*Polygonum hyd-ropiper*	Sumpfpfeffer, Froschpfeffer	Eurasien, Nordamerika, Nordafrika
Rauschpfeffer	*Piper methysti-cum*	Kava- Kava	Polynesien, Melanasien
Betelpfeffer	*Piper betle*		Süd-Südostasien
Mohrenpfeffer	*Xylopia aethio-pica*	Afrikanischer Pfeffer	Afrika
Burropfeffer	*Xylopia aromati-ca*		Südamerika
Langpfeffer	*Piper Lomgum*	Bengalischer Pfeffer	Indien

Balinesische Pfeffer	*Piper retrotractum*		Indonesien
Mönchspfeffer	*Vitex agnus-castus*	Keuschlamm	Mittelmeerraum
Piment	*Pimenta dioica*	Jamaikapfeffer, Nelkenpfeffer	Mexiko, westindische Inseln
Rosa Pfeffer	*Schinus terebinthifolius*	Brasilianischer Pfeffer wird häufig mit Roten Pfeffer verwechselt	Südamerika
Cayennepfeffer	*Capsicum spp, gehört nicht zur Pfefferfamilie*	besteht aus getrockneten und gemahlenen Chilischoten	Mittel- u. Südamerika
Kubebenpfeffer	*Piper cubeba*	Schwanzpfeffer	Indonesien, Sri Lanka

Viele der genannten Pfeffervariationen sind noch heute weltweit in Gebrauch. Einige hingegen sind eher regional bekannt und oder in der Ethnomedizin zu finden. Einige Sorten werden auch aphrodisierende Wirkung nachgesagt bzw. eine berauschende Wirkung. Kava-Kava z. B. hat eine berauschende Wirkung, während Langpfeffer als Aphrodisiakum wirken soll.

Die Pfeffersorten in der Küche

Die kulinarisch interessanten Pfeffersorten sind schnell aufgezählt. Rosa Pfeffer, Kubebenpfeffer, Piment, Paradieskörner, Sichuanpfeffer und evtl. noch tasmanischer Pfeffer.

Kubebenpfeffer

Kubeben haben ein warmes, terpentinähnliches Aroma. Der Geschmack ist aromatisch scharf und etwas bitter. Er erinnert eher an Nelkenpfeffer als an Pfeffer.

Kubeben werden in Gewürzmischungen wie Ras el-Hanout und in der indonesischen Küche verwendet. Man kann sie in jedem Gericht anstelle von Nelkenpfeffer (Piment) verwenden, und sie passen besonders gut zu Fleisch- und Gemüsegerichten.

Kubeben werden meistens ganz angeboten und sollten erst kurz vor der Verwendung gemahlen werden.

Rosa Pfeffer (Schinuspfeffer)

Süß und aromatisch, ähnlich wie Wacholder, der sich auch als Ersatz eignet; allerdings schmeckt Wacholder wesentlich stärker.

Rosa Pfeffer ist eine Delikatesse. Er passt zu allen mild aromatischen Gerichten, verleiht Fisch und Gemüse ein exotisches Aroma und ist ein unvergleichliches Geschmackserlebnis in dunkler Schokolade. Rosa Pfeffer ist ein Gewürz für die kreative Küche. Am besten in ganzen Beeren kaufen und dann kurz vor Gebrauch mörsern.

Piment (Nelkenpfeffer)

Der Geruch ist sehr stark und aromatisch, wie Gewürznelken mit einem Hauch von Zimt und Muskat; der Geschmack ist ähnlich, jedoch mit leichter Pfefferschärfe. In der karibischen Küche kann man den Nelkenpfeffer kaum wegdenken. Er verleiht den Gerichten eine herrlich scharfe, ätherisch würzige Note und erzeugt so einen tollen exotischen Geschmack. In Deutschland hingegen kommt dieses exotische Gewürz eher selten zum Einsatz. Es ist in nicht vielen deutschen Küchen vorhanden. Vor allem in der

Wurstherstellung und bei der Herstellung von Weihnachtsgebäck verwenden wir Piment.

Paradieskörner (Guineapfeffer)

Paradieskörner haben einen pikant-scharfen aber nicht brennenden Geschmack und ein angenehm würziges Aroma zwischen Kardamom und Pfeffer. Sie eignen sich vor allem für Schmorgerichte mit langer Kochzeit, wobei sie fast immer gemahlen eingesetzt werden. In den europäischen Küchen werden Paradieskörner heute nicht mehr verwendet, abgesehen von einigen wenigen altertümlichen Rezepten für Lebkuchen, Würste, Biere und Magenbitter. Mit Paradieskörnern gewürzte Speisen findet man heute vor allem in den Maghrebstaaten, insbesondere Marokko. In den westafrikanischen Ursprungsländern nutzt man sie außer zum Kochen auch in der Volksmedizin.

Sichuanpfeffer (Anispfeffer, Zitronenpfeffer)

Als Gewürz werden meistens die getrockneten und von den Samen befreiten Samenkapseln verwendet. Die runden Kapseln sind von rotbrauner bis schwarzer Farbe und stark gerunzelt. Erntezeit der reifen Früchte des Szechuanpfeffers ist im August, die Früchte werden anschließend bei 40–60 °C getrocknet. Teilweise werden die Samenkapseln gemahlen und als Gewürzpulver verwendet. Meist werden jedoch die ganzen Samenkapseln verkauft und erst vor der Zubereitung der Gerichte selbst gemahlen.

Charakteristisch ist der scharf-prickelnde Geschmack, der ein Gefühl der Taubheit auf Lippen und Zunge bewirkt. Diese Geschmacksrichtung gibt gerade der Sichuanküche ihre selbstständige Prägung. Stark davon geprägte Gerichte sind der Feuertopf, Nudeln mit scharfer Sauce oder würziges Rindfleisch. Szechuanpfeffer ist auch Bestandteil der Gewürzmischung Fünf-Gewürze-Pulver. Doch auch unreife Früchte, Blätter und Blüten der Pflanze werden vor allem in der japanischen Küche eingesetzt. Die jungen und frischen Blätter werden eingeweicht und mit Miso Paste vermischt als Kinome bezeichnet. Kinome wird oft als Garnierung auf Suppen und anderen Gerichten benutzt. Für die Würzpaste Misansho werden unreife Früchte mit Salz eingekocht. Diese Paste wird vor allem für die Zubereitung von Fisch benutzt, um den teilweise unangenehmen Fischgeruch zu mildern. Szechuanpfeffer findet auch in der traditionellen chinesischen Medizin Verwendung.

Tasmanischer Pfeffer (australischer Bergpfeffer)

Der wilde Pfeffer Australiens ist eigentlich gar kein Pfeffer. Die Beeren schmecken im ersten Moment etwas süßlich mit einem leichten Vanillearoma, gepaart mit Waldmeister. Im Abgang dann sehr scharf; allerdings hält die Schärfe im Mund nicht lang an, sondern weicht einem eigenartigen Gefühl von leichter Taubheit, ähnlich wie beim Sichuanpfeffer.

Tasmanischer Pfeffer ist sehr gut als einzelnes Gewürz in letzter Minute geeignet, wie z. B. bei karamellisierten Ananas mit Pfeffer, Pfeffersteak, Kartoffelsuppe etc.. Er verliert bei längerer Hitze viel Aroma und Schärfe und man sollte ihn in letzter Minute verwenden, ansonsten gehen die vielen feinen Geschmacksnuancen verloren.

Noch mehr Pfeffer Rezepte und Gewürzideen

Ras el Hanout

Diese wohl bekannteste marokkanische Gewürzmischung ist die Mischung vom „Chef des Hauses". Jeder mischt sie anders und besser als die Konkurrenz. Hier unsere Variante:

4 Kardamomkapseln
5 Gewürznelken
2 Zimtstangen
2 TL Paradieskörner
1 TL Chilipulver
1TL Ingwerpulver
1 TL Kubebenpfeffer
1 TL Macis (Muskatblüte)
1 TL Kurkuma
1 TL Langpfeffer
1 TL Galgant

Alle Körner in einer Pfanne ohne Öl leicht anrösten und dann sämtliche Zutaten vermahlen. Als Mischung für Schmorgerichte oder z. B. für Marinaden.

Galat Dagga (Tunesische 5 Gewürze Mischung)

Mittelscharfe Mischung für Gerichte mit langer Schmorzeit

1 TL weißer Pfeffer
1 TL Paradieskörner
½ TL Zimt

1 geriebene Muskatnuss
1TL Nelken

Gewürzmischung für Rinderfilet / Grillen

1 TL Anis,
1TL Fenchel
Je ¼ TL tasmanischer Pfeffer, Kubebenpfeffer, schwarzer Pfeffer
4 grüne Cardamom Kapseln,
4 Piment-Kugeln
½ TL Zimtblüten (Sri Lanka)

Das Filet von Silbersehnen befreien und in Steaks á 100 g schneiden. In einer „alten" Kaffeemühle die Gewürze mahlen. Das Fleisch mit den gemahlenen Gewürzen und 2 – 3 EL Limonenöl einreiben und 2 Std. kaltstellen.

Salz – Nicht nur für die Suppe

Salze, eine einfache chemische Verbindung

Salze sind eine chemische Verbindung die aus positiv geladenen Ionen (Kationen) und negativ geladenen Ionen (Anionen) aufgebaut sind. Aufgrund der ionischen Bindung werden fast alle Verbindungen mit diesem Bindungstyp Salze genannt. Bei anorganischen Salzen werden die Kationen häufig von Metallen und die Anionen häufig von Nichtmetallen oder deren Oxiden gebildet. Als Feststoff bilden sie gemeinsam ein Kristallgitter. Unser modernes Speisesalz (Kochsalz bzw. Tafelsalz), das in der Küche Verwendung findet, besteht hauptsächlich aus Natriumchlorid mit einem Anteil von bis zu drei Prozent an anderen Salzen, wie z. B. Magnesiumchlorid u. –sulfat. Zur Verbesserung seiner Eigenschaften werden meist noch geringe Mengen anderer Stoffe hinzugefügt. Derart bearbeitetes Salz wird auch raffiniertes Salz genannt. Schon früh versuchten Alchimisten in den Zeiten der Salzknappheit Salz herzustellen. Doch die Geschichte des Salzes geht schon weitaus früher los. Ohne Salze ist z. B. gar kein menschliches Leben möglich. Unser Körper besteht zu 70 % aus Wasser. Unsere Körperflüssigkeiten sind nichts anderes als eine Sole - eine Salzlösung. Seien es unsere Tränen, unser Schweiß, unser Urin, aber auch unsere Hirnflüssigkeit, das Zellwasser und unser Blut. Diese Körperflüssigkeiten enthalten die gleichen 84 Salze, Mineralstoffe und Spurenelemente in

fast gleichen Mischungsverhältnissen wie das Meerwasser.

Das ist aber noch längst nicht alles. Salz verfügt noch über viele weitere, teilweise verblüffende Eigenschaften. Im Mittelalter wurde es als Aphrodisiakum verwendet. Die alten Griechen bezeichneten Salz als Göttergabe. Neres, die griechische Göttin des Meeres, hatte Peleus, dem Vater von Achill, das Salz als Hochzeitsgeschenk vermacht. Die Ägypter benutzen es zum einbalsamieren und Salz hinter die Schulter geschüttet schützt vor Unheil. Als Geschenk zum neuen Haus ist es bis heute noch Brauch „Brot und Salz" zu schenken. Man kann auch viel Geld sparen, wenn man statt Deo und Zahnpasta einfach nur Salz verwendet. Damit sind längst nicht alle Möglichkeiten der Anwendung genannt. Kurios ist z. B. die Salzuhr oder das das Wort „Salär" aus der Zeit stammt, wo der Lohn oder Sold in Form von Salz ausgezahlt wurde. Auf Salz wurden ganze Städte gegründet und so manchen Kaufmann hat das „weiße Gold" zu Reichtümern verholfen.

Salz in der Wirtschaft heute

Die Salzgewinnung in der erweiterten EU und in der Schweiz beträgt ca. 45 Mio. Tonnen pro Jahr, produziert mit modernsten Techniken im Bergbau, mittels der Evaporation (Verdampfung) oder mit der klassischen Meersalzgewinnung. Die weltweite kommerzielle Produktion hat im Vergleich zum vergangenen Jahrhundert von 10 Mio. Tonnen auf ca. 220 Mio. Tonnen pro Jahr zugenommen.

Ungefähr 100 Staaten betreiben Salzbergbau, gewinnen Salz aus Meerwasser, nutzen das Verfahren der Verdunstung bzw. bauen Steinsalz ab. Als Zulieferer zu der Nahrungsmittelindustrie, der chemischen, der pharmazeutischen und einer Vielzahl von anderen Industrien spielt die Salzindustrie eine essenzielle und agile Rolle, sowohl für die Wirtschaft als auch für die Verbraucher. Wir essen nicht nur Salz, Salz wird auch für eine Vielzahl von anderen Anwendungen benutzt. Es ist heute eines der meistgenutzten Rohstoffe der chemischen Industrie.

Salzgewinnung heute

Aus dem Meer

Diese Art der Gewinnung ist wohl die älteste. Meerwasser wird in Teiche (Salzgärten) geleitet, wo das Wasser unter der Sonneneinstrahlung verdunstet. Dabei kristallisiert schließlich das Salz aus und kann abgeschöpft werden. An der Algarve in der Bretagne und am Mittelmeer in der Camargue wird Meersalz noch heute so gewonnen. Dieses Salz ist im Vergleich zu den auf andere Arten gewonnenen Sorten von geringerer Qualität, da sich Verunreinigungen, zum Beispiel durch Tonerde, beim Abschöpfen nicht verhindern lassen. Auch ist der Mineralstoffgehalt relativ gering, weil die Spurenelemente des Meerwassers nur bei vollständiger Verdunstung erhalten werden könnten, was aber zu einer noch stärkeren Verunreinigung durch andere Stoffe führen würde. Heute werden etwa 20 Prozent des weltweiten Verbrauchs aus Meerwasser gewonnen.

Im Tagebergbau

Es gibt Lagerstätten in den USA, Südamerika und Afrika, wo Salz im Tagebau gefördert wird. Hier handelt es sich um ausgetrocknete Salzseen, die nicht von Sedimenten überlagert sind. Die Vorkommen sind jedoch begrenzt und so halten sich die Produktionsmengen weltweit in Grenzen.

Bergbau

Durch bergmännischen Abbau wird Steinsalz gewonnen. Durch Herauslösen mit Wasser, das anschließend wieder verdampft wird: (Evaporation)

Andere Verfahren zur Salzgewinnung

Bei der Entsalzung von Meerwasser entsteht Salz als Nebenprodukt.

Durch Auswaschen von Pflanzenasche gewinnen die Indianer Südamerikas ein salzhaltiges Produkt, welches viel Kaliumchlorid enthält. Dieselbe Methode wird bis heute in einigen Regionen West- und Zentralafrikas angewendet.

Durch Auswaschen und Filtrieren salziger Erde und anschließendem Einkochen wurde in Südamerika ebenfalls Salz gewonnen. Bis heute wird in Westafrika in der Umgebung des Tschadsees, in Thailand und in Neuguinea auf diese Weise Salz hergestellt.

Durch Auswaschen und Filtrieren von Torf aus vom Meer überfluteten Mooren wurde an der Nordseeküste (in den Niederlanden, Norddeutschland und Dänemark) eine konzentrierte Sole gewonnen, aus der dann in Siedepfannen Salz hergestellt wurde. Dies gab den Halligen ihren Namen, von althochdeutsch „Hall" = „Salz". Dieses Verfahren ist seit dem Mittelalter belegt, wird aber heute nur noch als Touristenattraktion auf Läsö (Dänemark) angewendet.

Das im westafrikanischen Karawanenhandel des 17. und 18. Jahrhunderts verbreitete Salz wurde vor allem aus salzigem Brunnenwasser in der Sahara gewonnen.

Die Salzarten

Kochsalz

Auch Mineral-, Stein- oder Tafelsalz. Stammt aus verdunsteten Urmeeren und wird unterirdisch abgebaut. Dazu wird Wasser in bis 400 Meter tiefe Schichten gepumpt und löst dort Salz und Mineralstoffe aus dem Gestein. Das Salzwasser wird heraufgepumpt und gereinigt und in Verdampfern auskristallisiert, getrocknet und ggf. jodiert oder fluoriert.

Meersalz

Meersalz ist aus Meerwasser in Salzgärten gewonnenes Salz. Im Meersalz sind neben Natriumchlorid auch noch geringe Mengen bzw. Spuren von anderen Stoffen enthalten, unter anderem Salze von Kalium, Magnesium und Mangan. Auch Steinsalz ist nichts anderes als Meersalz, das vor Millionen von Jahren durch Austrocknen von großen Meeren entstand.

Himalajasalz

Himalajasalz ist eine Handelsbezeichnung für ein rosa getöntes Speisesalz, das vorwiegend in Reformhäusern, Naturkost- und Esoterikläden angeboten wird. Anders als der Name nahe legt, stammt das Salz nicht aus der Himalajaregion, sondern im wesentlichen aus der weltgrößten Abbaustätte für Steinsalz, der Salt Range in der pakistanischen Provinz Punjab. In dieser durchschnittlich 700 Meter hohen Hügelkette werden ca. 70 Prozent des weltweiten Bedarfs an Steinsalz abgebaut. Ein kleinerer Teil des als Himalajasalz vertriebenen Salzes stammt aus polnischem Bergbau. Wie andere unraffinierte Steinsalze besteht es aus ca. 97 bis 98 Prozent Natriumchlorid und einem kleinen Anteil von etwa sieben weiteren Mineralien wie Gips. Seine Färbung verdankt es geringfügigen Eisenoxidverunreinigungen. Himalajasalz wird fein gemahlen, als Granulat oder in Form von Halitbrocken angeboten. Aus den Halitbrocken werden außerdem sogenannte Salzlampen hergestellt. Weitere Handelsbezeichnungen sind Hunza-Kristallsalz, Christ-All-Salz, Zaubersalz, Kaisersalz oder Alexandersalz (weil es angeblich schon von Alexander dem Großen verwendet wurde).

Fleur de Sel

Das teuerste Meersalz, das Fleur de Sel (dt. „Salzblume"), entsteht nur an heißen und windigen Tagen als hauchdünne Schicht an der Wasseroberfläche und wird in Handarbeit mit einer Holzschaufel abgeschöpft. Es wird zum Beispiel an der Algarve, in der Bretagne („Fleur de Sel de Guérande"), („Fleur de Sel de Ile de Ré") und in der Camargue („Fleur de Sel de Camargue") gewonnen. Das Salz kommt immer unbehandelt in den Handel. Einige Gourmets schätzen seinen Geschmack, der durch Kalzium- und Magnesium-Sulfat-Anteile bestimmt wird, die im Steinsalz nicht enthalten sind. Aufgrund seiner knusprigen Konsistenz wird es z. B. gerne für den Salzrand beim Cocktail Margarita verwendet.

Maldon Sea Salt

ist ein sehr mildes und geschmacksintensives Salz, das aus Essex (England) kommt. Die charakteristischen, pyramidenförmigen Salzkristalle sind hauchdünn und lassen sich zum Würzen ganz einfach zwischen den Fingern verreiben. Während anderen Salzsorten Antiklumpmittel beigefügt werden, finden sich im Maldon Sea Salt nur reine Meerwasser-Spurenelemente.

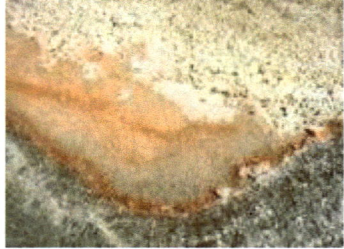

Rotes und Schwarzes Hawaii Speisesalz

Das schwarze Hawaii Salz hat seine Farbe und seinen nicht nur von Spitzenköchen geschätzten Geschmack von der Anreicherung mit Aktivkohle, Kurkuma und Taropulver. Rotes Alaea Hawaii Salz ist ein traditionelles hawaiianisches Meersalz. Es wird auf Molokai, eine der mittleren Hawai-Inseln mit modernen Mitteln produziert. Das rote Hawaii Alaea Salz ist reich an

Spurenelementen und Mineralien. Die Abgelegenheit der Inseln vom Festland lässt das Meersalz besonders rein und unbelastet. Seine rötliche Färbung erhält das Hawaii Salz durch die eisenoxidhaltige vulkanischer Tonerde (der Alaea). Diese verleiht dem roten Hawaii Alaea Salz seine besondere Farbe und seinen Geschmack.

Kalahari Salz

Das Kalahari-Salz stammt aus einem unterirdischen, 280 Millionen Jahre alten Salzvorkommen. Die Aufbereitung des Kalahari Salzes geschieht in einem unbesiedelten Gebiet, wo das Ursalz aus einem natürlichen Salzsee gewonnen und getrocknet wird. Das Salz aus der Kalahariwüste ist weiß bis rosa und hat keinen besonderen Eigengeschmack. Spurenelemente wie Magnesium und Phosphor sorgen dafür, dass man dem Kalahari Salz eine stärkende Wirkung des Immunsystems nachsagt.

Kräuter- und Gewürzsalz

Ist eine Salzmischung bestehend aus etwa 40-85 Prozent Kochsalz und mindestens 15 Prozent Kräutern wie zum Beispiel Basilikum, Paprika, Knoblauch, Pfeffer, Chili, Kreuzkümmel, Ingwer, Koriander, Petersilie, Kurkuma, Lorbeer und Schnittlauch. Früher nahmen die Menschen diese Salzmischung zum Haltbarmachen von Kräutern für den Winter. Heute benutzt man Kräutersalz vor allem wegen des vielfältigen Geschmacks und um die konsumierte Kochsalzmenge zu reduzieren.

Rauchsalz

Rauchsalz (auch: Hickorysalz, Smoked Salt) ist ein aromatisiertes Speisesalz mit einem würzigen Rauchgeschmack. Rauchsalz stammt ursprünglich aus den USA und ist ein typischer Bestandteil der US-amerikanischen Küche. Rauchsalz besteht hauptsächlich aus Meersalz und Rauch. Hochwertiges Rauchsalz wird hergestellt, indem Meersalz über Hickoryholz geräuchert wird. Dabei nimmt das Salz den Rauchgeschmack an. Preiswertere Rauchsalze bestehen oft aus gewöhnlichem Salz, das mit künstlichem Raucharoma versetzt wurde. Rauchsalz verleiht Gerichten aller Art einen rauchigen, schinkenartigen Geschmack und wird deswegen auch gerne von Vegetariern verwendet, welche aufgrund ethischer Gründe auf den Verzehr von Fleisch verzichten.

Bambussalz

Bambussalz nennt man Salz, das in Bambusrohren gebrannt wird. Koreanische, buddhistische Mönche haben traditionell Meersalz behandelt, es als rituelles Heilsalz verwendet und damit ebenfalls ihre kargen Speisen gewürzt. Auch heute noch wird in Korea Salz in Bambusrohren zwei- bis neunmal gebrannt und in der ganzen Welt als Spezialität vertrieben. Das gebrannte Salz hat einen hohen Mineralstoffanteil, der mit der Zahl der Brennvorgänge steigt. Es ist zudem sehr basisch. Je nach Konzentration bewegt sich der pH-Wert zwischen 10 und 11. Aus diesem Grund soll es einen säureüberlasteten Organismus harmonisieren.

Chemische Zusatzstoffe im Salz

Rieselfähigkeitsförderer

Zur Verbesserung der Rieselfähigkeit werden Kalziumkarbonat (Kalk), Magnesiumcarbonat, Silikate oder Ferrocyanide zugesetzt. Der Grund dafür ist, dass normales Speisesalz hygroskopisch ist (an der Luft feucht wird) und verklumpt. Die Hygroskopie entsteht aber nicht durch das reine Natriumchlorid, sondern durch geringe Verunreinigungen, zum Beispiel durch Magnesiumchlorid. Das schwer lösliche Kalzium- und Magnesiumkarbonat verursacht die Trübung beim Auflösen des Salzes in Wasser. Das Kalziumkarbonat ist auch für die Entfärbung eines frischen Rotweinflecks mit Salz verantwortlich.[7] Diese Zusatzstoffe sind gesundheitlich völlig unbedenklich: Kalium-, Kalzium- und Magnesiumionen sind wichtige Bestandteile des Trinkwassers, in Mineralwasser finden sich auch gelöste Silikate. Das Hexacyanoferrat-Ion ist eine chemisch sehr stabile Komplexverbindung, die deshalb in der verwendeten niedrigen Konzentration keine nachweisbare biologische Wirkung hat. Die Rieselfähigkeit wurde 1911 vom amerikanischen Salzhersteller Morton Salt entwickelt.

Jod

Zur Vorbeugung gegen Jodmangel (Kropfprophylaxe) wird Natriumiodat oder Kaliumiodat zugesetzt. Jodiertes Speisesalz enthält 15 bis 25 mg Iod pro Kilogramm. Jodat wird deswegen verwendet, weil Jodid unter Einwirkung von Wasser und Luftsauerstoff nicht stabil ist und in Jod umgewandelt wird. Vor allem in den USA wird Kalium- und Natriumiodid verwendet, das durch Stabilisatoren wie Thiosulfaten vor der Oxidation geschützt wird.

Fluorid

Zur Kariesprophylaxe werden geringe Mengen an Natriumfluorid oder Kaliumfluorid zugesetzt. Diese Gewohnheit kam erstmals in den 1950er Jahren in der Schweiz auf, wo bis dahin Zahnkaries und Kröpfe ein ernstes gesundheitspolitisches Problem gewesen waren. Da die kurz zuvor in den USA eingeführte Fluoridierung von Trinkwasser aufgrund der stark dezentralisierten Wasserversorgung der Schweiz als zu kompliziert erschien, führte 1955 als erster der Kanton Zürich fluoridiertes Kochsalz ein; weitere Kantone folgten bald. Seit einigen Jahren hält fluoridiertes Kochsalz in der Schweiz stabil einen Marktanteil von rund 80 Prozent. Seit 1983 beträgt die Dosierung 250 Milligramm Fluorid pro Kilogramm Salz. Andere Länder folgten dem Schweizer Vorbild nur zögernd. Seit 1983 gibt es in Frankreich fluoridiertes Salz, es folgten Jamaika, Costa Rica und (1991) Deutschland, wo der Marktanteil dieses Salzes mittlerweile 60 Prozent beträgt.

Natriumnitrit

Zum Pökeln von Fleisch werden dem Speisesalz 0,4–0,5 Prozent Natriumnitrit zugefügt.

Folsäure

Teilweise wird Speisesalz auch Folsäure zugesetzt, da die Deutsche Gesellschaft für Ernährung von einer Unterversorgung in Deutschland ausgeht. Die Farbe des Salzes ist dann gelblich anstatt weiß und verleiht dem Salz eine edlere Farbe.

Salz in der Küche

Ohne Salz geht nichts in der Küche. Salz ist eine der fünf grundsätzlichen „Geschmacksrichtungen" neben süß, bitter, scharf und umami. Der Träger des Umami-Geschmacks ist die Aminosäure Glutaminsäure, die besonders reichlich in vollreifen Tomaten, Fleisch, Sojasauce, Käse sowie in der menschlichen Muttermilch vorhanden ist. Ihre Salze werden als Glutamate bezeichnet. Eine besondere Verwendung findet Glutaminsäure in der Nahrungsmittelindustrie, wo sie biotechnologisch hergestellt, als Geschmacksverstärker eingesetzt wird. Leider wird heutzutage bedingt durch die Verwendung von vielen Fertigprodukten auch die tägliche Salzzufuhr um ein Vielfaches der tatsächlich empfohlenen Menge überschritten. Der Körper eines Erwachsenen enthält etwa 150 bis 300 Gramm Salz und benötigt täglich ein bis drei Gramm zum Ausgleich des Verlusts durch Schwitzen und Ausscheidungen (bei starkem Schwitzen oder einigen Erkrankungen bis zu 20 Gramm).
Überdurchschnittlicher Salzkonsum wurde seit den 1970er Jahren für Bluthochdruck mitverantwortlich gemacht und man riet und rät präventiv zu allgemein salzarmer Ernährung. Ein kausaler Zusammenhang zwischen Salzkonsum und Bluthochdruck konnte aber bis heute nicht zweifelsfrei nachgewiesen werden. Hier einige Aussagen und was es damit auf sich hat:

Natriumchlorid (NaCl) ist giftig

Sowohl Natrium als auch Chlorid sind lebensnotwendige Mineralstoffe, die zur Aufrechterhaltung bestimmter Körperfunktionen unerlässlich sind. Die tägliche Zufuhr an Natrium sollte 0,5, jene an Chlorid 0,8 Gramm nicht unterschreiten, um die Körperfunktionen aufrechtzuerhalten.

Jodiertes Speisesalz löst Jodallergie aus

Jod ist ein lebenswichtiges Spurenelement, das unter anderem für eine ordnungsgemäße Schilddrüsenfunktion unerlässlich ist. Die täglich empfohlene Zufuhrmenge beträgt für Erwachsene 200 Mikrogramm. Erst bei sehr hohen Jod-Aufnahmen ab 1.000 Mikrogramm pro Tag kann ein – ausgesprochen seltener – Nebeneffekt, die sogenannte Jod-Akne, auftreten. Eine Jodallergie im engen Sinne gibt es dagegen nicht.

Himalajasalz enthält alle notwendigen Mineralstoffe

In Werbematerialien von Himalajasalz & Co wird der hohe Gehalt an wertvollen Mineralstoffen herausgestrichen. Tatsache ist, dass Himalajasalz zu etwa 98 Prozent aus Natriumchlorid besteht. Lediglich zwei Prozent können daher weitere Mineralstoffe ausmachen.

Natriumchlorid führt zu Ödemen, Himalajasalz nicht

Ödeme sind Wassereinlagerungen im Gewebe, die unterschiedliche Ursachen haben können. Eine erhöhte Wasserbindung durch Natrium führt nur dann zu Ödemen, wenn
die Nierenfunktion eingeschränkt ist oder andere Erkrankungen vorliegen. Außerdem:
Da auch Kristallsalz, Himalajasalz & Co zu etwa 98 Prozent aus Natriumchlorid bestehen, trifft dies natürlich auch auf diese Salzarten zu.

Von einem Natursalz kann man nie zu viel haben

Händler behaupten, dass zu viel Kristallsalz nicht zu hohem Blutdruck führen würde.
Im Gegenteil, dieser würde durch Kristallsalz sogar gesenkt. Diese Aussage ist fachlich unhaltbar und unverantwortlich. Wenngleich Experten in letzter Zeit von einer generellen Salzbeschränkung für Bluthoch-

druckpatienten abgehen, so gibt es doch sogenannte „salzsensitive" Hypertoniker, für die der obige Rat gesundheitsgefährdend wäre!

Natürlich ist Salz in der Küche nicht nur zum Würzen da. Aufgrund der chemisch physikalischen Eigenschaften wird Salz z. B. verwendet um Stärke zu stabilisieren. (Eine Prise Salz in das Mehl), oder um Gemüse schonend zu kochen. Das Salz schließt die Zellwände von Gemüse auf, dadurch verringert sich die Garzeit. Salz kann als Salzkruste einen Braten oder einen Fisch isolieren, dadurch schmort das Schmorgut im eigenen Saft. Salz wird auch zum haltbar machen von Lebensmitteln verwendet, etwa durch das Einlegen oder z. B. indem Salz noch Natriumnitrit beigesetzt wird (Pökelsalz). Durch Zugabe des in größeren Mengen giftigen Stoffes Natriumnitrit erzielt man eine antibakterielle Wirkung. Dieser Effekt wird in der Lebensmittelherstellung gerne genutzt, nicht nur zur Wurstherstellung.

Salzarme Küche

Wenn Sie der Salzküche ein Schnäppchen schlagen wollen oder müssen, sollten Sie salzarme Speisen und Getränke zu sich nehmen. Achten Sie einfach beim Einkauf und bei Tisch auf einige Punkte:

- ✓ Der Salzstreuer sollte vom Tisch entfernt werden. Er verführt zum voreiligen Nachsalzen der Gerichte.
- ✓ Verwenden Sie keine industriell vorgefertigten Produkte wie Konserven Tiefkühlfertiggerichte usw. Industriell hergestellte Lebensmittel haben aus verschiedenen Gründen einen erheblichen höheren Kochsalzgehalt als frisch zubereitete Speisen.
- ✓ Verarbeitete Lebensmittel wie Wurst, Käse sind sehr stark salzhaltig.
- ✓ Essen Sie viel Rohkost, salzarme Lebensmittel wie Milch, Getreide, Gemüse und Früchte. Außer dem vollen Vitamingehalt hat Rohkost noch den Vorteil des höheren Ballaststoffanteils und des intensiveren Geschmacks, sodass Sie auf Salz fast verzichten können.
- ✓ Verzichten Sie auf fertige Würzmischungen wie z. B. Maggi oder teilweise auch Fertigwürzmischungen aus der Tüte. Nehmen Sie stattdessen Frisch- oder Trockengewürze wie Knoblauch, Basilikum, Kümmel usw. Der intensive Eigengeschmack dieser Gewürze macht das Essen so schmackhaft, dass Kochsalz gespart werden kann.

Salzersatz

Salzersatz Variante 1

5 TL Zwiebelpulver

2 ½ TL Knoblauchpulver

2 ½ TL Paprika

2 ½ TL Senfpulver

1 1/3 TL Thymian, zerstoßen

½ TL weißer Pfeffer

1/3 TL Selleriesamen

Salzersatz Variante 2

5 TL Zwiebelpulver

2 TL Knoblauchpulver

2 TL Paprika

2 TL Senfpulver

2 TL Oregano

½ TL weißer Pfeffer

Zubereitung

Alle Zutaten vermischen und mit einigen Reiskörnern zusammen in ein Streugefäß geben.

Ersatz von Salz durch andere Stoffe

Eine andere Herangehensweise ist die Substitution von Kochsalz durch andere Inhaltsstoffe wie zum Beispiel Gewürze oder andere stark aromatische Zutaten. Stoffe wie Aminosäuren, Glycin oder Glutamat können einen salzigen bzw. umami Geschmack verstärken und auf diese Weise in begrenztem Maße sensorische Verluste kompensieren.

Ein weiterer Weg, Kochsalz zu ersetzen ist der Einsatz anderer Mineralsalze. Insbesondere Kaliumchlorid findet hier Verwendung, mit dem bis zu 50 Prozent des Natriums ersetzt werden können. Allerdings hat Kaliumchlorid eine deutlich bittere Note. Da die sensorische Empfindlichkeit gegenüber bitter genetisch bedingt sehr groß sein kann, sind dem Einsatz von Kaliumchlorid bei der Natriumreduktion daher klare Grenzen gesetzt. Ähnliches gilt für Kalziumchlorid oder verschiedene Magnesiumsalze. Letztere haben darüber hinaus auch einen abführenden Effekt, der einen extensiven Gebrauch verbietet.

Ferner werden derzeit Möglichkeiten untersucht, durch spezielle Emulsionstechniken von Salzlösungen oder durch die Manipulation physikalischer Parameter eine erhöhte Salzigkeit zu erreichen. Aber die Entwicklungen befinden sich noch im Anfangsstadium und die Anwendungsfälle werden auch hier eher begrenzt sein.

Für die Verwendung in Lebensmitteln sind in der EU folgende Kalium- und Magnesiumsalze zugelassen:

- Kaliumcitrat
- Kaliumbicarbonat
- Kaliumphosphat
- Kaliumchlorid
- Magnesiumsulfat
- Magnesiumchlorid

Außerdem finden sich in Reformhäusern und gut sortierten Supermärkten auch einige fertige Produkte zum Würzen die statt Salz benutzt werden können. Verwendet wird z. B. Sesam als Zusatz, Fonds o. ä. Am schmackhaftesten ist dabei der Einsatz von vielen frischen Kräutern.

Salzige Rezepte

Zubereitung im Salzmantel

Besonders geeignet ist der Salzmantel für edle, festfleischige und eher flache Fische wie z. B. Dorade, Wolfsbarsch (Loup de Mer), Lachs, Zander oder Saibling. Aber auch eine hochwertige Poularde, ein Perlhuhn, ein Rinderbraten oder einfache Kartoffeln können von dieser Art der Zubereitung profitieren.

Zubereitung Kartoffeln im Salzmantel

Den Backofen auf 190 °C vorheizen, Kartoffeln abwaschen, abtrocknen und abbürsten. Die Kräuter zerkleinern, mit dem Salz und Pfeffer vermengen. Auf den Boden einer Form eine 3 cm dicke Schicht Salz ausstreuen und die Kartoffeln darauf verteilen. Diese mit dem restlichen Salz vollständig bedecken. Die Form auf unterer Schiene 2 Stunden backen lassen. Vor dem Servieren die Kartoffeln vollständig vom Salz befreien.

Loup de Mer im Salzmantel

Zutaten

1 Wolfsbarsch (mit Schuppen, ausgenommen,) ca. 1,3 - 1,5 kg

Zitronensaft

Knoblauchzehen nach belieben

Einige frische Zweige Thymian

1 Knolle Fenchel in Scheiben geschnitten

 Ca. 100g Kapern (normale Kapern reichen)

Olivenöl

2 kg grobes Meersalz

3 Eiweiß

Gemahlener Pfeffer bunt

Für die Tomaten-Kapern-Butter

4 EL Tomatenwürfel

2 EL Butter

einige Zweige Thymian

1 TL gehackte eingelegte Kapern, Salz, Pfeffer

Zubereitung

Den ausgenommen Loup de Mer gründlich abspülen und abtrocknen. Die Bauchhöhle füllen mit dem Thymian, den Fenchelscheiben, den Knoblauchzehen, Thymian, Kapern und Olivenöl. Mit Salz und Zitronensaft würzen. Eiweiß leicht verquirlen. In einer Schüssel mit Pfeffer und Meersalz zu einer formbaren, nicht zu flüssigen Masse verrühren.

Etwa ein Drittel der Salzmasse auf ein mit Alufolie ausgelegtes Backblech geben. Den Fisch auf das Salz legen und mit der restlichen Salzmasse überdecken. Mit angefeuchteten Händen gut andrücken. Den Fisch etwa 45 Minuten im auf 220 °C vorgeheizten Rohr garen. Für die Tomaten-Kapern-Butter: In einer Pfanne Butter zergehen lassen, Tomatenwürfel mit den Thymianzweigen darin schmelzen lassen, gehackte Kapern zugeben. Mit Salz und Pfeffer abschmecken. Fisch aus dem Ofen nehmen und die Salzkruste aufklopfen. Die Fischhaut abziehen und vorsichtig die Filets herauslösen.

Rinderbraten in Salzkruste (Boeuf en croûte de sel)

Zutaten

1 1/2 kg Rindfleisch

2 EL Erdnussöl

1 EL Butter

1 1/2 kg grobes Salz

2 Eiweiß

Pfeffer aus der Mühle
Für die Sauce:
3 EL Trüffelsaft (von eingelegten Trüffeln)
1 EL Butter
Salz
Pfeffer aus der Mühle

Zubereitung

Das Fleisch gut abtrocknen und pfeffern. Das Öl mit der Butter stark erhitzen. Fleisch darin von allen Seiten gut anbraten, herausnehmen und abkühlen lassen. Das grobe Salz mit dem geschlagenen Eiweiß vermengen, etwa ein Drittel der Masse auf den Boden eines Schmortopfes ausbreiten. Das Fleisch darauflegen, mit dem restlichen Salz von allen Seiten gut bedecken und andrücken, damit die Kruste am Fleisch bleibt. Den Braten im heißen Backofen bei 200-225°C 15-20 Minuten garen, damit das Fleisch in der Mitte rosig bleibt. Den Trüffelsaft mit der Butter zu einer Sauce verschlagen, salzen und pfeffern. Die Salzkruste öffnen und das Fleisch herausnehmen, in dünne Scheiben schneiden, auf einer vorgewärmten Servierplatte mit Sauce beträufeln und servieren. Als Beilage junges Gemüse reichen.

Gebeizter Lachs (Graved Lachs)
Skandinavische Spezialität und sehr gut selbst herzustellen.

Zutaten
2 Lachshälften (küchenfertig, je 500g)
2 EL schwarze Pfefferkörner
6 EL grobes Meersalz
6 EL Zucker
1 großer Bund Dill

Zubereitung

Pfeffer, Salz und Zucker im Mörser gut zerstoßen. Eine Fischhälfte nehmen (fleischige Seite nach oben) und die Mischung satt auftragen. Dann mit dem klein gehackten Dill bestreuen. Die Dillschicht mit der restlichen Gewürzmischung bestreuen und die zweite Lachshälfte mit der Haut nach außen drauflegen. Den Lachs mit Frischhaltefolie abdecken, beschweren und für 24-36 Stunden in das kälteste Fach des Kühlschranks stellen. Der Lachs muss absolut frisch ein und die Kühlkette durfte nicht unterbrochen werden. Einen schlecht gebeizten Lachs erkennt man an den Salzkristallen an der Oberfläche, an Verfärbungen und an einer faserigen Struktur. Den Graved Lachs nicht länger als 2 Tage aufbewaren.

Gewürzmischungen mit Salz

Quatre Epices und Salz (Wah Yim)

Das Quatre Epices ist eine traditionelle Gewürzmischung der französischen Küche. Sie wird verwendet als universelle Würze, besonders für Wildragouts, Pasteten und Würste, für Gewürzgurken, eingelegte Zwiebeln, Kürbisse, Terrinen, in Schmorgerichten und als Lebkuchengewürz. Gibt man Salz dazu, ist es ein traditionelles chinesisches Universalgewürz.

4 EL gemahlener Pfeffer
1 EL geriebene Muskatnuss
1/2 EL Zimtpulver
1/2 EL Nelkenpulver
10 EL Salz

Zubereitung

Einfach alles miteinander vermischen und in ein Streugefäß füllen.

Gewürzsalz

500 g Meersalz

2 EL Kreuzkümmelsamen

2 EL schwarze Pfefferkörner

1 EL Korianderkörner

1 TL Gewürznelken

Zubereitung

Einfach alles miteinander im Mörser gut zerkleinern und in ein fest-schließenden Behälter geben.

Kräutersalz

500 g Meersalz

4 Lorbeerblätter, zerbröselt

2 EL getrockneter Thymian

2 EL getrockneter Rosmarin

1 TL getrockneter Oregano

Zubereitung

Einfach alles miteinander im Mörser gut zerkleinern und in einen fest-schließenden Behälter geben.

Knoblauchsalz

500 g grobes Meersalz

10 mittelgroße Knoblauchzehen

Zubereitung

Einfach alles miteinander im Mörser gut zerkleinern und in ein fest-schließenden Behälter geben.

Gomasio

Japanische Variante zum salzen.

1EL grobes Meersalz
7 EL schwarzer Sesam

Zubereitung

Salz in eine Pfanne geben und unter Rühren in der Pfanne erhitzen, Sesam dazugeben und rösten, bis der Sesam dunkle ist. Mischung kurz abkühlen lassen und im Mixer nur kurz mahlen. Wer es scharf mag, kann auch noch etwas Cayennepfeffer dazugeben.

Andere Würzmittel zum „Salzen"

Statt Salz können auch andere Lebensmittel verwendet werden, die quasi schon einen Salzgeschmack mitbringen. Z. B. Oliven bzw. Olivenpaste, Sardellen bzw. Anchovis, Trassi, Fischsauce, Schinken und Speck, Misopaste, Parmesankäse, Brühwürfel, Fonds, Sojasaucen usw. Hier treffen sich eine Vielzahl von Aromen, die das Salzen überflüssig machen können. Die Dosierung ist dementsprechend vorsichtig und maßvoll vorzunehmen, ansonsten schmeckt das ganze Essen nur noch nach einer Zutat.

Salziges Allerlei

Aufbewahrung, Lagerung und Haltbarkeit
Aufgrund der hygroskopischen Wirkung von Salz (Klumpenbildung wegen Wasseraufnahme) lagert man Salz am besten in einem trockenen Gefäß an einem Ort, wo keine große Feuchtigkeit wie z. B. Wasserdampf vom Kochen, auftreten kann. Weiterhin empfiehlt es sich auch einige Reiskörner in das Salz zu geben. Der Reis entzieht dem Salz die Feuchtigkeit und es bleibt riesel- und streufähig. Salz hält sich als Lebensmittel jahrzehntelang.

Zuviel Salz im Essen?
Um ein versalzenes Essen zu retten, hilft nicht immer die Ausrede „Der Koch ist verliebt". Das mitkochen von Kartoffeln (nicht vergessen die Kartoffeln herauszunehmen, bevor sie gar sind) oder einem Säckchen Reis hilft hingegen. Auch das Verlängern mit Wasser, einer klaren nicht gesalzenen Brühe, Schmand, Sahne oder Milch hilft.

Küchentipps

Salzen Sie Nudelwasser erst, wenn es kocht. Das verhindert Salzränder und das Wasser kocht schneller. Benutzen Sie Salz als Reinigungsmittel. Legen Sie z. B. einen Aschenbecher oder einen Tee- bzw. Kaffeefilter über Nacht in ein Salzbad. Dann sehen diese wieder wie neu aus. Geben Sie Salz in die Fett spritzende Pfanne, beruhigt sich das heiße Fett wieder. Platzt das Frühstücksei beim Kochen, einfach Salz ins Wasser geben und das Eiweiß stockt.

Sonstiges

Genießen Sie ein Bad mit Salz aus dem „Toten Meer". Bleechen Sie einfach mal Ihre Zähne mit Salz und benutzen ein Salzkristall als Deo. Ihre Geschirrspülmaschine freut sich über Salzzugabe. Es reinigt zusammen mit Alufolie und heißem Wasser Silber. Nasenspülungen mit Salzwasser wirken angenehm befreiend. Ein Gesichtspeeling mit einer Mischung aus Salz und Olivenöl verjüngt. Salz verhindert Wadenkrämpfe und es gibt Salzkristalllampen. In der Industrie findet es Verwendung als Industriesalz. Mit Industriesalz bezeichnet man das Salz, das für industrielle Stoffumwandlungen wie z. B. in Chlor, Natronlauge u.a. verwendet wird. Ein anderes Spektrum ist Salz als Gewerbesalz. Wegen seiner besonderen Eigenschaften findet Salz auch in Gewerbebetrieben vielfältigste Verwendung. Als Regeneriersalz zur Wasserenthärtung, zur Konservierung von Häuten und Fellen in Gerbereien, zur Oberflächenveredelung durch Galvanisierung in der Stahlwarenindustrie, zur Herstellung von Kältemischungen bei Bohrungen oder in der keramischen Industrie für Glasuren.

Thai Curry oder

Cuurywurst Pommes?

Curry- Eine Gewürzmischung erobert die Welt

Nicht nur bei uns ist Curry eine beliebte Gewürzmischung. Als die Engländer im 18. Jahrhundert ihre Herrschaft über Vorderindien begründeten, stiegen sie nicht nur wie die Holländer in den Gewürzhandel ein, sondern interessierten sich auch für die Gewürzsitten  der Eingeborenen. Der tägliche Reis wurde damals in den indischen Haushalten mit einem scharf schmeckenden, aus zahlreichen Gewürzen bestehenden Pulver oder Sauce genießbar gemacht. Durch die Bezeichnung „Kari" =Sauce wurde später durch die Engländer im Sprachgebrauch Curry. Der Name übertrug sich auf ein fertig gemischtes Gewürzpulver, das der indischen Gewürztradition nachempfunden und für den europäischen Gaumen angepasst wurde. Bis heute werden in der indischen Küche für verschiedene Speisen häufig unterschiedliche Currymischungen hergestellt. In Indien und auch in vielen englischsprachigen Ländern bezeichnet das Wort Curry keine Gewürzmischung, sondern ist der Oberbegriff für beliebige Fleisch-, Fisch- oder Gemüsegerichte in Sauce, die zu Reis oder zu Broten wie Chapati, Naan oder Puri gegessen werden. Die verschiedenen Gewürzmischungen zur Zubereitung indischer Currys werden dort Masala genannt und in jeder Region, jedem Ort und sogar in jedem Haushalt anders zusammengestellt – von süßlich über pikant bis extrem scharf, wobei Currys im Süden Indiens häufig schärfer sind als in anderen Landesteilen. Die dafür verwendeten Gewürze werden meistens zuerst angeröstet und dann im Mörser oder einer Mühle zerkleinert. In der restlichen Welt gibt es meist eine mehr oder weniger einheitliche Gewürzmischung.

Die Hauptzutaten in variierter Mengenverteilung:

Bockshornklee, Curryblätter, Galgant, Gelbwurzel (Kurkuma), Gewürznelken, Ingwer, Kardamom, Koriander, Kreuzkümmel, Muskatblüte (Macis), Paprika, Pfeffer, Cayennepfeffer, Rosmarin, Piment, Senfkörner, Zimt .Ferner darf Currypulver bis zu 5 % Kochsalz und bis zu 10 % Stärke, Dextrose und Hülsenfruchtmehl enthalten. Hier mal eine kleine Übersicht über käufliche Currysorten und deren Zusammensetzung bzw. deren Bezeichnung.

Die bekanntesten Currymischungen

Curry Bombay
Reis- und Fleischgerichte, indische Spezialitäten.
Curcuma, Koriander, Knoblauch, Cumin, Bockshornklee, Chilis
Curry Murg Kari Hähnchen scharf
Für original indisches Hähnchen-Curry, feurig scharf.
Chilis, Cumin, Ingwer, Koriander, Kurkuma
Curry Sabji Kari Gemüse
Für indische Gemüsegerichte.
Chilis, Ingwer, Koriander, Cumin, Paprika, Kurkuma
Grüner Curry
Diese besonders milde, aromatische Kreation eignet sich besonders für Gemüsesuppen, Eintöpfe und Bratgemüse.

Petersilie, Bärlauch, Dill, Jodsalz, Lorbeerblätter, Kurkuma, Koriander, Ingwer, Knoblauch, Zwiebel

Indischer Feuer-Curry, scharf

Für asiatische Gerichte, scharfe Fleischtöpfe.

Chilis, Cumin, Ingwer, Koriander, Curcuma

Roter Thai-Curry

Vorzüglich geeignet für thailändische Spezialitäten mit Reis, Geflügel und Fleisch, für Gemüse und vegetarische Gerichte.

Kurkuma, Koriander, Paprika, Cumin, Chilis, Zitronengras

Delikatess-Curry

Vorzüglich für Reis- u. Fleischgerichte, Grillfleisch, Steak, Schaschlik und Spießbraten.

Kurkuma, Koriander, Senf, Chilis, Knoblauch, Cumin, Ingwer, Meersalz, Zwiebel, Bockshornkleesamen, Zucker, Zimt, Würzmittel

Curry Madras

Für Reis- u. Fleischgerichte, Steak, Schaschlik und Spießbraten.

Koriander, Kurkuma, Senf, Chilis, Pfeffer, Cumin, Bockshornklee, Knoblauch, Sellerie, Salz, Zimt

Curry nach Nehari Masala (scharf)

Grundlage für alle asiatischen Gerichte.

Chilis, Cumin, Ingwer, Anis, Pfeffer, Zimt, Kardamom, Nelken, Knoblauch, Zwiebel, Salz

Curry Shawal Kari

Milde Currymischung für Reisgerichte.

Kurkuma, Paprika, Cumin, Zwiebel, Knoblauch, Pfeffer, Schwarzkümmel, Bärlauch

Kleine Warenkunde

Wie bereits erwähnt, werden im heutigen Sprachgebrauch Currys nicht nur als Gerichte bezeichnet, sondern auch als Würzmischungen. Da Mischungen aber eigentlich auch „Masalas" genannt werden, ist die Bezeichnung Curry ein wenig irreführend. Deshalb ist z. B. die bekannte Gewürzmischung „Garam Masala" eigentlich auch ein Curry. Nur wie kann man sich noch orientieren?

Da wäre z. B. die Herkunft bzw. die Region. Da Curry jedoch keine traditionelle, authentische Würzzutat der indischen Küchen ist, vermischt man auf dem Subkontinent Indien und in vielen anderen asiatischen Ländern ganz spezielle, für Region und Klima typische Gewürze nach den jeweils vorherrschenden Kochtraditonen. Curry-Gewürzmischungen aus den heißeren Regionen enthalten mehr feurig-scharfe Chilis, Mischungen aus Madras, Mysore und Goa sind z. B. alle sehr scharf, während Gewürzmischungen aus kühleren nördlichen Gebieten aromatisch-warme Zutaten enthalten. Madras Curry ist eine Mischung aus der indischen Region Madras, Bombay Curry entsprechend ist mehr der Küche Bombays entsprungen. Thai Curry ist wiederum an der thailändischen Küche angelehnt usw.

Aber trifft das auch auf den Geschmack der Gewürzmischungen zu? Ich meine nicht immer. Alle Currys sind individuell und Erfahrungssache. Sicherlich schmeckt ein indonesisches Curry anders als ein Amerikanisches, aber es hängt immer von der Mischung des Herstellers ab. Einzig die Geschmacksrichtung ist entscheidend. Ist das Curry mehr für gebratenes Fleisch ausgelegt, für Hühnchen oder für Fisch? Lamm oder vegetarisch? Das sollte das Etikett mindestens hergeben. Außerdem ist die Schärfe auch ein wichtiger Punkt. Nichts ist ärgerlicher als das ein Essen komplett scharf schmeckt und die feinen Nuancen des Currys nicht mehr hervorkommen.

Aus diesem Grund sollte auch die Zutatenliste des Currys ein wenig studiert werden. Wie ist das Curry zusammengesetzt. Welches Gewürz könnte dominieren? Schmeckt es z. B. wie das Garam Masala eher nach Zimt, oder wie das Curry Lemon eher zitronig? Delikates Curry ist eher süßlich aromatisch und ein Feuercurry wird eine gewisse Grundschärfe mit sich bringen. Steht Chili an erster Stelle auf der Zutatenliste, wird es sich um eine eher scharfe Currymischung handeln. Ist es z. B. Koriander, wird dieser Geschmack ein wenig dominieren. Also empfiehlt es sich auf die Reihenfolge der Zutaten zu achten und genau hinzuschauen ob z. B. noch Nelken verwendet worden usw.

Damit ist das Rätsel des Currys eigentlich auch schon gelöst. Wer ein wenig Erfahrung mit den einzelnen Hauptzutaten des Currys hat, wird wissen, auf welches Geschmacksabenteuer er sich einlässt. Ansonsten hilft nur der vorsichtige Versuch das Curry mit ein wenig Reis zu mischen und zu probieren.

Übersicht der Geschmacksnoten einzelner Gewürzzutaten

Anis *Süß und stark aromatisch, lakritzartig.*

Kardamom *Aromatisch, mild brennend, würzig.*

Ceylon-Zimt *Sehr aromatisch, süß und warm.*

Cumin *Aromatisch, scharf, durchdringend.*

Gewürznelken *Warm, aromatisch, brennend-würzig.*

Ingwer *Erfrischender, zitronenartiger Geruch; scharfer, warmer Geschmack.*

Koriander (gemahlen) *Mild und würzig, süßscharf, leicht brennend.*

Korianderblätter (*gerebelt*) *Mild und würzig, leicht süß, erinnert an Orangenschalen.*

Nigella (*Schwarzkümmel*) *Zwiebelsamen o. Schwarzkümmel, leicht wie Oregano, aromatisch, ein klein wenig bitter.*

Madras-Curcuma (*gemahlen*) *würzig scharf, leicht bitter.*

Sternanis (*gemahlen*) *Würzig und süßlich, nach Anis.*

Macis (*gemahlene Muskatblüte*) *aromatischer, harziger und warmer Geschmack, etwas milder als frisch geriebene Muskatnuss.*

Bockshornklee *bitter und aromatisch. Der Geruch der Blätter erinnert etwas an Liebstöckel*

Curryblätter *Das Aroma der Curryblätter ist frisch, leicht fruchtig bis rauchig*

Senfsaat *weiß, schwarz Die mild-nussig schmeckenden Samen entfalten erst während des Garens bzw. Einlegens nach und nach ihr scharfes Aroma*

Currymischungen selbst rösten

Curry Westindisch

Eine Currymischung von den französischen Inseln Martinique und der Guadeloupe.

Zutaten

50 g Korianderkörner

1 EL schwarzer Pfefferkörner

1 EL weiße Pfefferkörner

1–2 EL Bockshornklee

1–2 EL Kuminsaat

2 EL schwarze Senfsaat

1–3 EL grünen Anissamen

1/2 Zimtstange

4–5 EL gemahlenes Kurkuma

5–6 EL gemahlene Ingwerwuzel

Zubereitung

Die Gewürze außer Kurkuma und Ingwer in der Pfanne anrösten. Nach dem Anrösten, die Gewürze sofort in den Mörser geben und abkühlen lassen. Alle Zutaten in einem Mörser fein zerreiben. In einem verschließbaren Glas dunkel aufbewahren.

Curry Madras

Als Gewürzmischung aus dem Süden Indiens, für Currys vielseitig verwendbar (mittelscharf)

Zutaten

4 getrocknete Chilischoten

50 g Korianderkörner

30 g Cumin

1 EL Senfsaat

25 g schwarzer Pfefferkörner

1 TL gemahlener Kurkuma

2 TL Ingwerpulver

5 Curryblätter

Zubereitung

Außer Ingwer und Kurkuma alle Zutaten in der Pfanne rösten. Obige Gewürze in einem Mörser fein zerreiben. Alle Zutaten zusammen gut vermengen. In einem verschließbaren Glas dunkel aufbewahren.

Curry Sri Lanka

Die Gewürzmischungen aus Sri Lanka zeichnen sich hauptsächlich dadurch aus, dass die einzelnen Gewürze dunkel geröstet werden. Dadurch bekommen die Mischungen ein ganz anderes Aroma, als jene Mischungen aus Indien.

Zutaten

1–3 TL Chilipulver

1–3 EL getrocknete Curryblätter

1–2 TL Kardamomsaat

ca. 10 Gewürznelken

1 Zimtstange

1–3 TL Bockshornkleesamen

1–3 TL Fenchelsamen

10–15 EL Korianderkörner

5–8 EL Kreuzkümmelsamen

Zubereitung

Koriander, Fenchel, Kreuzkümmel und Bockshornklee einzeln auf kleiner Flamme dunkelbraun rösten. Nun alle Zutaten mit einem Mixer fein zerkleinern. In einem verschließbaren Glas dunkel aufbewahren.

Garam Masala

Garam Masala ist eine typisch indische Basisgewürzmischung, die in den unterschiedlichsten Rezepten, oft in Kombination mit anderen Gewürzen, zum Einsatz kommt. In Indien werden die Gewürze täglich frisch gemahlen (also niemals auf Vorrat hergestellt), wodurch ein erheblich intensiverer Geschmack als beim europäischen Pulver erreicht wird.

Zutaten

1 TL Muskatnuss
1 TL Nelken
1–2 TL Kardamomsamen
2 Zimtstangen
1 TL Kreuzkümmel
2–3 Curryblätter
2 EL schwarzer Pfeffer

Zubereitung

Alle Gewürze einzeln rösten und in eine Schüssel geben. Alle Gewürze aus der Schüssel in einen Mixer oder Mörser geben und fein vermahlen. In ein luftdicht verschließbares Glas geben.

Curry Indonesisch

Auch als Curry der sieben Meere bekannt.

Zutaten

16 Kardamomkapseln
10 EL Korianderkörner

6 EL Cumin

10 cm langes Stück Stangenzimt

3 EL Knollenselleriekerne

15 Nelken

1–2 EL Pimentkörner

Zubereitung

Alle Zutaten in einer Pfanne rösten und in einem Mörser fein zerreiben. Die Zutaten gut vermengen. In einem verschließbaren Glas dunkel aufbewahren.

Kokos-Curry

Eine Mischung, in der das Kokosaroma bereits enthalten ist. Passt zu Fisch und fruchtigen Currys.

Zutaten

4 EL Koriandersamen

3 EL Cuminsamen

2 TL Kardamomsamen

1 TL Bockshornkleesamen

8 EL Kokosraspel

2 EL zerriebene Curryblätter

2 TL Chili (geschrotet)

1 TL gemahlene Gewürznelken

Zubereitung

Koriander, Cumin, Kardamom und Bockshornklee zusammen 6-8 Min. rösten. Die Kokosraspel ca. 2 Min mit rösten. Abkühlen lassen, mahlen und mit den restlichen Zutaten mischen. In einem dunklen luftdicht verschlossenen Gefäß aufbewahren.

Currypasten - oder die frische Variante

Wer gerne frische Zutaten verwendet, sollte entweder fertige Currypasten verwenden oder diese selbst herstellen. Deshalb zunächst einmal eine kurze Übersicht über die geläufigsten käuflichen Varianten:

Grüner Thaicurry

Duftend nach aromatischem Thai-Basilikum und Zitronengras. Zusammen mit Kokosnusscreme wird die Paste für ein typisch thailändisches Gericht, den Thai-Eintopf, verwendet. Die Paste ist sehr scharf, reicht gewöhnlich sehr lange. Zutaten:
Chilipfeffer, Sojabohnenöl, Knoblauch, Salz, Zitronengras, Schalotten, natürliches Garnelenaroma, Galangal, Basilikumblätter, Pfeffer weiß, Koriandersamen, Kümmel, Fischsoße (Anchovisextrakt, Salz, Zucker).

Roter Thaicurry

Roter Curry ist das beliebteste thailändische Currygericht: eine delikate Mischung aus Gewürzen und Kräutern mit Kokosnusscreme. Mildes Aroma für ein Essen mit Huhn und Gemüse. Zutaten:
Sojabohnenöl, Knoblauch, Kräuter und Gewürze, Schalotten, Zitronengras, Zucker, Aroma: Fischsoße (Anchovisextrakt, Salz, Zucker), Ananassaft, Limonenschale, Salz.

Gelbe Currypaste

Unverwechselbares Aroma, gepaart mit der typisch asiatischen Schärfe. 20-50 g Currypaste (vorsichtig anfangen!) mit einer Tasse Kokosnussmilch zum Kochen bringen, Rind-, Schwein oder Geflügelwürfel dazugeben und schmoren lassen, bis es fast gar ist. Mehr Kokosmilch dazu rühren und mit Kartoffeln oder Erdnüssen einkochen und mit Reis servieren. Würzige Schärfe mit folgenden Zutaten:

Sojaöl, Schalotten, Knoblauch, Zitronengras, Chili, Garnelenpaste, Koriander, Salz, Gewürze

Das sind noch lange nicht alle Sorten. Es gibt z. B. noch folgende Varianten:
Currypaste Vindaloo, Panaeng Currypaste, Garam Masala Paste, Malaysia Curry, Indische Rogan Josh Currypaste, Madras Currypaste, scharfe Currypaste usw.

Die Anwendung ist immer ähnlich. Je nach Hersteller entweder die ganze Packung als Sauce verwenden, oder nur ein bis zwei Tee- bzw. Esslöffel davon nehmen. Geschmacklich jedoch gibt es durchaus sehr große Unterschiede. Hier lohnt es sich wieder auf das Etikett zu schauen. Die einen bevorzugen die fertige Saucenmischung (gibt es inzwischen in jedem gut sortiertem Supermarkt), die anderen authentische, asiatische Geschmacksexplosionen. Dann sollte man sich eine Paste kaufen, die als Gewürzzusatz dient. Ein Klassiker ist hier die grüne Variante, sie ist im Regelfall einiges schärfer als die gelbe. Allerdings kann man diese Würzpasten durchaus relativ einfach selbst herstellen. Schließlich handelt es sich bei den Produkten immer um Fertigware ähnlich wie Ketchup oder Maggi Würze oder z. B. um eine Fertigsauce von Knorr usw..
Je nach Zeitaufwand, Geldbeutel und persönlichen Kochfertigkeiten kann allerdings durchaus gerne mal ein fertiges Produkt verwendet werden. Die Qualität ist durchaus nicht schlecht, abzuraten ist jedoch von „Billigmarken" bzw. Discountangeboten. Es lohnt sich durchaus für derartige Fertigprodukte nach authentischer Qualität Ausschau zu halten.

Currypasten selber mischen

Thailändische grüne Currypaste

Eine hocharomatische, scharfe, thailändische grüne Currypaste.

Zutaten

2–4 geschälte Schalotten

2–4 geschälte Knoblauchzehen

8–10 grüne, entkernte Chilischoten

1/2 Bd. Schnittlauch

1/2 Bd. Koriandergrün

1 EL Korianderkörner

1 EL frische, gehackte Korianderwurzel

1 TL gemahlener Galgant

1 TL Kreuzkümmel

1–2 TL schwarze Pfefferkörner

1 EL Zesten von einer Biolimette

Zubereitung

Schalotten, Knoblauch schälen und grob hacken. Die grünen Chilischoten halbieren, entkernen und in kleine Stücke schneiden. Den Kumin und die Korianderkörner kurz in der Pfanne anrösten. Beide Gewürze abkühlen lassen. Alle Zutaten in einem Mixer zu einer homogenen Paste zerkleinern. In einem verschließbaren Glas dunkel aufbewahren.

Rote scharfe Currypaste

Eine hocharomatische, scharfe rote Currypaste aus Thailand.

Zutaten

80–100 g geschälte, gehackte, rote Zwiebeln

4–5 geschälte Knoblauchzehen

8–10 getrocknete, rote, entkernte Chilischoten

3–5 Stängel Korianderkraut

1–3 gehackte Stängel Zitronengras

1 EL Korianderkörner

1 EL Zesten von einer Limette

1 TL gemahlener Galgant

Zubereitung

Die Korianderkörner kurz in der Pfanne anrösten und abkühlen lassen. Alle Zutaten in einem Mörser fein zerreiben. In einem verschließbaren Glas dunkel aufbewahren.

Currypaste nach Moslemart

Eine hocharomatische, scharfe thailändische Currypaste nach Moslemart.

Zutaten

4 geschälte, grob geschnittene Schalotten

4–8 geschälte, fein gehackte Knoblauchzehen

8–10 rote, getrocknete Chilischoten

2 EL Korianderkörner

1–2 TL Fenchelsamen

2 TL Kurkuma

4 klein geschnittene Stängel Zitronengras

1/4 TL gemahlenes Nelkenpulver

1/4-1/2 TL gemahlener Kardamom

1 zerkrümelte Zimtstange

1/2 TL Macisblüte

1/2 TL Trasi (Gewürzpaste aus getrockneten Shrimps)

Zubereitung

Schalotten, Knoblauch schälen und grob hacken. Die grünen Chilischoten halbieren, entkernen und in kleine Stücke schneiden. Den Kumin kurz in der Pfanne anrösten und abkühlen lassen. Alle Zutaten in einem Mixer zu einer homogenen Paste zerkleinern. In einem verschließbaren Glas dunkel aufbewahren.

Madrasi Masala (Currypaste)

Gibt jedem Currygericht eine besondere Note. 1 EL dieser Paste reicht für ein Fleisch-, Hühnerfleisch- und Fischgerichte vollends aus.

Zutaten

7–8 EL Pflanzenöl

2–3 EL Weißweinessig

3–5 geschälte, gehackte Knoblauchzehen

4 cm frische, gehackte Ingwerwurzel

1 EL gemahlener, schwarzer Pfeffer

1 EL Kurkuma

1 EL Salz

1 EL gemahlene schwarze Senfsaat

1 EL Chilipulver

15 EL gemahlener Koriander

10 EL gemahlener Kreuzkümmel

Zubereitung

Das Öl in einem Topf heiß werden lassen, die Gewürzmischung dazugeben und zum Kochen bringen. Diese Paste sofort in einer Flasche abfüllen. Darauf achten, dass die Paste mit Öl bedeckt ist. Sollte dies nicht
der Fall sein, etwas Öl nachfüllen.

Die besten Curryrezepte

Es gibt eine Vielzahl an Curryrezepten. Einige davon sind jedoch außer-
gewöhnlich.

Gourmet Currywurstsauce

Zutaten

40 g Butter

1 große Zwiebel

2 Knoblauchzehen

2 TL Currypulver (bitte die Auswahl beachten!)

40g Mehl

1/4 Liter Gemüsefond

2-3 EL Tomatenmark

2 EL Apfelmus

1 Stück Sellerie
¼ L Sahne
1 Eigelb
Pfeffer, Salz, Knoblauchsalz, Zucker zum abschmecken

Zubereitung
Feingehackte Zwiebeln, Knoblauch und Sellerie in der Butter glasig
anbraten und das Currypulver und Mehl dazugeben. Ein wenig anschwitzen und den Gemüsefond dazu gießen und Tomatenmark unterrühren. Ca. 6-7 Minuten kochen und Apfelmus hinzugeben. Topf run-
ternehmen, Sahne und Eigelb unterrühren. Mit Pfeffer, Salz und Zucker
abschmecken.

Cola- Currywurstsauce
Diese Sauce wird tatsächlich mit ganz normaler Cola gekocht!

Zutaten
½- ¾ Liter Cola
4 6 EL Tomatenmark
1 Dose Tomaten (400gr)
1-2 EL Garam Masala
Zitronensaft
Chilipulver nach belieben

Zubereitung
Cola in einen Topf schütten und solange köcheln lassen, bis es eine
melasseartige Flüssigkeit geworden ist. Dosentomaten und Currypulver
dazugeben und das Tomatenmark unterrühren.
Dass Ganze mit Chilipulver und Zitronensaft ein wenig abschmecken
und fertig!

Tipp:

Currywurstsaucen immer heiß über die schräg aufgeschnittene Currywurst geben. Dazu einfach Pommes oder Kartoffelecken, fertig. Für das
Auge noch ein wenig Currypulver kurz vor dem servieren auf die Wurst
streuen. Die optimale Beilage zur Currywurst sind Pommes oder Kartoffelecken.

Das Original Thai Curry

*Wer schon einmal in Thailand
war, wird dieses Rezept wieder-
erkennen.*

Zutaten

4 Dosen Kokosnussmilch

750 g Hühnerbrust

8 Zitronenblätter

1 Bund Thai Basilikum

2-3 EL grüne Thai Curry Paste (fertig oder selbst gemacht).

3-5 Chilischoten, rot und grün

4-6 EL Fischsauce

4-6 EL Austernsauce

4 Stengel Zitronengras

Je 1 rote und gelbe Paprika

100g Zuckerschoten

1 Stück Ingwer

6 EL Erdnussöl

Zubereitung:

Öl in einen großen Topf erhitzen und mit Currypaste vermischen. Das in
gulaschgroße Stücke geschnittene Hühnerfleisch darin anbraten, zum
Ende hin die klein geschnittene Paprika und das in sehr kleine Stücke
geschnittene Zitronengras und die Chilis dazugeben. Alles ordentlich

anbraten und mit der Kokosnussmilch ablöschen und die Hitze reduzieren.

Die ganzen Zitronenblätter dazugeben, den klein geschnittenen Ingwer und den Thai Basilikum. Jetzt die Fischsauce und der Austernsauce dazugeben. Zum Ende der ca. ½ stündigen Garzeit im geschlossenen Topf noch die Zuckerschoten hinzugeben, fertig.

Evtl. noch mit Fischsauce abschmecken. Dazu gibt es einen thailändischen Duftreis.

Tipp:

Am besten schmeckt es, wenn es bereits ordentlich durchgezogen ist, also ruhig noch ein bisschen stehen lassen.

Curry Dip für das BBQ

Zutaten

1 Zwiebel
1 EL Sonnenblumenöl
2 Bananen
1 EL mildes und/oder scharfes Currypulver
200 ml Schlagsahne
frisch gemahlener, weißer oder schwarzer Pfeffer
Meersalz oder grobes Salz aus der Mühle

Zubereitung:

Die Zwiebel pellen und fein würfeln. Öl in einer Pfanne erhitzen und die Zwiebel darin glasig andünsten. Die Bananen schälen und würfeln und in die Pfanne geben. Das Currypulver dazugeben, 3 Minuten köcheln lassen und abkühlen lassen. Die Sahne steif schlagen und unter die Bananenmasse rühren. Die Sauce abschmecken und eventuell nachwürzen. In einer Schüssel servieren.

Curry Rindfleisch aus dem Jahr 1894

Hier ein sehr altes deutsches Rezept mit Curry.

Zutaten

1 kg gekochtes Suppenfleisch oder Bratenreste vom Rind

15 g Mehl

100 g Butter

2 TL gehackte Zwiebel

2 TL Currypulver (Auswahl beachten!)

3 säuerliche Äpfel

3/8 L Wasser

1-2 TL Gemüsebrühe oder einen Brühwürfel

Zubereitung

Das Fleisch in Scheiben schneiden, in Mehl wälzen und in der Pfanne mit der Butter anbraten, bis die Scheiben gebräunt sind. Die feingehackten Äpfle und Zwiebeln dazugeben und weiter ca. 3 Min. schmoren lassen. Dann die Brühe zum ablöschen nehmen und das Currypulver dazugeben und weitere 5 Min. schmoren. Das Ganze wird in einem Kranz aus Reis oder Makkaroni serviert.

Fisch in Joghurtsauce mit Garam Masala

Ein schneller Klassiker aus Indien.

Zutaten

1kg festes weißes Fischfilet wie z. B. Kabeljau,
Wels, Seebarsch oder Heilbutt

3 EL Öl

1 Stück Ingwer

6 Knoblauchzehen

1 TL gemahlener Kreuzkümmel

2 TL gemahlener Koriander

¼ TL Kurkuma

2 TL Garam Masala

200 ml dicker Naturjoghurt

4 grüne Chilis, fein gehackt mit Korianderblättern

Zubereitung:

Filet in zwei Stücke scheiden, das Öl in der Pfanne erhitzen und die Zwiebeln glasig braten. Ingwer, Knoblauch und Gewürze hinzugeben und 2 Min. rühren. Joghurt und Chilis dazu und das Ganze zum Kochen bringen. Ca. 20 Minuten köcheln lassen. Den Fisch vorsichtig hinzulegen und 8-10 Min. garen lassen. Das Ganze sofort mit Korianderblättern garnieren und servieren. Dazu gibt es Reis.

Wirsingcurry mit Schweinelachs

Wer viele Gäste erwartet, sollte dieses Gericht mal ausprobieren.

Zutaten

1 Kopf Wirsing- oder Weißkohl

Ca. 700 g Schweinelachs

3 Tomaten

1 Bund Lauch

1 Paprika, rot

3 Stengel Zitronengras

2 EL Currypulver

1 TL Koriander gemahlen

2 EL süß scharfe Chilisauce

2 gute EL Mangochutney

1-2El gelbe Currypaste

5-8 EL Fischsauce

1-2 Dosen Kokosnussmilch

Zubereitung

In einem großen Wok Öl erhitzen und den in Streifen geschnittenen Schweinlachs zusammen mit der Currypaste und der Paprika anbraten. Mit Kokosnussmilch großzügig ablöschen und die restlichen Zutaten (Achtung- das Zitronengras sehr klein schneiden)! einrühren, außer dem Kohl. Das Ganze einmal kurz köcheln lassen und dann den in feine Streifen geschnittenen Kohl dazugeben. Deckel drauf und warten bis der Kohl ein wenig zusammengefallen ist, dann alles einrühren. Die Garzeit beträgt ca. 20-30 Minuten. Am Ende der Garzeit nochmals abschmecken. Dazu passt Fladenbrot.

Curryfinale

Sicherlich gibt es noch viele Rezepte für bzw. mit Curry. Wer einmal auf den Currygeschmack gekommen ist, wird davon nicht mehr loskommen. Wer noch mehr über Curry wissen möchte, kann sich entweder für 580 $ folgenden Report aus dem Internet runterladen: „Trends und Perspektiven im internationalen Handel im Curry" von dem Marktforschungsinstitut Market Publishers oder sich unter currybu.de wirklich gut über die Currywurst informieren und mitmachen im Aktionsforum „ Rettet die Currywurst", oder einfach mit bloggen unter currywurst.blogya.de.

Wer jetzt immer noch nicht genug vom Curry hat, sollte einmal die gesundheitlichen Aspekte des dauerhaften Currykonsums näher unter die Lupe nehmen. Tatsache ist, dass sich aufgrund der Vielzahl der verwendeten Gewürze im Curry auch allerlei Gesundmacher darunter tummeln. Ingwer, Galgant, Kurkuma usw. Alles Gewürze mit einer gewissen nachgewiesenen Heilkraft.

Schlussendlich gibt es auch noch diverse andere Auslegungen rund um die Gewürzmischung „Curry" bzw. dem Currygericht. Da hätten wir z. B. die Lehre des „Ayurveda". Darin heißt es: Ein gutes Essen inklusive Vorspeise und Nachspeise hat sechs verschiedene Geschmacksrichtungen zu enthalten: süß, sauer, salzig, scharf, bitter und adstringierend.

Jeder dieser Geschmäcker hat seine eigenen Eigenschaften und alle zusammen erhalten die Balance zwischen Vata (Luft), Pitta (Feuer) und Kapha (Wasser) im Körper. Jedes Ungleichgewicht dieser 3 Elemente im Körper kann zu gesundheitlichen Problemen führen, und Aufgabe des Mediziners ist es, dieses Ungleichgewicht aufzuheben.

Als Letztes noch ein gesundheitlicher Hinweis. Systemische Nahrungsmittelallergien auf Curry treten recht häufig auf (ca. 5 % bei 100). Aufgrund der Tatsache, dass es sich bei Curry um eine Mischung aus Gewürzen handelt, von denen viele selbst als Einzelallergen beschrieben werden, sind die Curryallergien als Vereinigungsmenge der Allergien gegen die mengenmäßig bedeutsamen Einzelkomponenten zu sehen. Positive Testreaktionen sind jedoch wesentlich häufiger als klinisch relevante Sensibilisierungen, eine Kreuzreaktivität kann dabei insbesondere mit Sellerie und Beifuß bestehen. Außerdem sind in manchen Currys Glutamate enthalten.

Safran - Die Königin der Gewürze

Die Königin der Gewürze- Die Safran-pflanze

Die Safranpflanze (Crocus sativus) ist ein aus der Familie der Schwert-lilien stammendes Zwiebelgewächs. Seit mehr als 3500 Jahren wird die 10 bis 30 cm große Pflanze bereits im Orient angebaut. Die Alten Völker zwischen Euphrat und Tigris haben sie zur Kulturpflanze hoch-gezüchtet. Als eine der bekanntesten von ca. 80 Krokusarten, wurde sie schon im Altertum als Königin der Pflanzen gepriesen. Die im Herbst blühende Safranblume besitzt sechs violette Blütenblätter, drei gelbe Staubblätter und einen Fruchtknoten. Etwa sechs bis neun Laubblätter überragen die Blüten. Am Scheitel des Fruchtknotens befindet sich ein fadenförmig gelber Griffel, der in drei dunkelrot gekerbte Naben aufgespalten wird. Die Narben sind das eigentliche Ernteprodukt und bilden den Safran. Üblicherweise besitzt eine Blüte etwa drei Narben. Die Safranpflanze pflanzt sich nicht wie gewöhnli-che Pflanzen durch Bestäubung fort, sondern vermehrt sich vegetativ durch Knollenteilung beziehungsweise über die Tochterzwiebeln. Die Safranpflanze hat einen sehr intensiven Geruch, der etwas an „Arzt-praxis" erinnert.

Geschichte des Safrans

Die Geschichte des Safrans geht schon lange zurück. Obwohl die Pflan-ze schon aus der antiken Welt bekannt ist, kann niemand hundertpro-zentig sagen, aus welchem Ursprungsgebiet der Safran stammt. Haupt-sächlicher Grund ist, dass man den Safran nicht wild wachsend findet. Im 9. Jahrhundert nach Europa gebracht, wird Safran heute vor allem im Mittelmeerraum aber auch im Iran und am Schwarzen Meer angebaut. Ihren Namen bekam die Pflanze schon in der Antike. Sie wird hier in Verbindung mit dem Jüngling Krokus gebracht und es gibt zwei Legenden, die den Ursprung der Pflanze erklären sollen. Die erste Legende erzählt vom griechischen Gott Hermes, der in einen wunderschönen Jungen namens Krokus verliebt war, diesen jedoch aus Versehen tötete. An der Stelle, an dem sich das Blut des Jungen auf dem Boden verteilte, wuchs der Legende nach die allererste Krokuspflanze. Die zweite Legende besagt, dass der Junge Krokus unsterblich in eine Nymphe namens Smilax verliebt war. Die Zwei waren unzertrennlich. Die Götter, die diese Liebesgeschichte irgendwann leid waren, verwandelten die Nymphe in eine Eibe und den Jungen in die Blume Krokus. Der aus dem Griechischen stammende Name Krokus bedeutet Faden, was auf die fadenähnlichen Narben der Blume hinweisen soll. Im Nahen Osten ist die Pflanze schon sehr lange bekannt. In ägyptischen Medizinbüchern wurde sie bereits im Jahre 1500 vor Christus erwähnt. Auch im Alten Testament taucht ihr Name mehrfach auf. Für viele zählt der Safran daher zu den ältesten Gewürzen der Welt. Babylonier und Assyrer benutzten die Pflanze bereits als Heilmittel. In chinesischen Medizinbüchern gibt es Hinweise auf die Heilkräfte des Safrans. Der englische König Heinrich VIII war ein großer Fan des Gewürzes. Er verbot den Hofdamen das Färben von Haaren und Kleidung mit dem Safran. Schon damals wie heute ist das Gewürz eines der teuersten der Erde.

Safrananbau und Gebiete

Um ein Kilo des Gewürzes zu gewinnen, werden etwa 250.000 bis 350.000 Blüten und etwa 400 Arbeitsstunden benötigt. Auf der Anbaufläche, mit einer Größe von etwa 1000 Quadratmetern, wird mit reiner Handarbeit geerntet. Etwa 60 bis 80 Gramm schafft der Pflücker am Tag. Daher ist der Safran als teuerstes Gewürz der Welt bekannt. Ein

Gramm des Gewürzes kostet im Handel zwischen 4 und 14 EUR. Das kostbare Gewürz wächst in vielen Ländern. Wichtig für den Standort sind genügend Licht, Wärme und Windschutz. Safran liebt extremes Klima. Im Winter Frost und Schnee, im Sommer heiß und trocken. Ein Hauptanbaugebiet ist der Iran. Aber auch in Europa wird Safran geerntet. So findet man Anbaugebiete in Spanien, Griechenland, Südfrankreich und seit 2006 auch wieder in Österreich. Ein Anbaugebiet von etwa 2500 Quadratmetern befindet sich des Weiteren auch in der Schweiz im Ort Mund. Spanien und Iran haben sich mittlerweile zu den größten Safranproduzenten der Welt entwickelt. Zusammen bringen sie 80 Prozent der weltweiten Safranernte ein. Die gesamte Jahresproduktion beträgt etwa 300 Tonnen. Durch die Teilung der Knollen vermehrt sich die Pflanze vegetativ. Auf einem Platz wächst sie etwa vier Jahre, danach muss sie neu verpflanzt werden. Hierfür muss der Boden schon im Frühling geeggt und mit organischen Nährstoffen und Mineralien angereichert werden. Die Knollen werden nach dieser Vorarbeit in eine Tiefe von fünf bis acht cm in die Erde eingesetzt. Der Abstand zwischen den einzelnen Reihen beträgt dabei circa 45 cm und zwischen den Knollen etwa fünf bis zehn cm. Geerntet wird bei Sonnenaufgang. Am ersten Blütetag werden die orange-roten Stempelfäden von Hand gezupft. Die Qualität des Safrans hängt dabei davon ab, wie die einzelnen Fäden getrocknet wurden. Die Trocknung muss schnell ablaufen. Die beste Trocknung wird in einem Trockner mit einer Temperatur von 40 bis 45 °C in 12 Minuten erzeugt. Bei normaler Temperatur dauert der Trockenprozess etwa 30 Minuten. Die Fäden werden in einer hermetisch geschlossenen Dose in einem trockenen Raum aufbewahrt.

Qualitätsmerkmale und Klassifizierung

Safran kommt in verschiedenen Qualitäten in den Handel. Um den besten Safran finden zu können, müssen feste Qualitätsmerkmale festgelegt werden. Da Safran so wertvoll ist, wurde und wird sehr oft versucht ihn zu fälschen. Gerade auf orientalischen Basaren sollte man verlockende Sonderangebote mit Vorsicht genießen, da hier Betrüger gerne Fälschungen verkaufen. Das angebotene gelbe Pulver besteht meist aus Kurkuma oder stammt aus den Samen der Öldistel. Auch gibt es Fälschungen von den Rhizomen der Ringelblume. Diese weisen jedoch alle nicht den typischen Safrangeschmack auf und färben das Gericht viel schwächer als der originale Safran. Die Fälschung haben teilweise drastische Ausmaße angenommen, sodass mittlerweile jede Safran Lieferung, die z. B. bei der MOGA Safran Company eingeht, in Deutschland am Institut für Lebensmittelchemie der Universität Hohenheim untersucht wird. Diese Überprüfung soll eine bestmöglichste Qualität garantieren. Safran kommt in verschiedenen Qualitäten in den Handel. So gibt es die Qualität „Coupe" beziehungsweise "Sargol". Bei dieser Qualität sind die Blütennarben vom Griffel abgetrennt. Somit erhält der Safran die höchste Farbkraft und färbt Speisen am stärksten. Außerdem gibt es noch die Qualität, die unter der Bezeichnung Mancha beziehungsweise Pooshali bekannt ist. Hier sind die Blütennarben noch mit den gelblich-weißen Griffeln verbunden. Dieser Safran wird meist in kleinen Döschen abgepackt. Obwohl der Blütenrestanteil dieser Qualitätsstufe höher ist als bei Sargol Safran, ist die Farbkraft jedoch genauso hoch. Die Blütennarben bleiben bei der Verarbeitung des Mancha Safrans intakt, somit kann weniger Aroma verloren gehen. Außerdem gibt es den gemahlenen Safran, der am schnellsten aufgebraucht werden sollte, damit das Aroma nicht verloren geht. Künstlich hergestellter Safran besitzt bis heute nicht annähernd das Aroma, das von den natürlichen Blütennarben ausgeht. Aus diesem Grund wird versucht den Safran etwas schwerer zu machen. Dies wird erzeugt durch die Beimischung von getrockneten Färberdistelblüten (Saflor) oder feinen Holzspänen. Manchmal wird er auch zur Gewichtserhöhung mit Öl bedampft. Das alte Sprichwort „Qualität hat ihren Preis" kommt auch hier wieder zur Sprache. So sollte man als Urlauber bei versprochenen Schnäppchen einen großen Bogen machen. Gerade gemahlener Safran entpuppt sich hier als Fälschung. Bedenkenlos kann man jedoch zum Beispiel die Safranfäden von „Spice Islands" kaufen. Ein Richtwert für den Kauf von Safran ist außerdem der Preis, der pro Gramm bei etwa vier Euro liegt. Safran sollte man am besten vom Feinkosthändler, spezialisierten Gewürzläden oder vertrauenswürdigen Online Shops erstehen. Einen chemischen Nachweis über die Qualität des Safrans liefert die Zugabe von Natron in eine Lösung von etwas Safranpulver. Bei reinem Safran bleibt die Lösung gelb, sind Kurkuma Anteile enthalten, trübt sich die Lösung ein und verfärbt sich rot. Diesen Test haben Gewürzhändler schon vor Jahrhunderten vorgenommen.

Safran als Gewürz

Das starke Aroma von Safran sorgt für den Erfolg der Pflanze als Gewürz. Da Safran Speisen appetitanregend einfärbt, ist das Gewürz in der Küche besonders beliebt. Jedoch sollte man bei der Verwendung von Safran als Gewürz vorsichtig sein. Als Faustregel gilt, dass in einem Gericht für 4 Personen in der Regel 0,25 - 0,50 Gramm verwendet werden sollten. Safran gibt nur langsam sein Aroma ab und sollte auch nicht zu lange gekocht werden, weil sonst das Aroma zerstört werden kann. Am besten das Gewürz bei warmen Speisen etwa fünf Minuten bevor sie fertig sind hinzufügen. Es empfiehlt sich, hier die trockenen

Safranfäden nicht direkt mitzukochen. Alternativ ist es auch möglich die Fäden einen Tag vorher in Wasser einzulegen und über Nacht stehen zulassen. Am nächsten Tag einfach die ausgelaugten Fäden herausfiltern. Die leuchtend gelbe Flüssigkeit enthält alle Farb- und Aromastoffen. Dies ist dadurch möglich, dass die wichtigsten Bestandteile des Safrans wasserlöslich sind. In Zentralasien und Indien werden die Fäden zerrieben und in Milch etwa eine halbe Stunde ausgelaugt. Hauptsächlich wird das Gewürz Safran bei der Zubereitung von Feingebäck wie Kekse, Kuchen, Pudding oder Tortenböden verwendet. Aber auch in süßen Fruchtsoßen, Cremes oder Eis wird Safran hinzugefügt. Hilfreich ist Safran ebenfalls zur Einfärbung von hellen Brühen und vegetarischen Suppen. Im Nahen Osten und in Südeuropa wird Safran zur Einfärbung von Reisgerichten verwendet. Ein Beispiel dafür ist Risotto. In einigen Ländern wird er auch zur Färbung von Pflanzenöl, Likören oder Käse benutzt. Um das Aroma von Gerichten mit Lammfleisch, Fisch oder Geflügel zu verbessern, bevorzugen viele Köche ebenfalls das kostbare Gewürz. Die Schweden verwenden das Gewürz des Weiteren auch zur Färbung der Weihnachtsplätzchen. Safran ist ein sehr starkes Gewürz, bei Überdosierungen kommt es sehr schnell zu einem bitteren Geschmack.

Wirkung von Safran

Den Stempelfäden des Safrans werden viele heilende Eigenschaften zugesprochen. Dies liegt hauptsächlich darin, dass sie vor allem Carotin und etwa 0,3 Prozent ätherisches Öl enthalten. Das Öl besteht dabei aus Pinin, Vitaminen und Thiamin. In der Volksmedizin wird das Gewürz als schmerzlinderndes, harntreibendes Mittel und als Herzmittel verwendet. Außerdem wird Safran zur Magenstärkung, zur Appetitverbesserung, zum Lindern von Hustenanfällen und bei Leberkrankheiten verwendet. Auch zur Herstellung von Augentropfen wird Safran hinzugezogen. Safran gilt als stärkendes Mittel, es ernährt alle Körperzellen insbesondere Blutzellen. Safran reinigt die Niere und die Blase, glättet die Haut verbessert ihre Farbe und verleiht ihr Vitalität. Das Herz, die Leber, die Brust, die Atemorgane und auch das Nervensystem werden durch Safran gestärkt. Bei der Zerkleinerung von Steinen in der Niere oder Blase wird Safran in Verbindung mit Honig eingenommen. Bei Schlafstörungen oder bei starken Kopfschmerzen helfen Wasserauflagen mit Safran. In Kombination mit Milch hat Safran des Weiteren eine wohltuende Wirkung auf das Wachstum des dünnen Gewebes von Großhirn. Dies verbessert die Gehirnarbeit, das Gedächtnis und die Arbeit der Sinnesorgane. Aber auch die Lebensfreude wird geweckt, Safran sorgt für gute Laune. Vorsicht jedoch bei Schwangerschaften. Hier darf Safran nicht verwendet werden, weil sonst Fehlgeburten ausgelöst werden könnten. Eine hohe Dosierung ist ebenfalls nicht empfehlenswert, da das Gewürz eine halluzinogene Wirkung besitzt. Eine zu hohe Dosis (ca. 10-20 g Tagesdosis) kann zu Vergiftungserscheinungen und sogar zum Tode führen.

Rezepte mit Safran

Safransauce für Fischgerichte

Eine klassische Sauce die zu vielen Fischgerichten (z. B. Loup de Mar, Seezunge, usw.) serviert werden kann.

Zutaten

2 Schalotten
2 EL Martini Dry (Wermut)
4 EL trockener Riesling
2 EL Fischfond (z. B. Fertigprodukt aus dem Handel)
0,2 l Schlagsahne
2 EL Butter
1 Zweig Thymian
Cayennepfeffer
0,25 g Safran
Meersalz oder Salz aus der Mühle
Frisch gemahlener bunter Pfeffer
Abbindung
Mehlbutter (je 1 EL Butter und Weizenmehl)

Zubereitung

Die Mehlbutter herstellen. Den Safran in einem EL warmen Wasser auflösen. Die fein gewürfelten Schalotten in der Butter andünsten und mit dem Wermut ablöschen. Den Sud auf 1 TL einreduzieren lassen. Den Wein zugeben und um ein Drittel reduzieren lassen.
Fischfond und Schlagsahne zugeben und um ein Viertel der Flüssigkeit reduzieren. Den Safran einrühren, kurz durchkochen und die Sauce

durch ein Feinsieb abseihen. Die Sauce mit Zitronensaft abschmecken, eventuell nachwürzen und mit wenig Mehlbutter abbinden.

Gegrillte Hähnchenspieße

Diese gegrillten und marinierten Hähnchenspieße (arab. Chich taouk) sind ein geschmackliches Erlebnis aus dem Libanon.

Zutaten
1 kg Hühnerbrustfilet
2 Zitronen
4 Knoblauchzehen
3 EL Olivenöl
3 TL Hühnerbrühe (gekörnt)
1 TL Thymian
1 TL Cumin (gemahlen)
1 TL Zimt
1 TL Sumach
1 Döschen Safran
Frisch gemahlener Pfeffer
Salz
Holzstäbchen oder Schaschlikspieße

Zubereitung
Das Hühnerbrustfilet in für den Spieß gerechte Stücke schneiden. Die Sumachbeeren im Mörser grob Mörsern, die Hühnerbrühe und den Safran in 3 EL heißen Wasser auflösen. Mit dem Rest der Zutaten gut mischen und die Marinade glatt rühren. Die Fleischstücke über Nacht in der Marinade einlegen. Zum grillen die Stücke auf einen Spieß stecken und für ca. 15 Minuten knusprig grillen.
Beilagen: Baguette, Salat

Orientalischer Reis

Orientalischer Reis ist eine gewürzte Reisbeilage.

Zutaten

500 g Reis
2 Schalotten
1 Knoblauchzehe
0,1 g Safran
1–2 EL Tomatenmark oder ein Fertigprodukt aus dem Handel
80 g Butter
Ca. 1 L Rinderbrühe oder Hühnerbrühe, Gemüsebrühe
Salz

Zubereitung

Den Reis 2 Stunden in eine Schüssel mit kaltem Wasser einweichen. Danach den Reis waschen und abtropfen lassen. Das Backrohr auf 180 °C vorheizen. Den Reis und die fein gewürfelten Schalotten solange in der Butter anschwitzen, bis der Reis die Butter vollständig aufgesogen hat. Mit der heißen Brühe ablöschen. Salzen und zugedeckt im Backofen ca. 20 Minuten garen lassen. 10 Minuten vor Ende der Garzeit den Safran und das Tomatenmark zugeben, den Deckel wieder verschließen. Zum Schluss mit einer Gabel den Reis auflockern.
Beilage zur Indischen, Pakistanischen oder Orientalischen Küche

Hühnerbrust aus Ligurien

Diese mediterrane Hühnerbrust ist ein abgeleitetes Rezept mit typischem mediterranem/spanischem Geschmack.

Zutaten
4 große Hühnerbrüste

0,1 l trockener Weißwein
100 g schwarze Oliven
1 Glas Kapern
1 Glas Pesto von getrockneten Tomaten
1 Dose gewürfelte Tomaten
1 TL Hühnerbrühe
4 EL Olivenöl
frisch gemahlener Pfeffer
Salz

Zubereitung

Die Hühnerbrüste entweder im Ganzen oder in Streifen geschnitten im Olivenöl 4–5 Minuten scharf anbraten und anschließend bei etwas reduzierter Hitze gar braten. Den Fond mit Weißwein ablöschen. Die Tomatenwürfel mit der Flüssigkeit und das Pesto hinzufügen.
Etwa 5 Minuten unter leichtem Rühren köcheln lassen. Die Oliven und die Kapern hinzufügen. Mit Pfeffer abschmecken. Gegebenenfalls mit dem reinen Hühnerbrühen-Pulver oder Salz nachwürzen.

Honig-Safran

Leckeres Dessert zu Wildgerichten.

Zutaten

4 Williamsbirnen
3 Zitronen
6 EL Bratfett (Biskin Spezial)
1-2 Esslöffel Akazienhonig
1 Dose (0.25g) Safranfäden
8 Waffelröllchen
Minze zum Garnieren

Zubereitung:

Birnen waschen und schälen. Zitronen entsaften und bis auf 1 El. in 1 l Wasser geben. Das Wasser zum Kochen bringen und die Birnen darin 7 Minuten dünsten. Bratfett mit dem Honig, den Safranfäden und dem verbleibenden Zitronensaft zum Kochen bringen. Birnen aus dem Wasser nehmen, abtropfen lassen, zum Honig-Safran-Gemisch geben, unter Wenden 5 Minuten darin garen, sodass sie eine schöne gelbe Farbe bekommen. Birnen leicht abkühlen lassen, und mit der restlichen Honig-Safran-Soße auf Tellern anrichten. Mit Waffeln und Minze garnieren.

Safranrisotto

Zutaten

250 g Zucchini
1 Schalotte
1 Esslöffel Olivenöl
150 g Avorio-Reis (italienischer Rundkornreis)
1/2 l Gemüsebrühe (Instant)
1/2 Briefchen Safran, gemahlen
40 g Parmesan; am Stück
1/2 Bund Thymian, Salz, Pfeffer aus der Mühle

Zubereitung:

Zucchini putzen, längs halbieren, die Kerne herauskratzen. Das Fruchtfleisch in 3 mm dicke Scheiben schneiden. Schalotte fein würfeln und im Öl andünsten. Den Reis dazugeben und unter Wenden anbraten, bis er glänzt. Mit einem Drittel der Gemüsebrühe unter Rühren auffüllen. Den in etwas Brühe aufgelösten Safran dazugeben. Einmal aufkochen, dann im geschlossenen Topf bei milder Hitze 15-20 Min. garen. Dabei nach und nach die restliche Brühe zugießen. Drei Viertel des Parmesans fein reiben, den Rest hobeln. Zucchini, Thymian und den geriebenen Parmesan unter den Reis mischen. Den Risotto mit Salz und Pfeffer abschmecken und kurz durchziehen lassen. Dann mit den Käsehobeln garnieren und servieren.

Chermoula
Marokkanische Marinade

Zutaten
1 g Safranfäden, eingeweicht in 1 EL Zitronensaft
1/2 Bund frische Korianderblätter, gehackt.
3 Knoblauchzehen, fein gehackt
2 TL Salz aus der Mühle
1 TL Kreuzkümmel, gemahlen
1 TL Paprika, scharf; ungarisch
1/2 TL Cayennepfeffer
9 EL natives Olivenöl "extra"
3 EL Zitronensaft

Zubereitung
Alle Zutaten im Mörser mischen und als Marinade für z. B. gegrilltes Fleisch, Geflügel oder Fisch verwenden.

Rotbarschragout in Safran
Zutaten
600 g Rotbarschfilet
4 Tomaten
1 Zitrone
1 Gurke

1 Zwiebel

1 EL Butter

0,25 g Safranpulver

250 ml Fischfond

5 EL trockenen Weißwein

1/8 Liter Sahne

Salz und Pfeffer aus der Mühle

2 Zweige Thymian

Zubereitung

Fischfilets in mittelfingergroße Streifen schneiden, mit Zitronensaft beträufeln und ziehen lassen. Tomaten entstielen, in kochendem Wasser kurz brühen, häuten, vierteln, entkernen und würfeln. Gurke schälen, längs halbieren und ebenfalls würfeln. In kochendem Salzwasser ca. 1 Minute blanchieren, abtropfen lassen. Zwiebel schälen und würfeln. Butter zerlassen und die Zwiebeln darin glasig werden lassen, mit dem Safran bestreuen, durchschwitzen lassen und mit dem Fischfond ablöschen. Dann den Wein aufgießen, aufkochen lassen und die Fischstreifen einlegen. Zugedeckt ca. 5 Minuten bei kleiner Hitze garen lassen. Fisch herausnehmen und warmhalten. Den Fond bei starker Hitze aufkochen und mit der Sahne zusammen einkochen lassen. Ein wenig Butter dazugeben und mit den Gewürzen abschmecken. Tomaten- und Gurkenwürfel ebenfalls hinzugeben und heiß werden lassen. Fischstreifen auf Tellern verteilen und Sauce darüber geben.

Rezepte

Schlagwortverzeichnis

Abbildungsverzeichnis

© Fotolia_5403815 / Schriftzug Ketchup mit Tomatenketchup #moko76

© Fotolia_1332054 / Eiertomaten aufgeschnitten in einer Schale mit Basilikumdeko#unbekannt

© Fotolia 1040713/Glasschale mit Tomatenketchup und Tomaten im Hintergrund #Monika Adamczyk

©Fotolia_6874270 / Flasche namenlosen Tomatenketchup mit Tomaten #Valeriy Velikov

© Fotolia_4546956 / Glas Rotwein mit Steak #JJAVA

© Fotolia_9888042 / In Essig eingelegtes Gemüse

© Fotolia_9602266 / Mix Pickels in weißer Schale #Claudio Baldini, Aufgeschnittene rote Chilischote by Jon Sullivan, Wikipedia

Rote Thaichili by Daniel Risacher, Wikipedia

© Fotolia_3635210 / Rote Chili aufgehängt zum trocknen #Sam Shapiro,

Chilihead, Fotolia, unbekannt

© Fotolia_9783840 / Gezeichnete Chilischote mit Sombrero und Kaktus #andrewshka

© Fotolia_9292176 / Soßenschüssel mit Sojasauce #Boris Ryzhkov

Bami Goreng wikipedia;

Rohrzucker frisch geerntet, by Fotolia_3558653_XS Zuckerrohr im Detail

Frenchtoast, by Fotolia_7715233_XS French Toast mit Bacon

Meersalz, by Christian Mertes, wikipedia

Meersalzblumen in einer Saline, by unbekannt wikipedia

Safrankrokus by Gut Gimritz, wikipedia

Paella by Fotolia_5241978_XS. Paella in Pfanne

Hamburger mit Pommes© Fotolia_1549743_XS.jpg

Foto Obst © Fotolia_60215023_XS

© Alle anderen by Thomas Biehlig

Quellenverzeichnis

Wikipedia, Rezeptwiki, Foodwatch, unzählige Kochforen, Molekulare Gastronomie von Peter Kirischitz, Bioland, diverse Schriftsätze über Verordnungen und Regularien der EU und der BRD, Museum für Zusatzstoffe in Hamburg, Greenpeace, diverse Kochbücher, Verband der deutschen Gewürzindustrie, diverse Webseiten: chili.com, Stiftung test.de, chefkoch.de, oekotest.de, zusatzstoffe-online.de, spiegel.de, sued-deutsche.de, stern.de, diverse Uni Webseiten, Verband der Olivenölindustrie usw.

Anmerkung:

Sollte jemand, eine Institution, ein Verband etc. speziell Wert darauf legen namentlich an der richtigen Stelle genannt zu werden, werde ich das in einem Update gerne machen. Ansonsten bitte ich um eine kurze Nachricht an biehlig@gmx.net